중국소설류 번역필사본 접미파생법 연구

이 저서는 2014년 대한민국 교육부와 한국학중앙연구원(한국학진흥사업단)을 통해 해외한국학중핵대학육성사업의 지원을 받아 수행된 연구임(AKS-2014-OLU-2250004).

중국소설류 번역필사본 접미파생법 연구

조 성 금(趙城琴)

역락

　　필자의 고향 연변에서는 대부분 진달래를 "천지꽃"이라고 부른다. 한국
어사전에서도 함북방언, 중국에 사는 동포들이 진달래를 일컫는 "연변말"
이라고 했다. 이 천지꽃의 유래에 대해서 확인한 바는 없다. 다만 필자의
생각엔 해마다 이른 봄이면 산과 들에, 백두산 기슭에 무리지어 곱게 피
는 꽃, 백두산은 한민족의 상징이자 자랑이므로 '백두산 천지' 그 이름 '천
지(天池)'를 따와서 붙여진 이름인 줄 알았다. 어떤 사람들은 '온 천지(天地)
에 여기저기 무리지어 곱게 피는 꽃'이라고 해서 "천지(天地)꽃"이라 부른다
고 했다. 그러나 고문헌 단군세기에는 이미 "천지화(天指花)"라는 이름이 나
타났다고 한다. 표준어인 진달래는 "참꽃" 또는 "두견화"라고도 하며, 한방
에서는 "영산홍(迎山紅, 映山紅)"이라고도 한다. 이와 같이 우리가 사용하고
있는 무수한 단어들은 어떤 유래와 원리, 규칙으로 형성되었는가 하는 것
은 직관으로 쉽사리 판단할 수 있는 문제가 아닌 듯 하다.

　　필자가 단어형성에 대해서 관심을 가지게 된 것은 박사수료과정 때부
터였다. 필자의 인생에서 최고 스승이신 송철의 선생님의 한국어 형태론,
특히 조어법에서 파생법을 다룬 책들에 매달리면서 필자의 학위논문도
그쪽으로 쓰고 싶은 작은 희망이 생겼다. 마침 고문헌 자료 관련에 최고
로 박통하신 이현희 선생님께서 '조선시대 중국소설 희곡 번역자료 총서'
들을 토대로 하여 출판된 『필사본 고어대사전』(7책)을 추천해주셨고, 이
사전 속에는 실용적 가치가 있는 근대한국어 어휘 자료들이 방대하게 수
록되어있으니 마음껏 연구를 해보라고 하셨다. 중국유학생이니 자료를 검

토하고 이해하는 작업도 한국 대학원생에 비해서 훨씬 수월할 것이라는 기대와 배려가 담겨있었다. 이때부터 학위논문 집필이 시작되었고 필자의 방황과 시련과 희망 속에서 논문이 어렵사리 완성되어갔다. 이 책은 바로 그때(2014년 가을) 제출했던 필자의 박사학위논문을 약간 수정하고 보완한 것이다.

논문을 쓰면서 단어형성에서 파생법의 문제들을 좀 더 심도 있고 폭넓게 기술해보고자 하는 욕심이 있었지만 필자의 능력상 제한으로 파생법에서도 접미파생법, 그 가운데서도 중국소설류 번역필사본 어휘자료에서 추출하여 대표적인 각 유형별 접미사들만의 실현양상을 관찰하고 그 특징을 밝히는 데 그쳤다. 다만 이 연구가 번역필사본의 접미파생법은 물론이려니와 후기 근대한국어의 접미파생법 연구에도 조금이나마 기여하는 바가 있기를 바라며, 나아가서는 파생법의 변천 등 통시적 연구에도 일조하는 점이 없지 않다면 더 이상 바랄 것이 없겠다.

비록 너무나 소루한 것이지만 이 책의 출간으로 인해 처음으로 필자의 이름이 쓰인 첫 책을 만나게 되었다. 이 책이 출간되기까지는 참으로 기나긴 여정이었다. 필자의 능력 모자람과 노력의 부족, 그리고 선천적 게으름 때문에 아까운 청춘은 훌쩍 지나가고 고독과 절망이 쉽게 찾아드는 중년의 나이가 되었다. 그래도 이 공부 덕분에 세상에서 가장 아름다운 직업, 학생을 가르치는 일을 하게 되었으니 이보다 더 큰 행운이 어디 있겠는가. 무엇보다도 본 연구를 이어나가는 데 크나큰 사랑과 격려와 은혜를 베푸신 눈물겹도록 고마운 스승들께 한없는 존경과 고마움을 전하고 싶다.

필자의 석사공부 시절 은사이신 이득춘 선생님과 지도교수이신 전학석 선생님은 이제 뵐 수 없는 다른 세상으로 가셨다. 너무나 가슴 아픈 일이다. 그리고 고령의 연세에도 언제나 호탕하시고 문학에도 천재적인 기질을 가지셔서 아직까지도 시, 노래가사를 쓰고 계신다는 유은종 선생님, 선생님들은 압록강 두만강 넘어 중국으로 놓고 보면 가장 동쪽 끝, 이 연변 땅에서 한민족의 역사와 언어, 문화와 문학을 가르치며 혼신의 정열을 쏟으시고, 학생들에게 한민족의 전통과 뿌리를 잊지 않도록 항상 마음의 등대와 빛이 되어주신 스승님들이시다.

그 뒤로 필자에게는 서울대학교 국어국문학과에서 박사학위공부를 시작할 수 있는 행운이 차려졌다. 높고 넓고 아름다리 나무가 우거진 관악산 밑에서 마음껏 배우고, 자신의 꿈을 펼칠 수 있는 행복한 시간들이었다. 언제나 선량하시고 자애로우셨고, 학문함에 있어서는 엄격함과 철저함을 늘 강조하신 지도교수이신 송철의 선생님, 필자가 박사학위 모자를 쓸 수 있는 영광을 누린 것도 전적으로 선생님의 가르침과 은혜를 입은 덕분이다. 선생님 앞에서 어린애마냥 힘들다고 눈물까지 펑펑 흘린 필자가 못내 죄송스럽고 부끄럽기 짝이 없다. 그런 필자를 다독여주시고 믿어주셨으며, 용기를 잃지 않도록 힘을 북돋아주시고 논문 전체를 꼼꼼히 지도해주셨던 그 은혜는 이 한 장의 글에 이루 다 표현할 수 없다. 무엇보다도 그 시절 거의 그러했듯이 초라하고 가난했던 유학생인 필자의 처지를 안타깝게 여기시고 장학금 관련 추천서를 매 한 장마다 선처를 기원하며 심혈을 기울여주셨다. 선생님의 그 절박함 덕분에 필자는 "서울인문장학금" 등을 받으며 대학원 등록금 걱정 없이 박사 수료도 순조롭게 마칠 수 있었다.

그리고 학생들에게 어려운 문헌을 꼼꼼히 해독해주시며 학문의 즐거움 속으로 이끌어주시고 필자에게는 학위논문의 주제까지 선정해주신 이현희 선생님, 필자와 같은 둔재도 내치지 않고 선생님의 연구소를 드나들며 가르침을 받고 자유로이 책을 뽑아 볼 수 있는 행운도 주셨다. 그러나 선생님의 기대와는 한참 멀게 부족했던 필자가 죄송스럽고 안타까울 뿐이다. 아울러 필자의 논문 심사 위원장을 맡으시고 논문의 마무리단계까지

한결같은 자상한 지도를 아끼시지 않으셨던 김창섭 선생님, 유학생이라고 늘 표준을 낮춰주시고 중점을 잘 잡아주셨던 정승철 선생님, 외부 심사위원 교수를 맡으시면서 한국학중앙연구원 장서각의 '홍루몽'을 비롯한 고문헌 원본 자료들을 직접 접촉해보게끔 도와주셨던 황문환 선생님, 선생님께서 갖고 계시던 소중한 내부 자료까지 논문에 유용하게 이용하도록 제공해주셨다. 학점 수료과정에는 퇴직을 앞둔 송기중 선생님, 임홍빈 선생님, 최명옥 선생님의 가르침을 받은 것은 필자에게 큰 영광이다. 또한 김성규 선생님, 전영철 선생님은 깊이 있고 멋진 강의로 한국어학의 오묘한 부분들을 잘 이해시켜 주셨다. 이처럼 한국어학의 길에서 필자를 가르쳐주시고 이끌어 주시고 발전하도록 크나큰 도움을 주신 여러 스승님들의 은혜에 깊이 머리 숙여 감사드린다.

　필자가 몸 담그고 있는 일터, 중국 청도대학교 한국어학과 전학과장 염광호 선생님, 현 부학장님 이명학 선생님, 현 학과장 김춘자 선생님의 적극적인 지지와 따뜻한 배려 덕분에 학위논문도 완성할 수 있었다. 공부하는 과정에 조바심 내고 애간장 태우는 필자의 마음을 헤아려 주시고 따뜻한 격려를 아끼지 않으신 학과 여러 선생님들께도 감사의 뜻을 전하고 싶다. 석사공부 시절 함께 공부하고 웃고 떠들고 하면서 청춘의 소중한 추억을 간직하고, 꿈과 희망의 이야기로 날을 밝히던 "한국조선문화 연구소" 선후배 식구들에게도 사랑의 마음을 전하고 싶다. 또한 친구이자 길잡이 역할을 하며 필자에게 큰 용기와 힘을 보태준 숨은 공로자 이승자 선생님, 임형재 선생님, 신운철 선생님의 따뜻한 손길 잊을 수가 없다.

　한국에서 박사 공부하는 동안은 때론 친구, 선후배, 언니 동생 하면서 서로 의지하면서 배움의 길에서 늘 함께했던 정의향, 이춘영, 진려봉, 이선란, 최송월, 이외 일일이 이름을 다 거론하지 못하지만 함께했던 모든 이들께도 진심으로 감사드린다. 그리고 지금은 한국 내 각 대학에서 교수

직을 하고 있는, 서울대 그 시절 함께 수업하고, 음운론, 형태론 관련 스터디를 하면서 좋은 책들을 함께 읽어가며 풍성한 수확의 기쁨에 득의에 차게 했던 차익종, 김세환, 서승완, 박보연 학우님들, 그리고 같은 지도교수님 같은 방 식구들께도 사랑의 마음을 전하고 싶다. 아울러 청도대 한국어학과의 필자의 제자이자 당시 한국 대학원 유학중이던 포건강 군, 장지군 양은 자료의 방대한 중국어원문 입력 작업을 크게 도와주었다. 너무나 기특하고 사랑스러운 이들에게 미안함과 감사의 뜻을 전하고 싶다.

끝으로, 이제는 다른 세상에 계신 아버지, 김소월의 "예전엔 미처 몰랐어요"라는 시로 필자의 그리움과 설움을 대신하려 한다. "이렇게 사무치게 그리울 줄은 예전엔 미처 몰랐어요" 그리고 여든을 넘으셨지만 다행이 아직까지 깨끗하시고 정정하신 어머니, 국내외 시사에도 밝으시고 대단한 기억력을 자랑하시고 명철하신 분이다. 이 책은 사랑하는 부모 형제, 그리고 필자가 살아온 시간들에 함께 했던 소중한 분들께 바친다. 또한 출판사정이 매우 어려운 상황에서도 이 책의 출판을 흔쾌히 승낙해주신 역락출판사 이대현 사장님과 이 책을 출판하느라 정성껏 편집해주시고 꼼꼼히 살펴봐주신 임애정 대리님을 비롯한 출판사 여러분께도 심심한 사의를 표한다.

2018년 9월
스승님들의 은혜를 생각하며
조성금 씀.

차례

머리말 005

제1장 파생법의 기존 논의 및 연구 자료 __ 13

1.1. 연구 목적과 의의 ·· 13
1.2. 연구 자료와 방법 ·· 16
1.3. 연구사 ··· 24

제2장 파생법에 관한 기본적 논의 __ 29

2.1. '어근, 어간, 어기'의 개념 ··· 29
2.2. 파생어 형성의 유형 ··· 32
2.3. 파생어 형성과 생산성 ··· 36
2.4. 파생어 형성과 어휘화 ··· 38
2.5. 어기의 차용 ·· 41

제3장 명사파생 __ 47

3.1. 문제의 제시 ·· 47
3.2. 대표적인 명사파생접미사에 의한 파생 ·························· 48
  3.2.1. '-이' / 48
  3.2.2. '-음' / 65
  3.2.3. '-기' / 71
  3.2.4. '-개' / 78
  3.2.5. '-장이' / 81
  3.2.6. '-바치' / 87
  3.2.7. '-질' / 89
  3.2.8. '-의/의' / 94

제4장 동사파생 __ 97

4.1. 문제의 제시 ·· 97
4.2. 대표적인 동사파생접미사에 의한 파생 ······················ 98
   4.2.1. 사동사파생 / 98
   4.2.2. 피동사파생 / 117
   4.2.3. '-거리-' / 125
   4.2.4. '-뜨-' / 129
   4.2.5. '-이-' / 132
   4.2.6. 강세동사파생 / 134

제5장 형용사파생 __ 139

5.1. 문제의 제시 ·· 139
5.2. 대표적인 형용사파생접미사에 의한 파생 ·················· 140
   5.2.1. '-답-' / 140
   5.2.2. '-롭-' / 144
   5.2.3. '-스럽-' / 151
   5.2.4. '-젓/접-' / 158
   5.2.5. '-되-' / 167
   5.2.6. '-압/업-' / 170
   5.2.7. '-갑/겁-' / 175
   5.2.8. '-ㅂ-'와 '-브-' / 177

제6장 부사파생 __ 181

6.1. 문제의 제시 ·· 181
6.2. 대표적인 부사파생접미사에 의한 파생 ····················· 182
   6.2.1. '-이' / 182
   6.2.2. '-오/우' / 210

제7장 각 유형별 파생접미사들의 실현양상 __ 217

* 참고문헌 <u>226</u>

제 1 장

파생법의 기존 논의 및 연구 자료

1.1. 연구 목적과 의의

이 책은 후기 근대한국어 시기[1]에 중국소설을 한국어로 번역하여 필사한 번역필사본 소설류의 어휘자료를 중심으로, 이 시기의 접미파생법을 정밀하게 고찰하는 것을 그 목적으로 한다. 이를 위하여 먼저 수집된 접미파생어들을 유형별로 나누어 정밀하게 살피고, 각 파생접미사의 형태, 의미, 기능을 밝힐 것이며, 파생어의 의미를 정확하게 파악해 볼 것이다.

한국어 단어형성에 대한 연구는 그동안 많은 학자들이 꾸준히 계속해

---

1) 근대한국어의 시기는 17세기 초에서 19세기 말까지 3세기에 걸친다(이기문 1998/2006: 196).
홍종선(2006: 13~15)에서는 이기문(1961/1998), 김형규(1962), 박병채(1989), 류렬(1990) 등 대표적인 저서에 나타난 시대 구분에 근거하여 시대별 한국어를 크게 다섯으로 나누어, '고대한국어, 중고한국어, 중세한국어, 근대한국어, 현대한국어'로 이름하였다. 이 중 근대한국어는 임진왜란이 끝난 17세기 초부터 1894년 갑오경장 때까지를 말하는데, 18세기 중반을 경계로 하여 전・후기로 나누었다. 이것은 한국어의 문법사나 음운사의 연구에서 이미 정리된 것인데 이 책에서도 여기에 따른다. 즉 이 책에서 말하는 후기 근대한국어는 대략 18세기 중반이후~19세기까지를 말한다.

왔으며 그 성과가 뚜렷하다. 특히 1970년대 중반 이후 생성형태론의 연구방법이 도입되어 단어의 분석보다는 단어의 생성에 중점을 둔 연구가 활발히 전개되면서 단어형성 연구가 더욱 활기를 띠었다. 단어형성규칙에 대한 여러 제약들을 밝혀서 단어형성 규칙을 정밀화하기도 하고, 단어형성의 공시성·통시성 문제가 깊이 논의되기도 하였으며, 단어형성에 있어서의 의미의 문제가 논의되기도 하였다. 접미파생법과 관련해서는 파생접미사들의 의미와 기능을 밝히려는 노력이 있었다. 명사파생접미사 '-이, -음, -기'는 어떤 공통점과 차이점이 있는지, 형용사파생접미사 '-답-'과 '-스럽-'은 어떤 의미 차이가 있는지, 동사파생접미사 '-거리-'와 '-대-'의 의미는 무엇인지 등등이 논의되었다. 최근에는 단어형성이 주로 규칙에 의해서 이루어지느냐 유추에 의해서 이루어지느냐 하는 문제를 놓고 활발한 논쟁이 진행 중이기도 하다. 그런데 이러한 연구들은 대부분이 단어의 생성에 중점을 둔 것들이기 때문에 자연히 주된 연구대상은 현대한국어가 될 수밖에 없었다. 현대한국어에 대한 공시적 연구가 주를 이루었던 셈이다.

그러나 그렇다고 해서 이 시기의 한국어 단어형성에 대한 연구가 현대한국어에만 머물렀던 것은 아니다. 중세한국어의 단어형성에 대한 연구도 있었고 근대한국어의 단어형성에 대한 연구도 있었으며, 단어형성의 통시적 변화에 대한 연구도 있었다. 다만 그러한 연구들이 현대한국어에 대한 공시적 연구보다는 미흡했던 것이 사실이다. 한국어의 단어형성에 대한 통시적 연구가 정밀하게 이루어지려면 각 시기별, 혹은 각 세기별의 공시적 연구가 정밀하게 이루어져야 할 것이다.

근대한국어의 단어형성, 그 중에서도 접미파생법에 대한 연구가 없었던 것은 아니다. 근년에 와서는 단어형성법에 대한 중요성이 강조되고 접두, 접미사에 의한 파생법, 영접사에 의한 파생법, 내적변화에 의한 파

생법, 그리고 파생법의 변천 등에 관심을 갖게 되면서 근대한국어의 파
생법에 대한 연구도 활발하게 진행되고 있다. 그렇지만 아직 근대한국어
의 접미파생법 연구는 미진한 상태에 있다고 해도 과언이 아니지 않은가
한다. 근대한국어 시기, 그 중에서도 후기 근대한국어 시기의 자료는 아
직 제대로 다 정리되지 않았기 때문이다.

그래서 이 책은 후기 근대한국어 시기에 중국소설을 한국어로 번역한
필사본 번역소설류 자료를 가지고 후기 근대한국어의 접미파생법을 고
찰해 보려고 하는 것이다. 후기 근대한국어의 문헌 자료들을 연구대상으
로 하여 파생법을 논한 연구는 근간에 어느 정도 성과를 거둔 것이 사실
이지만, 18~19세기 번역필사본을 대상으로 파생법을 체계적으로 다룬
업적은 거의 없는 것으로 여겨지기 때문이다.[2]

이 책은 필사본 번역소설류에 출현하는 파생어들을 수집하기 위하여
『필사본 고어대사전』 7책(2010) 외에, 『고어스뎐』(2001),[3] 『홍루몽 고어사
뎐』(2005)[4]도 함께 연구 자료로 활용하였다. 이 사전들은 방대한 분량의
조선 후기 번역소설류 문헌자료들을 대상으로 한 것으로서 번역문 속에
등장하는 풍부한 한국어 어휘들이 대량으로 수록되어 있다.

이 책의 연구대상이 되는 필사본 번역소설류에는 풍부하고 다양한 형
태의 어휘들이 들어 있는바, 이들은 후기 근대한국어의 연구에 있어서

---

2) 근대한국어의 파생법에 대하여 종합적으로 논의한 것은 기주연(1994) 정도라고 할 수
   있다. 이 책에서는 파생접사의 설정 기준을 세우고 파생접사의 목록을 작성하는데 큰
   비중을 두었으며 파생어의 생성에 관한 일련의 '규칙과 제약'의 문제, '유추'의 문제,
   '어휘화'의 문제 등에 대해서는 자세하게 다루지 않았다. 김원중(1994)은 17세기 한국
   어의 부사에 대하여 형태론적 연구를 진행하였고, 석주연(1995)은 근대한국어의 파생
   형용사에 대하여 형태론적으로 기술하였다.
3) 박재연(2001), 『고어스뎐』은 18~19세기의 낙선재 번역소설 필사본 41종 402책에서 뽑
   은 어휘를 중심으로 편찬한 용례사전이다.
4) 박재연 외(2005), 『홍루몽 고어사전』은 홍루몽과 그 속서 6종 259책에서 보이는 어휘
   와 용례들을 묶어 홍루몽 계열 작품 군에서 쓰인 다양한 어휘들을 확인할 수 있다.

소중하고 쓸모 있는 연구 자료가 될 수 있을 터인데, 아직 널리 활용되지 못하였다. 따라서 후기 근대한국어의 음운, 형태, 어휘, 문법적 특징을 잘 반영할 수 있는 접미파생법 연구는 나름대로 중요한 의의를 가질 것이라 여겨진다.

이 책은 사전에 수록된 필사본 번역소설류의 어휘자료를 중심으로, 후기 근대한국어에서 대표적인 각 유형별 접미사들의 실현양상을 관찰함으로써 필사본 번역소설류에서 접미파생법이 가지는 보편성과 특수성을 살펴보고자 한다. 이러한 연구는 근대한국어 접미파생법 연구의 한 축을 담당하게 될 것이며 파생법의 변천 등 통시적 연구에 일조하는 점도 있을 것이다. 또한 이 책이 대상으로 한 자료가 중국소설을 번역한 자료이다 보니 번역과정에서 중국어 단어를 어기로 차용하여 새롭게 단어를 만든 예들도 많이 나타나는데, 이들은 소위 임시어에 해당하는 예들이기 때문에 임시어형성과 관련된 좋은 자료를 제공하는 의미도 있을 것이다.

1.2. 연구 자료와 방법

『필사본 고어대사전』은 15세기부터 20세기 초까지 각종 한글 필사본을 대상으로 하여 표제어를 추출하고 그에 대한 다양한 용례를 보여줌으로써 한국어 고어(古語)의 총체적 모습을 제시하려는 목적으로 간행된 사전이다. 박재연(2010: 139)에 따르면 『필사본 고어대사전』에 수록된 어휘는 번역문헌류, 즉 17~20세기의 번역소설·희곡자료 총서(80여 종), 중한 번역 역사서, 연행록, 표해록, 번역유서(類書)류 등에서 추출한 것이라고 한다. 그런데 번역문헌 중에서 번역소설이 70여 종으로서, 이 번역소설이 번역문헌의 대부분을 차지한다고 한다. 이 책에서는 주로 18~19세기에 중국소설을 번역하여 필사한 필사본 번역소설 속의 어휘자료를 주된 연구대상으로 하며 필요에 따라 소설 외, 희곡자료, 역사서 등의 어휘자료도 함께 다룰 것이다. 또한 경우에 따라 18~19세기의 기타 원래부터 한글문헌인 필사본 어휘자료도 보충자료로 활용할 것이다.

이 책에서 다루고 있는 파생어는 사전에 수록된 중국소설 번역필사본 어휘자료가 주된 것인데, '중국소설 번역필사본'을 편의상 줄여서 '번역필사본'이라 부르기로 한다. 따라서 여기서 말하는 '번역필사본'은 후기 근대한국어 시기에 대량으로 중국에서 조선에 유입되어 한국어로 번역 필사된 중국소설류 번역필사본을 일컫는다.

이 책에서는 사전[5]에 수록된 번역필사본 문헌자료의 접미파생어를 기본적인 연구대상으로 삼아 접미파생법과 관련된 근본적인 문제를 논의하고자 한다.

이 책에서 다루는 접미파생법에서 번역필사본 문헌자료의 특성상, 상당한 수의 어휘들이 중국어 차용어인 것으로 확인되었다. 따라서 후기 근대한국어에서 여전히 생산적인 파생접미사인 경우에 이들 접미사에 의하여 선택된 어기는 중국어 차용어가 매우 많았다. 예를 간단히 제시하면 다음과 같다.

(1) ㄱ. 양한질 [養漢] <紅復 30:126>
    ㄴ. 협데흥이- [脅制] <隋史遺文 1:4>
    ㄷ. 고이졉- [怪] <紅樓 20:60>
    ㄹ. 냥창히 [踉蹌] <女仙 6:74>

위의 예들에서 (1ㄱ)의 '양한질(養漢)'은 대표적인 명사파생접미사 '-질'

---

5) 이 책에서 말하는 '사전'은 특별한 설명이 없을 때 '연구 목적'에서 이미 언급한 3종의 사전, 즉 『필사본 고어대사전』, 『고어ᄉᆞ뎐』, 『홍루몽 고어사전』을 모두 가리킨다.

에 의한 파생명사의 예이고, (1ㄴ)의 '협데ㅎ이-(脅制)'는 번역필사본에서 특징적인 '[X + -ㅎ-] + -이-'형의 사동파생 예이고, (1ㄷ)의 '고이졉-(怪)'은 대표적인 형용사파생접미사 '-졋/졉-'에 의한 파생형용사 예이고, (1ㄹ)의 '낭챵히(踉蹌)'는 대표적인 부사파생접미사 '-이/히'에 의한 파생부사 예이다. 그런데 이들 파생어의 어기인 '양한(養漢), 협데(脅制), 고이(怪), 낭챵(踉蹌)'은 모두 차용어라고 여겨진다. 따라서 번역필사본에서는 이와 같은 어기의 선택을 '어기의 차용'이라는 개념을 도입하여 논의를 시도해 볼 것이다.

이 책에서 활용한 사전에 수록된 번역필사본의 원전명과 약호 및 번역필사 시기를[6] 표로 제시해 보면 다음과 같다.

인용문헌(중국소설류 번역필사본)

番號	略號	原典名	筆寫年代
1	綱鑑	강감졍스약 綱鑑正史約	19세기 말
2	기벽	개벽연역 開闢衍繹	18세기
3	古列女	고녈녀뎐 古列女傳	18세기
4	古百	고문뵉션 古文百選	19세기 경
5	羅孫 古押衙	古押衙傳奇	19세기
6	高后	고후전 高後傳	18세기 후반
7	奎章 錦香	금향졍긔 錦香亭記	19세기 말(1891년)
8	南宋	남송연의 南宋演義	18세기
9	女仙	녀션외스 女仙外史	19세기 후반(1884년, 고종 21년)
10	뉴니	뉴니냥문녹 劉李兩門錄	18세기 영정조시기

---

6) 『필사본 고어대사전』 제7권(647~686) 뒷부분에 필사본 문헌자료들에 대한 서지사항 및 특징이 중점적으로 정리되어 있다. 그 중에서 이 책의 연구대상과 연구범위에 속하는 61종을 선택하여 그 원전명과 약호를 표로 제시하였다. '번역 필사시기'는 확실히 기록된 것과 추정 되는 것, 두 가지인데 대체로 18세기 중엽 이후~19세기로 추정되는 후기 근대한국어 시기를 기준으로 하였다. 또한 혹간 어떤 문헌은 번역된 시기와 필사된 시기를 달리 하는데 대체로 필사된 시기를 기준으로 하였다.

11	뉴삼	뉴시삼디록 劉氏三代錄	19세기 초반
12	列國志	녈국지 列國志	19세기 중엽(1843년)
13	綠牧	녹목단 綠牧丹	19세기 말
14	你呢貴姓	你呢貴姓	19세기중후반(고종연간, 1864~1906)
15	唐秦	당진연의 唐秦演義	19세기
16	英烈	대명영렬뎐 大明英烈傳	18세기
17	東遊記	동유긔 東遊記	19세기 후반(1878년)
18	東漢	동한연의 東漢演義	19세기(憲宗 9년, 1843)
19	명힝	명힝졍의록 明行貞義錄	19세기 초반
20	武穆	무목왕졍튱녹 武穆王貞忠錄	18세기 중후반(1760년, 영조 36년)
21	補紅	보홍루몽 補紅樓夢	19세기 후반(1884년, 고종 21년)
22	北宋	븍송연의 北宋演義	18~19세기
23	빙빙	빙빙뎐 聘聘傳	18세기 중후반(1762년)
24	빅규지	빅규지 白圭志	19세기 말
25	奎章 三國 三國 毛三國	삼국지통쇽연의 三國志通俗演義·삼국지 三國志	19세기 말
26	啓明大 西遊 延世 西遊	셔유긔 西遊記	18~19세기
27	西周	셔쥬연의 西周演義	19세기
28	(西江)西漢	셔한연의 西漢演義	① 19세기 초반, ② 갑신년 1764년
29	禪眞 (15冊本)	션진일ᄉ 禪眞逸史	18세기
30	雪月	셜월미뎐 雪月梅傳	19세기 후반(1884년, 고종 21년)
31	醒風	셩풍뉴 醒風流	18세기
32	孫龐	손방연의 孫龐演義	18세기 중엽이후(1763년)
33	續紅	쇽홍루몽 續紅樓夢	19세기 후반(1884년, 고종 21년)
34	奎章 水滸 大方 水滸 愚山 水滸	水滸誌語錄 3종	19세기 후반
35	隋史遺文	슈ᄉ유문 隋史遺文	19세기 초(1800년도 초)
36	녹우당 隨煬	슈양의ᄉ·슈양외ᄉ	① 18세기 중엽(1749년) ② 18세기 중엽 이전(隋煬帝艶史)

37	서울대 忠義水滸 영남대 忠義水滸 이대 水滸	슈허지水滸誌・튱의슈호뎐 忠義水滸傳・수호지水滸誌	19세기 말
38	(晚松) 玉嬌	옥교리 玉嬌梨・옥교리전 玉嬌梨傳	19세기 말
39	玉支	옥지긔 玉支璣	18세기
40	완월	완월회밍연 玩月會盟宴	19세기(1840년대 헌종시기)
41	瑤華	요화전 瑤花傳	19세기 후반(1884년, 고종 21년)
42	引鳳	인봉쇼 引鳳簫	19세기
43	殘唐	잔당오대연의 殘唐五代演義	18세기 중엽
44	鏡花	鏡花緣(졔일긔언 第一奇諺)	19세기 초엽
45	通鑑	즈티통감 資治通鑑	18세기 중후반
46	再生	직싱연전 再生緣傳	19세기 후반(1884년, 고종 21년)
47	千里	천리구 千里駒	19세기 말
48	忠小	츙렬쇼오의 忠烈小五義	19세기 후반(1884년, 고종 21년)
49	忠俠	츙렬협의젼 忠烈俠義傳	19세기 후반(1884년, 고종 21년)
50	快心	쾌심편 快心編	19세기 후반(1884년, 고종 21년)
51	平妖	평뇨긔 平妖記・평요젼 平妖傳	①19세기 말(평뇨긔) ②19세기(1835년~1838년, 평요젼)
52	(충남대) 包公	포공연의 包公演義	19세기 중엽
53	漢談	漢談官話	19세기 말
54	型世	형셰언 型世言	①18세기 경(낙선재 필사본) ②19세기(朱仙傳)
55	好逑傳	호구전 好逑傳	19세기
56	紅樓	홍루몽 紅樓夢	19세기 후반(1884년, 고종 21년)
57	紅補	홍루몽보 紅樓夢補	19세기 후반(1884년, 고종 21년)
58	紅復	홍루부몽 紅樓復夢	19세기 후반(1884년, 고종 21년)
59	畵圖緣	화도연 畵圖緣	18세기 중후반
60	回文	화문뎐 合錦廻文傳	18세기 초중반
61	後紅	후홍루몽 後紅樓夢	19세기 후반(1884년, 고종 21년)

위의 표에 제시한 번역필사본 인용문헌 자료들이 이 책의 주된 연구

대상이지만, 논의 전개상 필요할 때에는 18~19세기 원래부터 한글문헌인 필사본자료를 보충자료로 활용할 것임을 앞에서 밝힌 바가 있다. 따라서 원래부터 한글문헌인 필사본자료 42종을 다음과 같이 표로 제시한다.

인용문헌(원래부터 한글문헌인 필사본)

番號	略號	原典名	筆寫年代
1	三加	경고재·죽림서고 언간 敬古齊·竹林書庫諺簡	19세기 후반
2	熱河日記	경술열하기 庚戌熱河記	18세기 말
3	고힝녹	고힝녹 苦行錄	18세기 초
4	古眞	고문진보언희 古文眞寶諺解	18세기(영조 때)
5	壼範	곤범 壼範	18세기 후반
6	곽부용전	곽부용젼 郭夫蓉傳	20세기 초
7	광산김씨	광산김씨 언간 光山金氏諺簡	19세기 중후반
8	廣物譜	광재물보 廣才物譜	19세기 초
9	己丑燕行	기축연행록 己丑燕行錄	18세기
10	남원고소	남원고사 南原古詞	19세기 60년대 추정
11	남해문견녹	남해문견록 南海聞見錄	18세기 70년대
12	魯陵志	노능지 魯陵誌	18~19세기 추정
13	뎡미가례시일긔	뎡미가례시일긔 丁未嘉禮時日記	19세기 중반
14	東醫	동의보감 東醫寶鑑	19세기
15	朝記	됴야긔문 朝野記聞	19세기 초중반
16	朝會	됴야회통 朝野會通	18세기 말~19세기 사이
17	림산예지법	림산예지법	19세기로 추정(순조 이후)
18	方四(三,二,一)	방언유석 方言類釋	18세기 후반
19	복제법	복제법 服制法	19세기 후반
20	부인필지	부인필지 婦人必知	19세기 말
21	북관노정	북관노정록 北關路程錄	18세기 후반
22	先世諺蹟	선세언적 先世諺蹟	19세기 초
23	션부군유亽	션부군유亽 先府君遺事	18세기 말

24	순흥안씨	순흥안씨 언간 順興安氏諺簡	19세기 중후반
25	십이봉	십이봉던환긔 十二峯記	18세기로 추정
26	아퍄	아퍄령슈 牙牌靈數	19세기 후반 추정
27	송병필가	영동송병필가 언간 永同宋秉弼家諺簡	19세기 중후반
28	열하긔	열하긔 熱河記	18세기 말
29	音韻	음운반절휘편 音韻半切彙編	19세기 후반
30	音捷	음운첩고 音韻捷考	19세기 이후
31	醫寶	의보 醫寶	18세기 이후
32	의성김씨	의성김씨 김성일파 종택 언간 義城金氏金誠一派宗宅諺簡	19세기 중반
33	字上 字下	자류주석 字類註釋	19세기 중반
34	剪燈	전등신화 剪燈新話	19세기 말
35	朝僉	죠야첨지 朝野僉載	18세기 중후반
36	쥬싱뎐 위싱뎐	쥬싱뎐 周生傳·위싱뎐 韋生傳	17세기 중반~18세기 중반
37	창원황씨	창원황씨 언간 昌原黃氏諺簡	18세기 이후, 19세기에 집중
38	太平	태평광긔 太平廣記	18~19세기
39	鶴石集	학석집 鶴石集	19세기 초
40	현몽	현몽쌍룡긔 現夢雙龍記	19세기 초중반
41	浩然齋	호연지유고 曾祖姑詩稿 (浩然齋遺稿, 鼇頭追到)	19세기 초
42	화뎡션힝녹	화뎡션힝녹 花鄭善行錄	19세기로 추정

파생법과 관련된 연구들에서 학자들이 취한 연구방법은 대체로 구조주의적인 방법, 생성형태론적인 방법, 인지언어학적인 유추중심의 방법 등이다.

이 책은 단어의 분석을 논의하는 자리에서는 구조주의적인 방법을 활용하고 단어의 형성을 논의하는 자리에서는 생성형태론적인 방법을 활용하고자 한다. 단어의 분석과 단어의 형성은 상호 밀접한 관련을 가지는데, 구조주의는 단어의 분석에 중점을 두었던 이론이고 생성형태론은 단어의 형성에 중점을 두었던 이론이기 때문이다. 따라서 이 책은 이론적으로는 구조주의적인 방법과 생성형태론적인 방법을 병용하는 연구방법을 채택하게 될 것이다.[7] 이 책은 다음과 같은 순서로 연구를 진행해 나갈 것이다.

첫 번째는 사전에 수록된 어휘를 바탕으로 하여, 먼저 18~19세기 필사본 어휘들을 수집하고 정리한다. 다음은 수집 정리한 어휘들 중에서 접미파생어의 후보로 귀속시킬 수 있는 것들을 추출하여 전체 파생어의 틀을 잡는다. 여기서 번역필사본 접미파생어들은 주된 연구대상으로 활용하며, 원래부터 한글문헌인 필사본자료의 파생어들은 논의 전개상 필요할 경우에 활용하도록 한다.

두 번째는 후기 근대한국어에서 비교적 생산적이고 대표적인 파생접미사들에 대하여 명사파생접미사, 동사파생접미사, 형용사파생접미사, 부사파생접미사 4가지 유형별로 분류하여 각각 목록을 작성한다.

세 번째는 작성된 파생접미사 유형별 목록에 따라 추출한 접미파생어 후보들을 분류하고 음운, 형태, 의미, 기능 등 면에서 접미사와 파생어들의 형태론적인 특징을 밝힌다.

상술한 순서에 따라 이 책은 본론 부분에서 명사파생, 동사파생, 형용사파생, 부사파생 4개장으로 나누어, 각 장에서 일부 생산적인 접미사들에 대하여 본격적인 논의에 들어갈 것이다. 즉 각 유형별 대표적인 접미사들에 대하여서는 그들 파생어들에 대한 기본적인 논의를 바탕으로, 음

---

7) 고영근 · 구본관(2008: 200)에서는 단어형성론 연구는 단어의 분석과 단어의 형성 문제가 조화롭게 이루어져야 함을 지적하면서 먼저 기존의 단어를 잘 분석하여야 이를 형성의 관점에서 잘 해석할 수 있다고 하였다. 따라서 구조주의적인 방법과 생성형태론적인 방법은 동떨어지지 않고 서로 조화를 이루어야 함을 강조하였다.

운, 형태, 의미, 기능 등 일련의 문제들을 다룰 것이며, 파생법에서 거론되는 '규칙과 제약', '생산성', '어휘화' 등 일련의 논의들을 전개할 것이다. 그리하여 번역필사본(나아가서는 후기 근대한국어)에서 대표적이고 생산적인 각 유형별 접미사들에 대한 파생법 연구와 파생법변천에 대해서도 성과를 보여주는 작업을 진행할 것이다.

1.3. 연구사

번역필사본의 접미파생법에 대한 연구를 진행하려면 먼저 한국어 형태론에서 단어형성론(조어론)에 대한 기존의 연구를 알아보아야 한다. 특히는 후기 근대한국어의 파생법에 대한 논의는 직접적인 검토대상이 된다.

먼저 한국어 형태론 연구의 시대 구분을 해 둘 필요가 있다. 형태론 연구사는 한국어 문법 연구의 큰 흐름 속에서 진행되었다. 한국어 문법 연구의 큰 흐름은 다음과 같이 나누는 것이 보통이다. 1900년대로부터 시작된 전통적인 문법 연구와 1950년대 후반에 시작된 구조주의적인 문법 연구, 그리고 1960년대 후반 이후에 시작된 생성 문법적 연구이다(김창섭 2008: 16).[8]

전통문법시기에는 단어형성론이 품사론 속에서 다루어졌으며 품사론이 전체 문법 기술에서 가장 중심이 되는 부문이었다. 이 시기는 파생과 굴절의 구분이 명확하지 않는 등 문제점을 안고 있으며, 파생접사와 굴절접사를 통합하여 도움줄기에 묶음으로써 접사를 어형 분석의 한 단위

---

8) 시대 구분은 학자에 따라 약간한 차이를 보이는데 논저들이 나온 시기를 중심으로 기주연(1994: 10)에서는 대체로 전통문법적인 연구(1910년~1960년)와 구조문법적인 연구(1960년~현재), 그리고 변형생성문법적인 연구(1970년~현재)로 나누어 보았다. 하치근(1989: 11)에서도 이와 같다.

로 처리하였으며 파생이란 개념이 아직 도입되지 않아서 파생어와 단일어를 혼동하여 분류하는 등 문제점이 있으며 단어형성론이 아직 품사론의 영역에 머물고 있는 한계성을 보였다.

구조주의 문법시기에는 형태론 분야에서 단어형성론에 대한 성과가 뚜렷하다. 이 시기 단어형성론을 주제로 삼아 다루기 시작한 논의로는 이희승(1955), 이숭녕(1957b), 이기문(1958) 등이다. 이희승(1955)은 파생법을 품사론이 아닌 어휘론의 영역에서 다루기 시작하였는데 단어의 구성에 대해 분류체계를 세분하였다.[9] 이숭녕(1957b)은 제주도 방언을 자료로 하여 단어형성론의 일각인 어간형성에 대하여 다루었으며, 이기문(1958)은 16세기 한국어의 전반적인 연구와 동시에 단어형성론 방면에서 높은 성과를 거두었다. 이들 논의에는 다양한 분석 방법이 제시되었고, 분석을 통하여 형태소나 단어의 목록이 작성되었다. 파생법에서는 파생접사의 설정기준을 확립하고 파생접사의 목록을 작성하는 데 힘을 기울였다.

이후 단어형성론에 관한 관심이 높아지면서 중세, 현대 한국어의 단어형성론에 관한 논의가 본격적으로 이루어졌다. 중세한국어의 단어형성론에 대한 연구업적으로는 안병희(1959/1982, 1965), 허웅(1964, 1966, 1975)을 들 수 있다. 안병희(1965)에서는 한국어의 파생은 주로 접두사와 접미사에 의해서 이루어지며 접미사에 의한 파생이 접두사에 의한 파생보다 더 생산적이며 그 분포와 기능도 다양함을 지적하고 한국어에는 접요사가 존재하지 않음을 지적함과 동시에 내적파생과 영변화파생에 대해서도

---

9) 이희승(1955)에서는 단어를 단일어와 합성어(complex)로 나누고 합성어를 다시 복합어(compound)와 파생어(derivative), 첩어(duplicated) 나누었다. '합성어'와 '복합어'의 용어는 역자(譯者)에 따라 바꾸어 사용할 수도 있는데 이는 한국어의 단어구조상 그 어떤 변화를 초래하는 것은 아니다. 그런데 허웅(1966), 안병희(1965) 등에서는 'compound'의 역어로 '합성어'라는 용어를 사용하였다. 이 책에서는 보편적으로 쓰이고 있는 남기심·고영근(1985/1993: 191)의 술어에 따라 단어의 구조를 단일어와 복합어로 구분하고 복합어를 다시 파생어와 합성어로 구분하는 입장을 취하기로 한다.

언급하였다. 이와 같이 파생법의 종류를 구체적으로 분류함으로써 이후 파생법의 활발한 연구를 위해서 튼튼한 기반을 닦아 놓았다. 이러한 연구의 흐름 속에서 현대한국어의 파생법을 논한 고영근(1967/1972ab, 1974), 이강로(1967), 김계곤(1969ab), 김석득(1971) 등 업적들이 이어졌다. 김계곤(1969ab)에서는 접사의 기준과 합성어의 내부 구조를 단어형성법 측면에서 규명하고자 하였다. 고영근(1974)에서는 접미사의 확립기준과 한계를 논의하고 어근과 접사와의 통합관계를 규칙과 불규칙적인 면에서 논의하였다.10)

변형생성문법이 등장한 1960년대 후반 이후, 초기 생성문법에서는 형태론 연구가 통사론 연구를 위한 보조적인 수단에 머무르면서 언어학자들의 관심에서 밀려나 있었다. 1970년대에 들어오면서 형태론 연구는 다시 중요한 과제로 대두하였는데 생성형태론에 입각하여 쓴 송철의(1977)는 이 시기의 초기 업적으로 간주된다. 송철의(1977)는 Aronoff(1976)의 단어형성 이론에 근거하여 파생어의 형성에서 나타나는 음운현상을 다루었으며 파생범주와 활용범주 사이에서 나타나는 음운현상의 차이를 규명하고자 하였다. 그 뒤로 생성형태론에 관한 본격적인 논의가 이어지는데 심재기(1980), 노대규(1981), 이경우(1981), 김창섭(1984, 1985, 1996), 송철의(1983, 1985, 1992), 이병근(1986), 김성규(1987), 조남호(1988), 하치근(1989), 구본관(1990), 시정곤(1993/1998, 1999), 채현식(1999, 2000), 최형용(2003), 송원용(2005) 등을 들 수 있다.11) 이들은 생성형태론의 이론적 배경 아래 음운, 형태, 의미, 통사적인 면에서 파생법연구를 활기를 띠며 진행해왔다. 이 시기 대표적으로 하치근(1989), 송철의(1992)를 들 수 있는데 파생법에

---

10) 이 부분은 '단어형성론'에 대한 연구를 진행한 학자들의 전시기 대표적인 논의들에서 참고하여 간추려 정리한 것이다.

11) 이 부분도 단어형성론에 대한 전시기 연구를 참조하여 시기별, 주제별로 배열한 것인데 이 외에도 단어형성론에 관한 논저들이 많이 있음을 말해둔다.

관한 주요 개념들과 파생어 형성의 전반적인 문제를 다루고 있다. 즉, 파생접미사들을 유형별로 분류하고 접미사의 음운, 형태, 의미, 기능 등의 통사적인 특징을 밝히고 어기와의 결합양상을 언급하였으며 파생어 형성의 '규칙과 제약'의 문제, '생산성', '어휘화', '공시성과 통시성'의 일련의 문제 등을 폭넓게 다루고 있다.

근대한국어 파생법에 관련 논의는 아직 일부에 그치고 마는 실정인데 근대한국어 자료를 대상으로 전면적으로 체계적으로 진행한 논의는 현대한국어나 중세한국어에 비해 좀 미미한 편이다. 특히 방대한 분량의 번역필사본 자료를 대상으로 하여 파생법에 대한 논의를 체계적으로 종합적으로 기술한 것은 아직 이루어지지 않았다. 이와 같이 중세, 현대에 비해서는 근대한국어의 파생법에 관한 기술이 비록 만족스럽지 못한 편이라 하겠지만 근래에 오면서 일부 학자들에 의하여 높은 업적과 성과를 거두게 된 것도 사실이다.

근대한국어를 중심으로 한 단어형성법 논의로는 권경안(1977), 이현규(1982), 이진환(1984), 전광현(1988), 이지양(1988), 기주연(1994), 김원중(1994), 석주연(1995), 황문환(2001) 등을 들 수 있으며, 근대한국어의 형태론에 관한 이론 저서들로는 이익섭(1975), 홍윤표(1994), 이광호(2004) 등을 들 수 있다.

이현규(1982)는 '-둡-'에 의한 파생형용사의 형태구조 변화를 통시적으로 고찰하고 있는데 '-둡-'의 의미, 기능이 그대로 '-스럽-'에 이어졌다고 보았다. 이지양(1988)은 근대한국어를 중심으로 '-업-'계 파생형용사를 고찰하였는데 '-업-'에 의한 파생의 양상이 중세한국어에서와는 다른 양상을 보이는 데에 주목하였다. 전광현(1988)은 17세기 한국어의 일부 문헌자료에 기초하여 한국어의 접미파생어에 대하여 기술적인 측면에서 접미사의 유형별로 다루었다. 기주연(1994)은 근대한국어 자료를 중심으로 파생어 전반을 다루었다. 김원중(1994)은 17세기 한국어 부사에 대한 형태론적 분석을 시도하였는데 파생부사의 구조는 접미사에 의한 것과 굴절형이 그대로 굳어져 부사화한 것, 그리고 영접사에 의한 것으로 나누어 검토하였다. 석주연(1995)은 근대한국어 파생형용사 전반에 관하여 구체적인 문헌 자료를 통하여 체계적인 논의를 진행하였는데 파생어의 통시적 변화 양상은 무엇보다도 접미사의 생산성 여부 및 변천 양상과 깊이 관련된다고 보았다. 이를 테면 '-젓-'은 18세기까지 매우 활발하게 모습을 드러내다가 19세기 이후에는 거의 모습을 감추는 양상을 보이는데 그것은 '-젓-'에 비해 음운론적 제약을 덜 받으며 다양한 의미를 표현하는데 훨씬 유리했던 '-스럽-'에 그 세력이 밀린 탓으로 보는 등, 근대한국어의 대표적이고 생산적인 형용사파생접미사와 관련된 일련의 문제들을 다룸으로써 이들 접미사들의 변천양상을 정리해보는 작업을 진행하였다. 황문환(2001)은 18~19세기 문헌을 면밀히 조사하여 '의심젓다'와 '의심접다'에서 '의심저온'이 '의심젓-'이 아닌 '의심접-'의 'ㅂ'불규칙 활용에 해당하는 표기임을 확인하고 파생접미사 '-접-'의 존재를 확인하였다. 따라서 근대한국어 시기에 일어난 '-젓->-접-'의 변화도 새로이 설정하였는데 기존의 '의심저은'과 '의심저온' 두 가지 표기가 동시에 등장하여 '의심저온'을 기준으로 이들 표기를 모두 '의심젓-'의 'ㅅ'불규칙 활용형으로 처리해 왔는데 이것은 '-젓-'과 '-접-'의 '-이' 부사파생형이 모두 '-저이'로 동일하게 나타난다는 데 근거하여 유추된 어간 오분석의 일례라고 지적하였다.

이상에서와 같이 근대한국어의 파생법에 관련 앞 시기 논의들을 대략적으로 살펴보았다. 논자들의 끊임없는 노력으로 인하여 적지 않는 업적도 이루어냈다. 현재 이 방면에 관한 논의도 계속 진행되어 가고 있다.

제 2 장

파생법에 관한 기본적 논의

2.1. '어근, 어간, 어기, 접사'의 개념

이 책은 후기 근대한국어의 접미파생법을 논의하기에 앞서 파생법에 관한 기본적 문제 몇 가지를 논의하고자 한다. 파생법은 한국어의 단어형성론(조어론)에 속하는 문제인바, 한국어의 단어형성은 대체로 파생법과 합성법에 의해 이루어지며, 반복법, 차용이나 신어의 창조에 의해서도 이루어진다.

여기에서는 먼저 파생법 연구를 진행함에 있어서 필요한 일부 개념들을 살펴보고자 한다. 단어의 구조에 따른 단어의 분류, 어근, 어간, 어기, 접사의 개념 등에 대하여 간략히 살펴보기로 한다. 이들 기본 개념들에 대해서는 많은 학자들이 많은 논의를 하여 왔으나 학자에 따라 동일개념을 별개의 용어로 사용하거나 동일한 용어를 다른 개념으로 사용하는 등, 약간씩 차이가 있었다. 이들 개념들에 대하여 이 책은 주로 이익섭 (1986/1993)을 따르기로 한다.

단어는 형태소 하나로 이루어지기도 하고 형태소가 몇 개 모여 이루

어지기도 한다. 한 단어가, 정확히는 그 단어의 어미 부분을 제거한 부분
(어간)이 몇 개의 형태소로 이루어졌으며 그 형태소의 성격이 어떤 것이
냐에 따라 단어를 분류하는데 이익섭(1986/1993: 88)에서는 다음과 같이 분
류하였다(허웅: 1966, 안병희: 1965 등도 이와 같음).

    ㉠ 단어의 구조

$$
단어 - \begin{cases} 단일어 \\ 합성어 \end{cases} \begin{cases} 복합어 \\ 파생어 \end{cases}
$$

위의 표에서 단일어(simple word)는 그 어간이 형태소 하나로 이루어진
단어를 말한다(코, 꼭, 춤-, 가르치- 등). 합성어(composite word 또는 complex word)
는 그 어간이 두 개나 그 이상의 형태소로 이루어진 단어인데 위의 표에
서 보듯이 여기에는 복합어(compound word)와 파생어(derived word)가 있다.
복합어는 그 어간의 직접구성요소가 모두 어기이거나 그보다 큰 언어형
식인 단어를 말하고(눈물, 할미꽃, 작은아버지, 날뛰-, 돌아가시- 등), 파생어는
그 어간의 직접구성요소 중 어느 한 쪽이 파생접사인 단어를 말한다(맨
손, 시누이, 조용히, 자랑스럽다 등).

그런데 위의 서론 부분에서 이미 밝혔다시피 '합성어'와 '복합어'라는
용어는 역자(譯者)에 따라 바꾸어 사용할 수도 있는 것으로서, 이것은 한
국어의 단어구조상 그 어떤 변화를 초래하는 것은 아니므로 이 책에서는
보편적으로 쓰이고 있는 이희승(1955), 남기심·고영근(1985/1993: 191)의
술어를 따르고자 한다. 즉 단어를 그 구조에 따라 단일어와 복합어로 구
분하고 복합어를 다시 파생어와 합성어로 구분하는 입장을 취하기로 한
다. 이를 도표로 보이면 다음과 같다.

ⓛ 단어의 구조

단어 — $\begin{cases} 단일어 \\ 복합어 \end{cases}$ $\begin{cases} 합성어 \\ 파생어 \end{cases}$

다음으로 파생어형성에서는 단어를 어기(base)와 접사(affix)로 나눌 수 있다. 어기는 단어의 중심부를 형성하는 형태소이며, 접사는 늘 단어의 주변부 노릇밖에 하지 못하는 형태소를 가리킨다. 어기라는 용어 대신 어근(root)이라는 용어를 쓸 수도 있다. 그러나 어근은 보통 어기 중 어미와 직접 결합될 수 없고 또 자립형식도 아닌 것만을 국한하여 지칭하므로 어기와 어근은 지칭하는 범위에서 차이가 있기도 하다. 즉 '깨끗-하다, 조용-하다, 急-하다'의 '깨끗, 조용, 급' 등이 이 좁은 의미로서의 어근에 속한다. 한국어에 들어와 있는 많은 한자 형태소, 가령 '學校, 讀書, 人物'의 '學, 校, 讀, 書, 人, 物' 등도 각각 이 좁은 의미의 어근의 좋은 예들이다. 또한 '뛰-ㄴ다, 뛰-고, 뛰-니, 뛰-어라'의 '-ㄴ다, -고, -니, -어라'는 모두 '뛰다'라는 단어의 굴절을 담당하는 어미들인데 이때 어미를 직접 취하는 어기 '뛰-'를, 어미를 직접 취하지 못하는 어근과 구분하여 어간(stem)이라 부른다.

접사(affix)는 반드시 어기와 결합하여야 문장에 나타날 수 있는 의존형태소인데, 그 어기의 앞에 놓이느냐 뒤에 놓이느냐에 따라 접두사(prefix)와 접미사(suffix)로 나뉜다. '맨-몸, 왼-손, 풋-나물, 빗-나가다' 등의 '맨-, 왼-, 풋-, 빗-' 등이 접두사의 예들이며, '잠-보, 덮-개, 넓-이, 자랑-스럽-'의 '-보, -개, -이, -스럽-' 등이 접미사의 예들이다. 접사의 한 종류로서 언어에 따라서는 어기의 한 가운데를 파고드는 접요사(infix)도 있는데 한국어에는 접요사가 없다.[12]

2.2. 파생어 형성의 유형

이 절에서는 파생어 형성의 유형에 대해 알아보고자 하는데 이와 관련 논의에 앞서 단어형성의 유형에 대해서도 간략하게 언급할 필요가 있을 것이다. 단어형성의 유형을 살펴보려면 또한 한국어의 단어형성론에 대해서 이론적 기초를 닦을 필요가 있다.

한국어의 단어형성에 관한 논의에는 여러 가지 측면이 포괄되어 있다. 단어형성에 있어서 기원의 문제, 단어형성의 원리와 의미해석의 문제, 단어형성에 있어서 공시성과 통시성의 문제, 단어형성에 있어서 '규칙과 제약'의 문제, '유추'의 문제, '어휘화'의 문제, '생산성'에 관한 문제 등 일련의 논의들이 거론된다. 여기서는 이들 전체에 대해서 일일이 논의하지는 않을 것이다.

연구사에서 이미 밝혔다시피 1970년대 후반 이후로 한국어의 단어형성론은 단어의 생성에 관심의 초점이 놓여 있었다. 이것은 과거의 형태론에서 단어를 분석하는 측면에 관심의 초점을 두었던 것과 차이가 있게 되었다. 따라서 송철의(1992/2008: 9)에서는 생성형태론의 측면에서 단어의 형성은 규칙에 의해 지배되며 모든 규칙에는 모종의 제약이 있게 마련인데 제약이 없는 규칙이란 규칙으로서의 가치가 없음을 지적하고 있다. 이처럼 생성형태론에 바탕을 둔 연구자들은 단어형성을 규칙과 제약을 통해 다루고 있다.13) 그런데 규칙에 의한 단어형성은 새로운 단어의 과

---

12) 기주연(1994: 25 ~ 26)에서도 기존의 연구들을 바탕으로 하여 '어근, 어간, 어기, 접사'의 개념들을 다음과 같이 규정하고 있다. 어근(root)은 단어의 중심부를 이루는 형태소로 의존적이고 어미와 직접 결합할 수 없는 형태소를 말한다. 어간(stem)은 역시 단어의 중심부분을 말하는데 어근과 달리 어미와 직접 결합할 수 있다. 어간은 단일형태소일 수도 있고 복합형태소일 수도 있다. 어기(base)는 어간 또는 어근을 포괄하는 이름이 되는데, 어기는 어근이 될 수도 있고 어간이 될 수도 있다. 접사(affix)는 어근이 아닌 의존형태소인데 한국어에는 접두사와 접미사가 있다.

잉생성이 이루어질 수 있으므로 이것을 막기 위하여 연재훈(1986)은 단어형성규칙에 입력을 통제한다든가 어휘부 내에 여과 장치를 설정하여 출력을 통제한다든가 하는 방법을 제시하고 있다.

그런데 최근에는 단어형성이 규칙에 의해서 이루어지는 것이 아니라 유추에 의해서 이루어진다는 주장이 제기되었다. 단어형성이 '어휘부-유추'모형 즉 어휘적 관련성 개념과 그에 기초한 유추라는 추론과정을 통하여 이루어진다는 것이다.[14] 그리하여 단어형성이 규칙에 의하여 생성된다는 '규칙론'과 유추에 의하여 이루어진다는 '유추론'이 서로 맞서고 있는 상황이다.

그런 가운데 김창섭(1996)은 단어형성은 기본적으로 규칙에 의해 설명될 수 있으나 다른 한편으로 극히 비생산적인 단어형성 즉 생산성이 낮아 소수의 형성 예만을 보이는 단어형성은 유추에 의한 것으로 볼 수 있다고 하면서 '단어형성 전용 요소'와 같은 개념을 도입하여 유추에 의한 단어형성 예들을 제시하고 있다(합성어에서 'X+방'형의 '아씨방, 놀이방, 노래방' 등). 이와 같이 유추는 규칙으로 발달할 가능성도 있는데 기본적으로 유추를 제한적인 불규칙한 단어형성과정을 설명하기 위한 기제로 삼기도 하였다. 이 책에서는 단어형성이 일반적으로 '규칙과 제약'에 의해 이루어진다는 견해를 받아들이기로 한다.

한국어의 단어형성이 주로 파생법과 합성법에 의해 이루어지고 있음은 주지의 사실이다. 파생어와 합성어는 일반적으로 형태론적 절차에 의하여 만들어지는데 파생어를 만들어 내는 절차를 파생법이라고 하고 합

---

13) 단어형성에서 규칙론은 대표적으로 송철의(1977, 1992/2008), 하치근(1989), 조남호 (1988) 등을 들 수 있다.
14) 단어형성을 유추로 보려는 논의들은 대표적으로 채현식(1999), 송원용(2005) 등을 들 수 있다. 여기에서 유추에 단어형성을 상정하고 있는데 단어형성의 기제는 화자의 인지 구조 안에 존재하는 규칙으로서 심리적으로 실재하는 규칙이며 연산과정으로서의 규칙이라는 것이다.

성어를 만들어 내는 절차를 합성법이라고 한다. 기주연(1994: 16)에서는 기존의 연구업적들에서의 논의를 바탕으로 단어형성법을 아래의 표와 같이 분류하여 제시하였다.

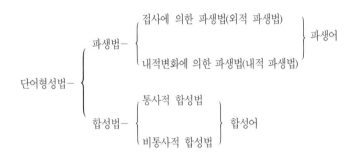

위의 도표에서 파생법과 합성법은 단어형성의 2대 국면으로 파생법은 접사에 의한 파생법과 접사에 의하지 않는 파생법(내적변화에 의한 파생법)으로 나뉘고, 합성법은 어기끼리의 결합으로서 그 구성요소의 독립성 여부와 문법적 결합관계에 따라 통사적 합성법과 비통사적 합성법으로 나뉜 것으로 설명이 된다.

한편 이 책의 연구대상은 접미파생법에 있으므로 단어형성에서 파생어형성이 주된 관심분야가 된다. 파생어란 위에서 개념 정의를 한 바와 같이 어간의 직접 구성 요소 중 하나가 파생접사인 단어를 말한다. 그런데 파생은 실질적인 접사에 의해서만 이루어지는 것이 아니다. 파생에는 접사에 의한 파생과 접사에 의하지 않은 파생이 있다. 접사에 의한 파생으로는 한국어에서 접두사에 의한 파생과 접미사에 의한 파생, 그리고 영접사에 의한 파생이 있다.15) 접사에 의하지 않은 파생으로는 내적변화

15) 영접사는 인정하는 견해와 인정하지 않는 견해가 있는데 논자에 따라 주장이 다르다. 만일 영접사를 인정하지 않는다면 품사가 바뀌는 경우를 '영변화에 의한 파생'으로 다

의 파생이 있다. 영접사를 인정하느냐 인정하지 않느냐에 따라 파생의 분류가 다르게 이루어질 것인데 이 책에서는 일단 영접사를 인정하는 송철의(1992/2008: 19)의 체계를 따라서 파생어형성의 유형을 다음과 같이 분류하고자 한다.16)

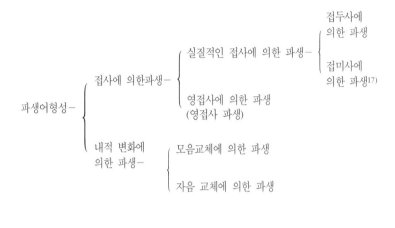

이 책에서는 실질적인 접사에 의한 파생에서 '접미사에 의한 파생'만을 다루기로 하며, 접두사에 의한 파생, 영접사에 의한 파생은 다루지 못함을 말해둔다. 그리고 내적변화에 의한 파생도 이 책의 논의에서 제외됨을 밝혀둔다.

_____

룬다. 그러면 접사에 의하지 않은 파생으로는 '내적변화에 의한 파생'과 '영변화 파생'을 상정하게 된다.

16) 한국어의 파생어형성 유형은 연구자에 따라서 약간한 입장차이가 있으나 일반적으로 접사에 의한 파생과 접사에 의하지 않은 파생으로 구분된다. 이희승(1955), 하치근(1989) 등에서는 '외적파생'과 '내적파생'으로 분류하기도 하고, 고영근(1989) 등에서는 '어휘적 파생'과 '통사적 파생'으로 분류하기도 한다.

17) 이 표에서 접미사에 의한 파생은 다시 '어기의 품사를 바꾸는 경우'와 '어기의 품사를 바꾸지 않은 경우'로 나뉜다.

접미사에 의한 파생 — { 어기의 품사를 바꾸는 경우 / 어기의 품사를 바꾸지 않는 경우

2.3. 파생어 형성과 생산성

단어형성에 있어서 중요하게 다루어지는 것 중의 하나가 공시성과 통시성의 문제이다. 단어형성의 공시성 여부를 판별하는 기준으로 일반적으로 '생산성'을 논하게 되는데 '생산성'이란 새로운 단어를 만들어 내는 생산적인 규칙을 말하는 것이다. 송철의(1992/2008: 27)에서는 파생어형성에 대한 기술을 진행함에 있어서 흔히 '생산적'이니 '비생산적'이니 하는 말을 사용해 왔는데 이것은 '생산성'을 뜻하며, 생산적이란 말은 생산성이 높다는 의미이고 비생산적이란 말은 생산성이 낮다는 의미라고 하였다. 그러나 전통적인 의미로는 어떤 파생접사에 의해 형성된 파생어의 수가 많을 때, 그 파생접사에 의한 파생어형성은 생산적이라 하였고 파생어의 수가 적을 때 비생산적이라 하였는데 이와 같이 파생된 파생어의 숫자가 생산성을 가늠하는 척도가 되었던 생산성의 측정방법은 그 기준이 매우 모호한 것이었음을 지적하였다. 이처럼 비교적 단순하게 생각해 왔던 생산성의 문제가 생성형태론에 와서 파생어형성에 있어서 중요한 과제로 부각되면서 생성형태론 연구자들은 생산성을 측정하는 방법들을 모색하게 되었다. 이를테면, 어기에 대한 제약(음운론적 제약, 형태론적 제약, 의미론적 제약)을 고려하면서 생산성을 측정하는 방법, 어떤 파생어형성규칙의 입력이 될 수 있는 단어의 총수 대 그 규칙에 의해 파생되어 나오는 수에 대한 비율을 내는 방법, 그리고 생산성을 규칙의 생산력, 즉 새로운 단어를 생성할 수 있는 가능성을 고려해야 한다는 점이 강조되고 있는 '기존의 단어'와 '가능한 단어(잠재적인 단어)'라는 것과 같은 용어들이 등장되는 생산성의 측정방법들이 논의되었다. 한편, 언어습득의 측면에서도 생산성이 논의되었는데 이러한 논의에서의 문제점은 생산력이 있는 규칙과 생산력이 없는 규칙을 판별할 기준이 명쾌하게 주어질 수 있느냐 하는 것이다. 송철의(1992/2008)에서도 각 접미사와 그 파생어를 다루면서 생산성 유무를 판단하기도 하였는데 생산성 판단의 객관적 기준을 확립하는 것은 매우 어려운 문제임을 지적하였다. 그럼에도 불구하고 이렇게 생산성을 중요하게 논의하는 것은 이 생산성이 파생어의 의미와 관련이 있어 보이기 때문인데 생산성이 높은 규칙으로부터 파생되어 나온 파생어들은 그 의미를 그만큼 쉽게 예측할 수 있다고 하였다.[18]

'생산성'에 관련하여서는 일찍부터 많은 연구자들이 입장과 견해 차이를 밝혀왔고 지금까지도 생성형태론에서 매우 중요하게 논의되고 있다. 고영근(1972)은 결합하는 어기의 수효에 따라 접미사를 매우 불규칙한 것, 다소 규칙인 것, 매우 규칙적인 것으로 구분하고 불규칙적인 것은 생산성이 결여된 것이고(-암/엄, -사귀, 등), 규칙적인 것은 생산성이 높은 것이라고 하였다(-거리-, -스럽-, 등). 김성규(1987)는 피동접미사 이형태의 교체 조건 및 경음화 현상을 생산성과 결부시켜 논의하였고, 조남호(1988)는 생산성이 높은 접미사 몇 개를 대상으로 각 접미사가 만드는 파생어와 신어를 중심으로 생산성을 논하였다. 또한 하치근(1989)은 사전에 등재된 파생어 목록을 검토하면서 해당 접사가 만들어낸 파생어의 수가 많으면 그 파생 규칙의 생산성이 높다고 판단하였고, 구본관(1990)은 화자의 신어 생성 능력을 생산성을 확인할 수 있는 기준으로 삼아서 경주 방언 피동형의 생산성을 논의하였다. 이광호(2007)는 코퍼스를 활용하여 계량적인 방법으로 파생접사의 상대적 생산성과 저지의 본질을 밝혔다. 이 외에도 파생어형성을 논함에 있어서 생산성을 논한 논저들이 매우 많다. 생산성은 생성형태론에서 아주 중요한 비중을 차지하게 된다.

그런데 통시적인 자료를 바탕으로 파생어형성을 논의하는 경우에는 어떤 접사에 의해서 형성된 파생어의 수를 가지고 생산성을 판단할 수밖

---

18) 이상 논의는 송철의(1992/2008: 27~31) 부분을 참조했음.

에 없다. 언어적 직관이 통하지 않고 어떤 파생어가 새로이 만들어진 것인지 아닌지를 판별하기가 매우 어렵기 때문이다. 후기 근대한국어를 대상으로 파생법을 논의하는 이 책에서도 생산성이란 대략 그런 의미로 쓰인다. 즉 어떤 접사에 의해서 형성된 파생어가 많으면 생산성이 높은 것으로 간주하고 파생어가 적으면 생산성이 낮은 것으로 간주하게 될 것이다. 물론 이때 어휘화된 파생어는 가능한 한 제외하고 판단할 것이다.

2.4. 파생어 형성과 어휘화

파생어형성에서 공시성과 통시성은 불가분리의 관계이다. 공시성을 논할 때 흔히 거론되는 것이 생산성이라면 통시성을 논할 때 흔히 거론되는 것은 어휘화라고도 할 수 있다. 그러나 양자는 긴밀히 연관되는 것으로서 순수한 공시적 생산성만을 근거로 파생어를 추출해 낸다면 파생어의 범위는 매우 축소되고 말 것이며, 또한 파생어를 추출해 낼 때 순수하게 통시적 입장에만 근거하여 파생어라 명명할 수도 없는 것이다. 이런 공시태 속에 존재하는 파생어나 그 구성요소들이 단일한 어휘로서의 파생어의 성격이나 기능이 우선시될 때 우리는 흔히들 어휘화라든가 단일어화라든가 화석화라든가 하는 개념을 언급하게 된다.19)

파생어 형성의 공시성과 통시성과 관련하여 송철의(1992/2008)에서는 단어형성 규칙에 의해서 생성된 파생어라 할지라도 공시적인 관점에서 예측할 수 없는 정보를 가지게 된 것은 어휘화한 것으로 보아야 한다는

---

19) '어휘화'라는 용어는 '단일어화', '화석화'라는 개념과 상통할 수 있을 듯하다. 논자에 따라서 용어를 조금씩 달리 사용하기도 하는데 대표적으로 송철의(1992/2008)는 '어휘화'라는 용어를 사용하였고, 이현희(1991)는 '단일어화'라는 용어를 사용하였고, 구본관(1998)은 '화석화'라는 용어를 사용하였다.

점을 강조하면서 단어의 형성은 공시적으로 규칙과 제약에 의해서 이루어진다고 할지라도 단어형성과정이 가질 수 있는 통시성의 문제를 전혀 고려하지 않은 것은 아니라고 지적하였다.

이 책은 후기 근대한국어의 번역필사본 자료에 나타나는 접미파생어를 다루는 것으로서 여기에는 공시적으로 파생어로 인식하기 어려운 어휘들도 수적으로 많이 나타난다. 즉 통시적으로 어기가 소멸되거나 접사가 비생산적이 되어 어휘화를 겪은 것으로 규정될 수 있는 파생어가 많이 나타난다는 것이다. 따라서 이 책에서 사용하는 '어휘화'라는 용어는 송철의(1992/2008)를 따르기로 한다. 어휘화에 대해서는 송철의(1992/2008: 31~48)에서 정밀하게 다루었으므로 이를 바탕으로 어휘화에 대해서 간략하게 알아보기로 한다.

어휘화란 공시적인 단어형성규칙으로는 예측될 수 없게 되는 경우를 말한다. 파생어형성을 놓고 말한다면 어휘화란 어기와 파생어와의 파생관계가 규칙적으로 예측할 수 없게 되는 경우를 말한다. 다시 말하면, 어기와 파생어가 통시적인 변화를 겪게 되면 그 파생어는 어기와의 파생관계가 멀어지게 되어 공시적인 파생어형성규칙으로는 생성할 수 없는 상태에 이르게 되는데, 어떤 파생어가 이와 같은 상태에 이르게 되었을 때 그것을 어휘화했다고 말한다.

어휘화의 유형에는 음운론적 어휘화, 형태론적 어휘화, 의미론적 어휘화가 있게 된다. 음운론적 어휘화란 어떤 단어가 파생어라고 인식되기는 하지만 어기와 파생접사의 결합과정에서 나타나는 음운현상이 공시적 음운규칙으로는 설명되지 않는 경우를 말한다. 대표적인 예로서 '아프-', '고프-'를 들 수 있다. 이들은 원래 '앓-, 곯-'에 형용사파생접미사 '-ㅂ/브-'가 결합되어 '앓- + -ㅂ- > 알프-, 곯- + -ㅂ- > 골프-'와 같이 형성된 파생어들이었는데 통시적으로 '♀>으'변화와 'ㄹ'탈락이라는 음운변화를 겪게 됨으로써 '아프-, 고프-'가 되었다. 그런데 이들이 경험한 'ㄹ'탈락은 공시적 음운규칙으로는 전혀 예측할 수 없는 현상이다. 'ㅍ' 앞에서 'ㄹ'을 탈락시키는 음운규칙은 존재하지 않기 때문이며 통시적으로 보아도 일반화될 수 있는 현상이 아니기 때문이다. 이처럼 어떤 파생어가 공시적인 음운규칙으로 설명할 수 없는 통시적 음운변화를 입게 되면 그 파생어는 음운론적으로 어휘화했다고 본다(송철의 1992/2008: 33). 파생어 중에는 음운론적으로 어휘화한 예들이 적지 않다.

다음으로 형태론적 어휘화란 어떤 파생어에 대한 형태소분석 결과로 나온 어기가 공시적으로 존재하지 않거나 형태소분석 결과로 나온 파생접사가 공시적으로 생산력을 전혀 갖지 못하는 경우를 말한다. 예를 들자면 '부끄럽-'은 '부끄리- + -업-'으로 분석될 수 있으나 어기인 '부끄리-(<붓그리-)'가 공시적으로 존재하지 않으므로 '부끄럽-'은 형태론적으로 어휘화한 예에 속한다. '무덤, 주검'은 각각 '묻- + -엄', '죽- + -엄'으로 분석되는데, 명사를 파생시켰던 접미사 '-엄'은 현대한국어에서 전혀 생산력을 갖지 못하므로 현대한국어에서 '무덤, 주검'은 형태론적으로 어휘화한 파생어가 되는 것이다.

그 다음으로 의미론적 어휘화란 어기의 의미와 파생접사의 의미로부터 파생어의 의미가 예측될 수 없는 경우를 말한다. 예를 들면 번역필사본 자료(후기 근대한국어 자료)에서 파생어 '노름'은 '賭博'의 의미로도 쓰이는데 원래 '노름'은 동사어간 '놀-(遊)'에 명사파생접미사 '-음'이 결합되어 형성된 파생명사이었을 것이다. 그러나 파생명사 '노름(賭)'은 어기 '놀-(遊)'과 의미가 멀어졌으므로 '노름'은 의미론적으로 어휘화한 예로 볼 수 있다. 이와 같이 의미론적으로 어휘화한 예들도 중세, 근대, 현대한국어에서 많이 볼 수 있다.

번역필사본에서도(나아가서는 후기 근대한국어) 위에서 기술한 음운론적 어휘화, 형태론적 어휘화, 의미론적 어휘화에 해당하는 파생어가 다수 발견된다.

2.5. 어기의 차용

조선 후기에 넘어서면서 거의 유일한 외국문학이었던 중국소설이 대량으로 한국에 유입되어 한국어로 번역, 필사되었다. 이들은 대부분 중국어 원문과 한국어로 번역되어 한글로 필사된 필사본이 동시에 존재하기에 이 중국어 원문에 의거해 후기 근대한국어의 어휘 연구의 기초로 다양하게 활용될 수 있다는 장점이 있다. 이 책에서는 바로 18세기 중엽 이후 19세기 사이에 번역·필사되었을 것으로 추정되는 60여 종의 번역 필사본 자료에 나타나는 어휘를 중심으로 연구를 진행하는데, 자료의 특성상 중국어 차용어를 많이 발견하게 된다. 하지만 이 책은 주로 단어형성 중에서 접미사에 의한 파생어형성만을 다루게 되므로 차용어에 대해서 전반적으로 논의할 필요는 느끼지 않는다. 다만 각 유형별 접미사에 의한 파생어 형성에서 어기가 차용어인 경우를 많이 접하게 되므로 차용된 어기가 파생어형성에서 어떤 기능을 하는지를 살펴볼 것인데 이렇게 하려면 차용어에 관한 기본적인 지식을 알아둘 필요가 있다. 그리하여 차용어에 대하여 간략히 언급해 보고자 한다.

차용어에 대하여 부분적으로 관심을 보이는 일은 한국어 어휘 연구에서 비교적 일찍부터 있어 왔다. 현대 이전의 차용어의 범주와 달리 주로 중국어, 몽고어, 그리고 여진어, 만주어 등으로 대표된다고 할 수 있는데, 한국어와 접촉한 주변 언어로서 오랫동안 가장 직접적인 영향을 미친 것은 중국어라고 할 수 있다. 이 분야 연구의 시작은 이기문(1965)으로 부터

라고 할 수 있으며, 여기서는 우선 발음과 형성의 특징에 근거해 본격적인 중국어 차용어와 한자어의 구별을 엄격하게 하는 태도를 취하였다. 이후 중국어 차용어에 대한 논의는 남풍현(1968a, 1985b), 김완진(1970), 최범훈(1973), 유창돈(1975), 조세용(1986), 송기중(1998), 조남호(2001), 박재연(2001, 2005) 등으로 이어진다. 남풍현(1968a)은 중국어의 차용을 한자(漢字)를 배경으로 하느냐에 따라 직접차용과 간접차용으로 나누어 다룸으로써 중국어 차용의 범주를 확실히 드러내고 있으며, 김완진(1970)은 한국어 한자음 체계가 성립되기 이전의 차용 관계인 고대 중국어 차용어를 다루었다. 최범훈(1973)과 조세용(1986)은 모두 귀화어라는 용어를 사용하고 있지만 양자는 완전히 일치하는 개념은 아니다.

　중국어 차용어에 대한 연구에 있어서 차용의 시기, 차용의 유형, 차용의 명칭, 차용의 범위, 차용의 특징, 차용의 판별 기준 등 일련의 논의들은 연구자에 의하여 다양하게 전개되는 양상을 보여 주는데 아직도 논란의 여지가 많다.[20] 그럼에도 불구하고 한국어 체계 내의 중국어 차용어는 한자문화권에 속하는 한・중・일 삼국의 언어로서 매우 중요한 위치에 놓여있는 만큼 중국어 차용어가 한국어의 어휘체계에 미치는 영향은 매우 크다고 할 수 있다.

　아래에 논의의 이해를 돕고자 차용어의 분류 및 명칭과 관련한 일부 연구자들의 개별 입장 차이를 도표로 제시한 김춘월(2012: 9)의 표를 가져와 보았다.

---

20) 이기문(1965), 남풍현(1968a, 1985b), 유창돈(1975), 박영섭(1987), 송기중(1998), 박재연(2001, 2005) 등을 참조.

이기문(1965)	송기중(1998)	남풍현(1985b)	Masini(1993) =이정재 역(2005)
	송기중(1998)	번역차용어	차구어
이기문(1965)	한자차용어/외래한자어	간접차용어	차의어
			차형어
차용어	차용어/외래어	직접차용어	차음어
			혼성어

위의 도표에 대하여 약간의 설명을 덧붙인다.

이기문(1965)은 표에서 언급한 바 있는데 여기서는 16~18세기에 걸쳐 편찬된 역학서들을 중심으로 근세중국어 차용어 70여개를 다루면서 차용의 범위를 오직 중국어 원음에 기원을 둔 차용에 국한시키고 있다. 심재기(1982: 59)에서도 이와 같은 입장을 택하고 있다.

송기중(1998)에서는 "原語音과 관계없이 표기 문자의 차용에 의하여 생성되는 어휘"를 '文字 借用語'라고 하고, 그 중에서 "표기 漢字의 도입에 의하여 생성되는 한국어 어휘"를 '漢字借用語'라고 특별히 지칭하였다. 다시 말하면, 중국이나 일본에서 형성된 어휘가 원어의 현실음과는 상관없이 표기 한자의 선택 및 조합과 그와 결부된 의미만 도입하여 한국어 한자어 어휘로 정착된 이들은 原語音이 개재되는 일반 '차용'과는 다르다고 보는 것이다(송기중 1998: 595).

남풍현(1985b)에서는 남풍현(1968a)에서 고찰하였던 직접차용, 간접차용 외에 번역차용에 의한 대상들을 차용의 대상으로 더 설정하였다. 이것은 고대한국어로부터 근대한국어에 이르기까지 여러 유형의 중국어 차용어들이 한국어에 수용되는 과정 중에 번역차용에 의해 받아들여진 어휘가 한국어에 미치는 영향을 강조한 것이다. 박재연(2005)에서도 번역에서 오는 차용어를 중시한다는 점에서 이와 비슷한 입장이나 차용어 범위를 보는 관점에서는 차이가 있다.

Masini(1993)[21]에서 제시한 용어는 차용의 대상에 대해 아주 명확하게 지시해준 장점이 있다. 이에 따르면 혼성어는 "차음어와 고유어 성분이 결합하여 만들어지는 것", 차음어는 "한 언어가 외국어 단어의 의미와 음소 형태를 취하여 해당 언어의 음운 체계에 적용시킨 것", 차형어는 "한 언어가 외국어 용어의 의미와 표기형태를 모두 채택하고 있는 것", 차의어는 "전통 어휘에 이미 존재했지만 외국어 모델 어휘에 근거하여 새로운 의미를 띠게 된 것", 차구어는 "외국어 모델 어휘의 형태론적 또는 통사론적 구조에 근거하여 만들어진 중국어 단어나 구"를 가리키는 것으로 기술되어 있다.

이상은 중국어 차용어를 고찰할 수 있는 대표적인 중요 논의들이다. 이 가운데서 이 책은 대체로 남풍현(1985b)에 가까운 입장을 취한다고 할 수 있다. 왜냐하면 차용에서 가장 기본이 되는 '직접차용', '간접차용' 외에 '번역차용'이라는 개념을 적용시켰다는 점에서 이 책의 주된 연구 자료인 '번역필사본'이라는 자료의 특수성을 잘 활용할 수 있기 때문이다. 박재연(2005)에서도 번역필사본 어휘의 특징을 잘 드러낼 수 있다는 이유로 대체로 남풍현(1985b)을 따르고 있다. 하지만 남풍현(1985b)과 차이점도 없지 않다. 남풍현(1985b)에서는 고대한국어로부터 근대한국어에 이르기까지 여러 유형의 중국어 차용어가 한국어에 수용되는 과정 및 영향을 강조하였다면, 박재연(2005)은 차용어를 기존의 한자어와는 달리 '근대 중국어(17~19세기)에서 온 어휘'를 말한다고 하였다.[22] 즉 17~19세기 사이

---

21) 이정재 역(2005)를 참조.

22) 박재연(2001)은 중국어 차용어는 기존의 고려말에 나온 『老乞大』『朴通事』를 조선 전기에 최세진이 번역한 『번역노걸대』, 『번역박통사』에서 많이 찾아볼 수 있으며, 그 이후로는 명·청대 통속소설 희곡이 꾸준히 전래되고 번역되면서 적지 않은 차용어를 낳았다고 하였다. 중국어 차용어는 대개 중국음과 한국말 한자어 독음의 혼합어인 경우가 많으며, 이들 중 일부는 완전히 고유어화 되어 한자의 원음과 달라져서 차용어라는 의식을 하지 못하는 경우가 많다고 하였다.

의 중국어계 어휘만을 특별히 지칭하여 '중국어 차용어'로 본다고 하였다. 이것은 중국어 차용어의 범위를 기존에 비하여 매우 좁혔는바 기존의 여러 논의들과 차이가 있는 것이다. 그러나 이것은 어디까지나 조선 후기의 중국소설류 번역필사본을 주로 연구대상으로 함에 있어서 연구자의 차용어에 대한 좁은 의미에서의 편의상 이해라고 여겨진다.

이 책은 차용어에 대한 연구가 주요 연구 대상이 아니므로 차용에 대해서는 간략하게 언급하는 것만으로 그친다. 다만 근대 후기 대량의 중국소설이 한국어로 번역되기 시작하면서 중국어 원문의 어휘가 한국어 번역문에서 여러 모습으로 차용된 데 비추어, 이 책에서는 접미사에 의한 파생에서 '어기의 차용'을 살피는 작업을 진행하는 데 관심을 둘 따름이다. 즉 이 책에서 다루고 있는 접미사들에 의하여 선택된 어기가 중국어 차용어인 경우에 차용된 어기들이 어떤 음운, 형태, 의미론적 특징들을 보이면서 파생어형성에 참여하였는지를 살피는 작업을 하게 된다는 것이다.

더불어 차용의 대상이 되는 중국어 어휘는 '음, 형, 의'의 세 요소가 어우러진 중국어의 특성을 함께 고려해야 하며, 또한 번역소설이라는 문체의 특수성으로 하여 상당한 부분이 의역으로 이루어질 수 있다는 점도 고려해야 한다. 따라서 이 책에서 취하는 일부 차용된 어기는 ㉠때로는 '노구장이(老軀), 번동질(翻動) 등'과 같이 원어의 구조 그대로, ㉡때로는 '상고질(商賣), 산양질(打獵)' 등과 같이 부분적으로 재구조화된 것, ㉢때로는 '빗죠이, 귀겹스럽다' 등과 같이 번역에 의한 연상의미에 의한 것, 등 세 가지 유형으로 나누어 어기의 선택이 이루어지는 것으로 보고 어기의 차용을 다루어 보고자 한다.[23)]

---

23) 김춘월(2012)에서는 기존의 차용에 관한 논의를 바탕으로 하여, 『홍루몽』의 중국어 어휘 차용에 관한 실정에 비추어 각 유형의 차용을 '한음에 의한 차용', '한자에 의한 차용', '축자역에 의한 차용'의 세 유형으로 나누어 기술하고 있다.

이상과 같이 파생법에 관한 기본적 논의를 바탕으로 하여, 이 책은 후기 근대한국어의 접미파생법에 대하여 살펴볼 것이다. 역사적인 자료를 다루는 것이므로 일단은 분석적 관점에서 접미파생어들을 세심하게 다루어 볼 것이지만, 또한 생성형태론의 관점에서 파생어형성에 있어서 규칙과 제약의 문제라든가, 생산성, 어휘화의 문제라든가, 혹은 차용에 의한 어기의 선택이라든가 등 일련의 문제들에 대하여 일일이 검토해보는 작업을 병행할 것이다.

제 3 장

명사파생

3.1. 문제의 제시

후기 근대한국어 시기에 명사파생접미사는 수적으로 아주 많다. 기주연(1994: 191~193)에서는 선행하는 어기를 기준으로 하여 그 유형을 다음과 같이 정리하였다.

① 사람, 동물과 관련하여서는 '-늬/녜, -님, -돌/들, -바치/아치, -방이, -아괴/아귀, -아숭이, -아지, -온/운, -이, -쟝이, -치/티' 등.

② 사물관련 하여서는 '-개/게, -귀/뀌, -글, -덩이, -다기, -독, -(으)랑, -민, -벼, -동이/둥이, -듸양, -살, -아기, -아미/어미, -어리/아리, -악/억, -앙/엉, -앙이/엉이, -옥/욱, -옹/웅, -읍/읍, -치/티, -치' 등.

③ 기타로 '-기, -만, -발, -새, -삐, -암/엄, -엄, -애/에, -이, -음, -질, -옥, -재/째, -포' 등을 명사파생접미사로 제시하고 있다.

이광호(2004: 154~174)에서도 근대한국어에서 대표적인 명사파생접미사 30여 종을 제시하고 그 형태론적 특징을 밝혔다. 양자는 분류기준과 판별기준이 다르므로 접미사의 목록에서 약간의 차이가 있지만 생산적이고 대표적인 명사파생접미사('-이, -개, -장이, -질' 등) 선정에 관하여서는 기본적으로 별반 차이가 없다.

번역필사본에서 비교적 생산적인 명사파생접미사들로는 '-이, -음, -기, -개, -장이, -바치, -질, -인/의' 등이 있다. 이들은 대체로 동사, 형용사, 명사나 어근, 의성·의태어 등을 어기로 하여 매우 다양하게 나타나고 있다. 본 장의 명사파생에서는 바로 이들 접미사들을 다루고자 한다.24)

3.2. 대표적인 명사파생접미사에 의한 파생

3.2.1. '-이'

'-이'는 중세, 근대, 현대한국어에서 모두 명사파생접미사 중에서 가장 다양하고도 생산적인 파생 기능을 보여주는 접미사이다. '-이'는 후기 근대한국어에서도 '낙시, 노리' 등에서처럼 단일 형태소 동사어간에 결합하여 명사를 파생시키기도 하고, '고공스리, 녀름지이' 등에서처럼 합성동사어간에 결합하여 명사를 파생시키기도 한다. 또한 '기리'25)에서와 같이 형용사어간에 결합하여 명사를 파생시키기도 하지만 이런 예는 극히 드물게 나타난다. 그런가하면 '-이'는 명사나 어근 또는 의성·의태어에 결합하여 사람이나 동물 등 유정명사를 파생시키기도 하고 식물, 사물 등을 지칭하는 명사를 파생시키기도 한다. 그 밖에 인명에 붙는 '-이'도 명

---

24) 접미사의 배열순서는 일반적으로 생산성이 높은 접미사를 앞에서 다루는 원칙으로 하되, 전통적으로 함께 묶어서 다루었거나 혹은 공시적으로 생산성은 낮다고 하여도 대표성을 띨 수 있다고 생각되는 접미사는 먼저 다루기도 한다. 이와 같은 배열순서는 명사파생 외의 동사파생, 형용사파생, 부사파생에서도 함께 적용됨을 밝혀둔다.
25) 후기 근대한국어에서도 중세한국어와 마찬가지로 접미사 '-인/의'가 형용사어간에 결합하여 척도 명사를 파생시킨다(기릐, 기픠, 노픠 등). '기리(<길- + -이)'만이 '기리'와 '기릐'가 공존하는 것으로서 예외적인 것으로 본다.

사파생접미사로 볼 수 있을 것이다. 다음은 번역필사본에서 나타나는 '-이' 파생명사 예들이다.

ㄱ 동사어간+ -이

> (1) 가리: 가직 만관이라 죠흔 밧치 **천일 가리** 되고 [頃]
> 　　　　　　〈啓明大 西遊 7:64-23〉
> 　　거리: 즈긔 침실에 니르니 다만 셔칙이 **거리의** ᄀ득ᄒ고 [架]
> 　　　　　　〈鏡花 15:5〉
> 　　노리: 대개 텬즈의 **노리** 됴하ᄒ믈 쥬ᄒ엿ᄂ니라 [游]
> 　　　　　　〈延世 隨煬 2:5〉
> 　　져비: 공명이 ᄒ여곰 **져비롤** 쓉ᄂ니 [䶊] 〈毛三國 9:10〉
>
> 　　　cf. 술이: 쟝모ᄭᅵᄂ 밧바 **술이도** 몰 덕습뇌 〈현풍곽씨6 요
> 　　　　　　　수이 아희돌〉

(1)의 예들은 단일형태소 동사어간을 어기로 하여 거기에 '-이'가 결합하여 형성된 파생명사들이다. 여기서 '-이'는 '노리'와 같이 '어떤 행위의 이름'을 말하기도 하고, '가리'와 같이 '어떤 행위의 특성이 있는 단위 이름'을 뜻하기도 하고, '거리, 져비' 등과 같이 '어떤 행위의 특성을 가진 도구, 사물'을 뜻하는 구체명사를 파생하기도 한다.

'노리'는 동사어간 '놀-(遊)'에 '-이'가 붙어 형성된 것인데, '노리'는 '노는 행위'를 의미한다.

'가리'는 동사어간 '갈-(耕)'에 '-이'가 붙어 형성된 것인데 '밭 면적 등 수량을 가리키는 단위의 이름'을 의미한다. 중국어 원문의 '頃'에 대응된 것이다. '가리' 앞에는 대체로 시간을 나타내는 말이 온다. 현대한국어에서는 '한나절갈이, 하루갈이, 이틀갈이' 같은 예들이 있다. 여기서 '하루갈이'는 '하루 동안 갈아야 할 정도의 넓이를 가진 땅(논이나 밭)'을 의미한다.

그러므로 위의 예문에 나타나는 '천일 가리'는 '천일(千日) 동안 갈아야 할 정도의 넓이를 가진 밭'이라는 의미이다. 천일 동안 갈아야 하는 밭이니까 무척 넓은 밭인 셈이다.

'거리'는 동사어간 '걸-(掛)'에 '-이'가 붙어 형성된 것인데 '칙걸이(書架), 옷거리(衣架), 갓거리(帽架)' 등에서와 같이 쓰이기도 한다.

'져비'는 동사어간 '졉-(折疊)'에 '-이'가 붙어 형성된 파생명사인데 번역필사본에서는 '추첨(抽籤)'이라는 뜻을 가진다. '져비'는 동사 '졉-'의 의미와 멀어졌으므로 의미론적으로 어휘화 한 예로 볼 수 있다. 번역필사본에서 '져비'는 분철표기인 '졉이'로도 나타난다. "너희 두 사롬이 졉이를 잡아 가라 ᄒᆞ니 (闔) <毛三國 8:21>."

위의 몇 예들에서 보다시피 접미사 '-이'는 '어떤 특성을 가진 도구, 사물'을 가리키는 구체명사를 파생시키는 기능을 한다는 것을 알 수 있다.

참고로 제시한 '술이'는 비교적 특이한 예라고 할 수 있는데 중세, 근대한국어에는 쓰이었을 것이지만 현대한국어에는 쓰이지 않는다. '술이'는 번역필사본이 아닌 원래부터 한글문헌자료인 필사본에 출현한 예이다.

(2) 술이:
ㄱ. 아마도 아희돌 드리고 몸이나 편히 겨소 쟝모ᄭᅴᄂᆞᆫ 밧바 술이도 몯 덕습뇌 젼ᄎᆞ로 알외ᄋᆞᆸ소 <현풍곽씨6 요ᄉᆞ이 아희돌>

ㄴ. 우러러 션셩긔 숣노니 인ᄌᆞ 측은ᄒᆞᆫ ᄆᆞᄋᆞᆷ과 튱의 개연ᄒᆞᆫ ᄠᅳᆮ을 내여 녀망의 지조롤 다ᄒᆞ며 ᄌᆞ방의 긔량을 베프라 <三國 12:93>

(2)의 '술이'는 '白(숣-)'에 명사화 접미사 '-이'가 결합된 파생어인 듯하다. '숣- + -이 → 술비> 술ᄫᅵ> 술이'의 변화를 거친 것이 아닌가 여겨진다. '상ᄉᆞ리(上白是)'와 같이 '윗사람에게 글을 올려 말씀 드림'의 뜻으로 쓰

인다. '술이'는 '살이'로도 나타나고, '샹스리'는 '샹술이(분철표기)'로도 나타나는데 이때 접미사 '-이'는 '…하는 행위' 의미를 나타낸다고 할 수 있다. 하지만 이런 예는 많지 않은 것으로 여겨진다.

ⓛ [명사+동사어간]+ -이

(3) ㄱ. 글지이: 집의 드러 쇼져로 더브러 **글지이**로 쇼일ㅎ더니 [作詩]
   　　　　　　<玉嬌 3:11>
   무명즈이: 뵈쓰기 **무명즈이** 명지혀기 바ᄂ질ㅎ기 [중문 없음]
   　　　　　　<朝天錄 51>
   신지이: 계집은 집안희 이셔 일절 나ᄃ니지 아니ㅎ고 다만 **신지이**와 슈노키와 셩젹ㅎ기만 힘뻐 ㅎ고 [중문 없음]
   　　　　　　<朝天錄 51>
   여롭지이: 슈는 **여롭지이**롤 부즈런이 ㅎ고 셩미 강의ㅎ고 [稼穡] <東漢 1:55> cf. 녀롭지이
   고공스리: 젼여 남의 **고공스리** ㅎ고 [長工] <水滸 41:76>
   　　　　　cf. 고굉스리

   ㄴ. 가슴거리: **가슴거리** 근 [馬當腦之皮] <字下 70b> cf. 가슴거리
   물말이: **물말이** 손 [水澆鈑] <字上 77b>
   젼고디: 무롤 **젼고디**의 열ㅎ시다 젼 일일의 오위 졔군이 단남녁히 결단ㅎ고 [箭串] <朝會 2:97>
   옷거리: 그 밧근 다 **옷거리**며 밥주머니며 술통이며 고기 쟐리라 [衣架] <三國 8:49>
   　　cf. 동사리: 참나무 해 쟝쟉과 **동사리** 여른 낡을 임의대로 실어온들 [冬-] <隱士歌 14:155>

(3ㄱ)에서 '-이'는 [명사 +동사어간]을 어기로 하여 거기에 '-이'가 결합하여 형성된 파생명사 예들이다. 여기서 접미사 '-이'는 '…하는 행위, 사건'을 의미하는 행위명사를 파생시킨다.

'글지이'는 '글을 짓는 행위(글짓기)', '여롭지이'는 '농사를 짓는 행위(농사)', '신지이'는 '신을 만드는 행위(신짓기)'를 의미한다. 이들에서의 '짓다'는 'ㅅ'불규칙동사이어서 '-이' 앞에서 어기 말음 'ㅅ'이 탈락하였다. '무명즈이'는 '목화에서 실을 뽑는 행위'를 의미한다. '즈이'는 동사어간 '잣-'에서 온 것인데 여기서도 '-이'앞에서 'ㅅ'이 탈락한 모습을 보여준다. 동사 '잣-'은 (물레 따위로 섬유에서) 실을 뽑다'라는 뜻을 갖는데 'ㅅ'불규칙동사이다(잣고, 자으니, 자아서).

'고공(雇工)스리'26)는 '머슴노릇을 하기'라는 의미를 나타낸다. '고공스리'는 '머슴사리'라는 파생어가 이미 있음에도 불구하고 고유어 명사 '머슴' 대신 한자어 어근 '고공'을 취하여 '술-'과 결합하여 합성어 어간을 형성하고 다시 '-이'가 2차 결합하여 명사파생을 이룬 것이다. '머슴사리'가 있음에도 불구하고 '고공스리'라는 파생어를 다시 만들어 쓴 것은 독자들로 하여금 중국어 원문의 의미를 더욱 쉽고 빠르게 인식할 수 있게 하기 위해서였을 것이다.27)

(3ㄴ)의 '-이'는 [명사 +동사어간]을 어기로 하여 거기에 접미사 '-이'가 결합하여 '…하는 물건, 기구'를 뜻하는 도구명사를 파생시킨다. '가슴거리(靮)'는 '소나 말의 가슴에 걸어서 안장, 길마, 멍에 같은 데에 매는 끈'을 가리키고, '물말이'는 '물에 만 밥'을 말하며, '전고디'는 '화살꽂이'를 의미하며, '옷거리'는 '옷을 거는 물건, 도구'를 말한다. 여기서 '전고디'는 '전고지(>[전(箭) + 곳-] + -이])'의 구개음화 과도교정형이다. '전고지'는 'ㄷ' 구개음화를 입은 형태가 아닌데도 구개음화를 입었을 것으로 인식하여

---

26) '고공스리'는 논자에 따라 주로 세 가지로 나누어 볼 수 있는데, ㉠ '스리'를 접미사화 하여 '고공 +스리'와 같은 파생어로 볼 수도 있고, ㉡ '스리'를 파생명사로 보고 '고공 + 스리'와 같이 합성어로 볼 수도 있으며, ㉢ 다음은 이 책에서처럼 '[고공 + 술-] + -이'와 같이 합성어어간을 어기로 하여 '-이'가 붙어 형성된 파생명사로 볼 수도 있다.

27) '겨우사리(겨울 + 살-]+ -이)'(ㅅ앞에서의 ㄹ탈락)와 같은 뜻으로 '동사리([冬 + 살-] + -이'가 형성된 것도 같은 취지라고 할 수 있다.

'젼고디'로 잘못 되돌린 것이다. 'ㄷ'구개음화와 관련된 대표적인 과도교정형으로는 '짓>깃[羽]'을 들 수 있다. 'ㄷ'구개음화와 관련된 과도교정을 '역구개음화 현상'이라 하기도 한다.

ⓒ 형용사어간+ -이

> (4) 기리: 째예구이 팔만이 각각 방믈 노와 공홀시 슉신삐 호지와 석
>   노로 공훈니 **기리** 훈 ᄌ 여듧 치라 [長] <綱鑑 1:39b>
>   cf. 기릐: 포공이 디예 느려와 보니 네 낫 큰 쥐 **기릐** 일댱
>   이나 ᄒ고 손발이 사롬 ᄀ튼디 믈녀 샹훈 곳의셔
>   다 흰 기름이 나거눌 [長] <충남대 包公 6:15a>

(4)의 '기리'는 단일형태소 형용사어간 '길-'에 '-이'가 결합하여 '長'의 뜻을 가지는 척도명사가 파생된 것이다. 주지하다시피 현대한국어에서는 '-이'가 형용사어간과 결합하여 주로 척도명사를 파생시키지만('길이, 깊이, 높이' 등과 같이) 중세 한국어에서는 형용사로부터 척도명사를 파생시키는 접미사는 '-의/ᄋ'였고 근대한국어에서도 마찬가지이다('기릐, 기픠, 노픠, 킈, 너븨' 등과 같이). 그런데 예외적으로 '기릐'의 경우에는 '기리'가 공존하는 것으로 알려졌다(송철의 1992/2008: 135).[28] 번역필사본에서도 척도명사 '기리'와 '기릐'가 공존하는 모습을 볼 수 있다. 근대한국어로 오면서 'ᄋ'의 소멸과 음절두음으로 자음을 갖던 '의'의 '이'로의 단모음화로 인해서 통시적으로 형용사간에 결합하여 척도명사를 파생시키던 접미사 '-의/ᄋ'가 '-이'로 형태상의 변화를 겪은 것이다. 그리하여 원래의 명사파생접미사 '-이'와 同形이 된 것이다.

---

28) 다 **기릐** 두서 자히로더 [皆長數尺] (능 九 108), 몺**기리** 七百由旬이오 (석 十三 9).

(5) 코기리: 상히 큰 **코기리** 타더라 [象] <禪眞 19:22>
　　cf. 코고리: 힝지 또 다시 변ᄒᆞ여 일쳑 **코고리** 되어 코는
　　　　　긴 비암갓고 니는 쥭슌 갓튼지라 [象]
　　　　　<啓明大 西遊 21:3-61>

　(5)에서 '코기리(코고리)'는 '[코 + 길-] + -이'로 분석할 수 있는데 '[코
+ 길-]'의 합성어 어간을 어기로 하여 '-이'가 결합하여 유정명사, 즉 동
물명사를 파생시킨 것이다. '코고리'에서 '고리'는 이중모음의 단모음화
(의>이)에 대한 과도교정형일 것이다. '길-(長)'은 15세기에도 '길-'이었다.
여기서 '-이'는 '…와 같은 성질 또는 상태의 특성을 가지고 있는 동물'을
의미하며 이 경우에는 현대한국어에서 명사나 어근 또는 의성・의태어
만을 어기로 취하여 유정명사를 파생시키는 것과 차이가 있게 된다.[29]
'[명사+형용사 어간] + -이'가 동물을 지칭하는 유정명사를 파생시킨 것
은 이것이 유일한 예가 아닌가 한다.

㉣ [명사 + -이] 및 [어근 + -이]

(6) ㄱ. 거적눈이: **거적눈이** [望天子] <日用 身體>
　　　곱샤등이: **곱샤등이** [瘻] <廣物譜 1 形氣 4b>
　　　무지렁이: 윈닉 오뉵십 셰된 **무지렁이여눌** 좌우 스람들이 보
　　　　　고 님을 갈이혀 우슴을 참더라 [禿子]
　　　　　<神州光復 20:5b>

　　ㄴ. 꼿츌이: **꼿츌이난** 집의 두어도 아무 쇼용 읍신즉 집의 두지
　　　　　말고 닉보닉고 <송병필가86 꼿츌이>

---

29) 송철의(1992/2008: 136)에서는 '-이'가 명사나 어근 혹은 의성・의태어에 결합하여 대
　　체로 '…와 같은 성질 또는 특징을 갖는 것(사람, 동물, 사물)'이라는 의미를 갖는 명사
　　를 파생시킨다고 하면서 이런 경우 '-이'에 굳이 명칭을 부여한다면 '유정명사화소'라
　　는 명칭이 가능할 것이라고 하였다.

(6)의 예들은 고유어 명사나 어근을 어기로 하여 거기에 '-이'가 결합하여 사람을 가리키는 유정명사를 파생시키는 경우이다. '-이'는 어떤 경우에나 어기 음절말음이 자음으로 끝난다는 음운론적 제약이 따른다. 이 경우에도 마찬가지이며 인성명사를 파생하는 '-이'는 후기 근대한국어에서도 생산성이 높음을 알 수 있다.

(6ㄱ)의 '거젹눈이, 곱샤둥이, 무지렁이'는 '그러한 신체적 특징을 가지고 있는 사람'을 뜻하는데 현대한국어에서는 흔히 '외모에 결함이 있는 사람'('애꾸눈이, 육손이, 곱사등이' 등에서와 같이)을 가리킨다. '거젹눈이(<거젹눈 + -이)'는 '윗눈시울이 축 늘어진 사람'을 가리키고, '곱샤둥이(<곱샤둥 + -이)'는 '등이 굽고 큰 혹 같은 것이 불쑥 나온 사람'을 가리키고, '무지렁이(<무지렁 + -이)'는 번역필사본에서 '머리가 없는 사람, 대머리'(秃子)를 가리키는데 비유적인 의미로 쓰인 듯하다. 원래 '무지렁이'는 『표준국어대사전』에서는 ㉠ '아무것도 모르는 어리석은 사람', ㉡ '헐었거나 무지러져서 못 쓰게 된 물건'이라고 해석하였다. 『금성국어대사전』에서도 ㉠ '무지러져서 못 쓰게 된 물건', ㉡ '일이나 이치에 어둡고 어리석은 사람' 정도의 의미로 해석하였다. 이것은 『표준국어대사전』에서와 거의 일치한 해석이다. '무지렁이'는 형용사어간 '무질-'('끝이 닳거나 잘리어 뭉뚝하다'의 의미임.)에 먼저 명사파생접미사 '-엉'이 결합하여 '무지렁(<무질- + -엉)'이 형성되고 이 파생명사에 재차 접미사 '-이'가 결합하여 '무지렁이'가 된 듯하다.[30]

(6ㄴ)의 '꼿츌이'는 인명 '꼿츌'에 '-이'가 결합하여 형성된 파생명사이

---

[30] 다만 『금성국어대사전』에서는 '무지렁이'를 '무지랑(無知郞) + -이'와 같이 분석함으로써 어기를 한지어 어근 '無知郞'으로 보았다. 중국어의 '無知郞'을 축자적으로 번역을 하면 '아무것도 모르는 어리석은 사람'으로 해석할 수 있다. 그런데 여기서 '무지랑(無知郞)'이 '무지렁'으로 되었다고 본다면 '랑>렁'의 음운변화를 상정해야 하는데, 그러한 음운변화는 설명하기 어렵게 된다. 따라서 '무지렁이'의 어기를 한자어 어근 '무지랑(無知郞)'에서 온 것이라고 단언하기는 다소 무리가 있지 않나 여겨진다.

다. 이런 경우 '-이'는 자음으로 끝나는 모든 인명명사에 자동적으로 붙
는데 허웅(1975: 38~40)과 안병희(1977: 70)에서는 이때의 '-이'는 별다른 의
미기능을 갖지 못한다고 하였다.[31]

> (7) 무굴충이: 도모지 아무 일도 못할 중어석이오 **무굴충이** 도스 [腰
> 包] <西遊 89a>
>
> 도훈이: 리즈셩이 옥을 넘어 도망ᄒ야 **도훈이** 노르슬 ᄒ다가도
> [屠漢] <神州光復 2:19b>
>
> (도훈이: 목적어 등을 동반한 적절한 예를 찾지 못했음.
>
> 원도한니: **원도한니** 훔쳐 내던 거슬 가지고 와 날을 디덕ᄒ려 ᄒ
> 는다 [圓頭漢] <延世 西遊 5:31>
>
> (원도한니: 목적어 등을 동반한 적절한 예를 찾지 못했
> 음.)

　(7)의 '무굴충이, 도훈이, 원두한니'는 한자어 명사나 어근을 어기로 하
여 거기에 접미사 '-이'가 결합하여 인성명사를 파생시킨 경우이다.

　'무굴충이(<무굴충 + 이)'는 한자어 어근 '無骨蟲'(무골충)을 어기로 선택
한 것이다. 중국어의 '無骨蟲'을 한국어로 직접적으로 번역하면 '뼈 없는
벌레'인 곤충을 의미하는데 번역필사본에서는 비유적인 의미로 '힘없고
무능한 사람'을 가리킨다. '무골충(無骨蟲)'은 모음상승 '오>우'에 의하여
'무굴충'이 된 것이다.

　'도훈이'는 중국어 원문의 '屠'에 대응되는 것이다. '屠'는 '소나 돼지 따
위를 잡는 일을 하는 사람, 백정'을 의미한다. '-이'는 한자어 어근 '屠'에
'사나이, 대장부'의 뜻을 의미하는 '漢'을 붙여서 '屠漢'을 어기로 취하였

---

31) 허웅(1975: 38~40)에서는 인명에 붙는 '-이'는 '문법적으로나 어휘적으로 아무런 뜻
이 없고, 오직 소리를 고르기 위해서 들어가는 것'으로 보았다. 그러나 이광호(1985)에
서는 인명에 붙은 '-이'가 오직 소리를 고르기 위해서만이 붙는 것이 아니라고 설명
하고 있다.

다. '도훈이'는 '백정'을 의미한다. '원두한니(중철표기)'는 '圓頭漢'에 '-이'가
붙은 것인데 '채마밭 가꾸는 사람'을 가리킨다.

> (8) ㄱ. 씨고리: 한 폭의는 누른 씨고리 일기롤 그리고 [鶯兒]
> <後紅 8:15>
>
> 싸와기: 엇디 잠간 농과 수믐 범이 뫼히 둙과 들히 **싸와기로**
> 삼년을 섯겨 놀더 혼 자최롤 드러내디 아닐 줄을 알
> 니오 [鷲] <醒風 7:33>
>
> 벅국이: **벅국이** [布穀] <西江 物名考 鳥獸 8a>
>
> ㄴ. 고솜돗치: 쟝군이 즁갑을 쩌닙어시니 쏘혼 살이 모도여 **고솜**
> **돗치** 굿트디 쭐지 못ᄒ더라 [蝟] <朝僉 21:16>
>
> 기럭이: 회포롤 므롤 사룸이 업스니 도라갈 ᄆ움이 나그너
> **기럭이와** 짝ᄒ여도다 <浩然齋 下5a>
>
> 둣겁이: 샹주롤 열고 조희로 민둔 **둣겁이**롤 너여 머리와 ᄉ
> 족의 다 부작을 그리고 침을 싸히 박으며 [蝦蟆]
> <禪眞 7:2>
>
> cf. 두텁비 [蟾蜍] <藥性歌>
>
> 부엉이: **부엉이** 남긔셔 울며 <剪燈 愛卿 4:27>
>
> 시라손이: 니만뒤 황뎨 셩지로 **시라손이**롤 잡으로 둔니더니
> [土豹] <朝記 西邊 征討 4:2>
>
> 진납이: 사면의 새 눌고 학이 울며 실과 ᄯᄂ **진납이**ᄂ 둘식
> 가지 우희셔 춤추고 곳 믄 사슴은 **ᄣᅡᆼᄣᅡᆼ**이 동구의셔
> 둔니고 [猿猴] <孫龐 1:38>
>
> cf. 어응이: 즉시 변ᄒ여 과연 어읭[고긔미]이 되어 표람ᄒ
> 여 간수믈 머리흐로 난아 치와 믈쇽을 뒤여 둥
> 디ᄒᄃ니 [魚鷹兒] <啓明大 西遊 2:80>

(8)의 예들은 이미 존재하는 동물명이나 또는 의성어·의태어 어기에

접미사 '-이'가 결합하여 대체로 동물명을 지칭하는 유정명사를 파생시키는 경우이다. 이런 경우에 '-이'는 후기 근대한국어에서 생산성이 높다고 할 수 있으며, 현대한국어에서도 여전히 생산적이라고 할 수 있다('야옹이, 꿀꿀이' 등과 같은 예들이 있음).

(8ㄱ)의 '찌고리(>꾀꼬리)'는 '찌골 + -이'로, '짜와기(>따오기)'는 '짜왁 + -이'로, '벅국이(>뻐꾸기)'는 '벅국 + -이'로 분석할 수 있다. 모두 동물의 울음소리를 어기로 하여 그 동물을 지칭하는 동물명을 만들었다. '찌고리'는 중세한국어의 '곳고리'로, '짜와기'는 중세한국어의 '다와기'로 소급하는바 이것들은 역사적으로 모두 제1음절의 첫소리가 된소리화하였음을 알 수 있다.

'벅국이'도 19세기 말의 문헌에서 시작하여 20세기 초의 사전들에서는 '뻐구기'로 표기되어 나타난다. 이것은 제1음절이 된소리로 바뀐 것이 그리 오래되지 않았음을(대체로 후기 근대한국어 시기) 말해준다(조항범 1998: 162).

(8ㄴ)의 '고솜돗치, 기럭이, 둣겁이, 부엉이, 시라손이, 진납이'는 모두 이미 동물명이 문헌에 존재하던 것들이다.

'고솜돗치'는 '고솜도티'로 소급하는데 '[고솜+돝(豚)] + -이'로 분석할 수 있다. '고솜도티'는 구개음화되어 '고솜도치'로 되었는데 어중 유기음의 재음소화 표기의 일환으로 '고솜돗히, 고솜돗치(ㄷ의 ㅅ으로의 표기, 중철표기)'로 나타나게 되는데 번역필사본에서 '고솜돗치'의 모습을 보였다. 조항범(1998: 102~103)에서는 '고솜'의 어원은 무엇이라고 말하기 어렵다고 하면서 근대한국어 문헌에 '고솜돗', '고솜도치'[32)로 나온 예를 제시하고 18세기의 '고솜도치'가 19세기 말 이후의 문헌에 '고슌도치',[33) '고슴돗치' 등으로 나옴을 밝혔다. 또한 현대한국어의 '고슴도치'는 18세기의 '고솜

---

32) 刺胃 고솜돗 (역어유해 하:32)
  刺胃 고솜도치 (한청문감 14:8)
33) '고슌'의 어원도 알 수 없다고 하였다.

도치'에서 제2음절의 모음 'ㅗ'가 'ㅡ'로 변한 어형인데 이와 같은 예로
'소곰>소금', '보롬>보름' 등을 들었다. 즉 현대한국어의 '고슴도치'는 '고
솜도티>고솜도치>고슴도치'의 음운변화를 거친 것으로 파악된다.

'기럭이'는 '긔력이(긔려기)'로 소급하는데 '긔력이'는 '긔력 +-이'로 분석
된다. '긔력이(긔려기)'가 'ㅢ>ㅣ'의 음운변화를 겪어서 '기러기(기럭이)'가
되었다.

'둣겁이'와 '두텁비(<둣텁이)(중철표기)는 모두 현대한국어의 '두꺼비'를
가리킨다. '둣겁이, 둣텁이'는 유정명사(동물) '둣겁, 둣텁'에 '-이'가 결합된
것이다. '둣겁이(둣거비), 둣텁이(둣터비)'는 형용사어간 '둣겁-, 둣텁-'에 명
사파생접미사 '-이'가 결합되어 형성된 것이라고 흔히 생각하기 쉽지만
다음과 같은 두 가지 이유 때문에 그렇게 볼 수 없다. 첫째는 형용사 어
간 '둣겁-, 둣텁-'에 '-이'가 결합되었다면 '둣겁-, 둣텁-'은 'ㅂ'불규칙 형
용사이므로 '둣거이, 둣터이'가 되어야 하는데(cf. 굽-(炙) + -이 → 구이) 그
렇지 않기 때문이다. 형용사 어간 '둣겁-, 둣텁-'에 '-이'가 결합되었다면
'둣겁이, 둣텁이'가 될 수 없는 것이다. 둘째는 중세한국어에서 이미 '두
텁'이라는 명사가 나타나기 때문이다. "두텁爲蟾蜍<훈민정음 用字例>." 따라
서 '둣거비, 둣터비'는 형용사어간 '둣겁-, 둣텁-'에 명사파생접미사 '-이'
가 결합하여 형성된 것이 아니라 형용사어간 '둣겁-, 둣텁-'이 영파생에
의해 명사 '둣겁, 두텁'이 되고, 이 명사에 다시 '-이'가 결합된 것이라고
보아야 한다. '부헝>부헝이>부엉이'와 같은 것이라고 보아야 한다. 번역
필사본에는 '둑겁이, 둑겁비, 둑거비, 둑겁, 둣텁' 등 다양한 형태가 보인
다. 주로 분철표기, 중철표기, ㄷ→ㅅ표기, 그리고 'ㄷ(ㅅ)>ㄱ'과 같은 변
자음화규칙 등, 후기 근대한국어의 다양한 표기법과 음운현상이 관여한
것이라 할 수 있다.[34] 번역필사본에 나타나는 이들 예들을 아래의 (9ㄱ)

34) 송철의(1977: 73～83)에서는 파생접미사 '-이' 앞에서 'β → Ø'의 음운현상을 언급하

에 제시한다.

(9) ㄱ. 둑겁이: 장ᄉ노야의 물 묘리를 알미 너 ᄌᆞᆺ타랴 어구 속의 **둑
겁이**를 잡아내며 고가연의 믈을 다 ᄉ리고 오퇵을
나획ᄒᆞᆫ 지라 [蟾] <忠小 2:87>

둑겁비: **둑겁비** 긤션싱더러 그 죡하가 고등형사라 그더러 말
ᄒᆞ여 밥상을 죠사ᄒᆞ고 [蝦蟆] <남편이 아내에게>

둑거비: 세히 ᄒᆞ면 셤[둑거비]조라 ᄒᆞ니 **둑거비** 세 다리 잇ᄉ
미요 [蟾蜍] <鏡花 20:2>

둑겁: 거믄고를 슈쥭 속의셔 어루만지니 교교ᄒᆞᆫ 것시 찬 **둑
겁**의 빗치로다 [蟾] <鶴石集 5a>

두텁: 그디를 위ᄒᆞ여 **두터븨** 졍녕을 죽이리니[蝦蟆]
<古眞 5:191>

ㄴ. 둣거이: 네 장ᄉ 디내ᄂᆞᆫ 재 **둣거이** 남그로 오슬 닙히고 듕야
의 굄츌시 봉토 아니ᄒᆞ고 심으로 아니ᄒᆞ더니
<古百 7:28a>

둣터이: 오회라 쵹인 ᄉ랑ᄒᆞ믈 깁히 흠과 쵹인 디졉ᄒᆞ믈 **둣
터이** ᄒᆞᆫ 공을 븟터 젼의ᄂᆞᆫ 내 비로소 보지 못ᄒᆞ얏
노라 [厚] <古百 5:22a>

둣터히: 오ᄋ 등으로 동긔지졍을 **둣터히** ᄒᆞ여 쏘ᄒᆞᆫ 방신을
보젼ᄒᆞ여 <화츙 4:74>

면서 이 규칙의 예외로 생각할 수 있는 한 부류 '꽃답이, 안타깝이, 두껍(텁)이'를 예를
들었다. 이들은 'ᄫ(β)'이 체언어간 말에 올 수 없다는 형태소 구조조건에 의한 절대중
화로써 'ᄫ(β)'은 'ᄇ(p)'로 중화되어 인명 혹은 동물명 '꽃답, 안타깝, 두껍(두텁)'으로
고정되고, 거기에 접미사 '-이'가 결합되어 파생명사를 이룬 것으로 본 것이다. 즉, 이
책에서 다양한 이형태로 실현된 '두꺼(두터)비'는 형용사어간 '두껍(두텁)-'이 영파생에
의하여 명사 '두껍(두텁)'이 되고 거기에 후대에 인명 혹은 동물명에 붙는 '-이'가 결합
되어 형성된 파생명사로 본 것이다. 그렇게 되면 '부헝>부헝+-이>부헝이>부엉이,
풀>풀 + -이>푸리>파리, 몯>몯 + -이>몯이>맏이'와 동궤의 것으로 보게 되는 것
이다. '두꺼(두터)비'는 15세기 한국어에서 이미 '두텁'으로 나타난다. "두텁 爲蟾蜍 (훈
해 용자례)"

위의 (9ㄴ)의 예들은 형용사어간 '둣겁-, 둣텁-'을 어기로 하여 거기에 부사파생접미사 '-이'가 결합되어 파생부사 '둣거이, 둣터이'가 형성된 것이다('두터히'는 모음간 ㅎ탈락에 의한 과도교정으로 여겨짐). 여기서는 'β → ∅ / - + -이'규칙에 의하여 파생부사 '둣거이, 두터이'가 실현된 양상을 잘 보여준다.

'부엉이'는 '부헝이'로 소급하는데 '부헝이'는 유정명사 '부헝'에 '-이'가 결합된 것이다. 『훈민정음』 '用字例'에서는 '부헝'으로 나타난다(부헝爲鶹鷂). 16세기 이후에는 '부횡이(훈몽 상: 8)', '부헝이(역어하: 27)' 등으로 나타난다. '부헝이'는 모음간 'ㅎ'탈락을 겪어 '부엉이'가 되었다.

'시라손이'는 '시라손 + -이'로 분석할 수 있다. 중세한국어의 문헌에 이미 '시라손'이 나온다.[35] 이 '시라손'에 대해서는 일찍이 만주어와의 관련성, 몽고문어, 중세몽고어 및 여진어와의 관련성이 제시되고 있으나 여진어에 더 가까운 것으로 보고 있다(이기문 1991: 238). 또한 조항범(1998: 129)에서는 근대한국어의 문헌에 '시라손', '시러손' 또는 '시라손이'[36] 등이 나타나는데 19세기 말의 『한영자전』(1897)에는 '시라손'은 보이지 않고 '시라손이'만 나오는데 이것은 '시라손'이 '시라손이'에 밀려나 사라진 것으로 볼 수 있다고 하였다. 이것이 사실이라면 후기 근대한국어 시기는 '시라손이'의 명사어간 '시라손'이 공시적으로 존재하지 않으므로 '시라손이'는 형태론적으로 어휘화한 예로 보아야 한다. 이 경우 조항범(1998: 129)은 접미사 '-이'를 포함하는 '시라손이'가 명사로서의 형태 안정성을 누리기 때문에 '시라손'을 제치고 득세할 수 있었던 것으로 파악하고 있다.

'진납이'는 명사어간인 '진납'에 접미사 '-이'가 결합되어 형성된 것이

---

35) 시라손 曰 土豹 (훈몽자회 상:19)
36) 土豹 시라손 (역어유해 하:33)
   土豹 시러손 (동의보감 탕약편 1:50)
   貙 시라손이 (물보, 모충)

다. '진납'은 '납'37)에 '진'이 결합된 어형으로 '빠르다'라는 의미를 지니는 동사 '지-'의 관형사형 '진'이 '납'과 결합한 것이다. '진몰', '진쇼', '진배' 등의 '진'과 같은 성격이라 할 수 있다. '지-'의 의미를 고려하면 '진납'은 '빠른 납' 즉 '빠른 원숭이'로 해석된다. '원숭이'의 재빠른 동작을 특별히 부각시켜 만든 단어임을 알 수 있지만 '납'의 어원을 알 수 없고 또한 이 '납'은 17세기를 끝으로 문헌에 거의 나타나지 않는데 이것을 이어서 17 세기 이후 문헌에 '진납'38)이 보인다(조항범 1998: 132~133). 따라서 17세기 에 '진납'은 이미 동물명 '원숭이'를 뜻하는 것으로서 의미론적으로 어휘 화를 경험하였다. 18세기 문헌에는 접미사 '-이'가 결합된 파생명사 '진 나비(연철표기)' 또는 '진납이(분철표기)'가 나오는데 번역필사본에서는 다양 한 이표기를 보인다. 『표준국어대사전』에서는 '잔나비(강원, 충북)', '잰내비 (함경)'를 모두 '원숭이'의 방언으로 처리하였다. 현대한국어에서는 표준어 로 '원숭이'를 쓰고 있으며 '잰나비'가 별로 쓰이지 않는다.

참고로 제시한 '어웅이'는 한자어 어근 '어웅(魚鷹)'에 접미사 '-이'가 결 합되어 동물명을 파생시켰을 가능성을 제기하지만 이것을 입증할 수 있 는 합당한 예를 찾을 수 없다. 번역필사본에서는 '어웅[고긔미]이 되어'와 같이 나타나므로, 주격조사 '이/가' 혹은 '…이/가 되-'와 같은 문법형식의 앞의 '-이'는 명사파생접미사라고 단정하기 어렵기 때문이다. '어웅(魚鷹)' 은 『표준국어대사전』에 따르면 '물수리'에 해당하는데 '물수리'는 '강, 호 수, 바다 등지에서 물고기를 잡아먹고 사는 수릿과의 새'를 뜻한다고 한 다.39)

---

37) 후기 중세한국어에서 '猿(원숭이)'을 뜻하는 단어는 '납'이었다. "납 爲猿 (훈민정음 용 자례)"
38) 行者ㅣ 변ᄒᆞ여 五 寸 만치 큰 진납이 되어 (박통사언해 하:23)
39) '어웅'은 중국어 원문에서 '魚鷹兒'에 대응된 것인데, 만일 이것을 '-이' 파생명사 '어웅 이'로 볼 수 있다면 '원두한'에 '-이'가 결합된 것과 같은 것이라고 보아야 한다.

이상의 기술에서 보면 '-이'는 후기 근대한국어에서도 동물명이나 또
는 의성어·의태어를 어기로 하여 동물을 지칭하는 동물명을 파생시키
는 기능을 하고 있음을 알 수 있다. 이때의 '-이'도 역시 어기 음절말음
이 자음으로 끝난다는 음운론적 제약을 받는다.

(10) ㄱ. 겨드랑이: 닐곱 사발은 먹기롤 득디 못ᄒ리니 오직 두 겨드
랑이예 습습 쳥풍이 나믈 씨다롤로다 [腋]
<古 眞 5-1:120>
낫비디기: 이 낫비디기도 업고 왕법도 업게 너겨 [臉面]
<紅樓 68:60>
디골이: 져의 디골이가 멋 긴지 보리라 [腦袋] <補紅 10:38>
졍박이: 즁장이 이 말을 무왕긔 알왼더 왕이 크게 깃그샤 주
아의 와탑으로 가시니 격졍지 주아의 두발을 헤치고
호로 부리롤 주아의 졍박이의 다히고 셔너 번을 두
다리니 [泥丸宮] <西周 12:24>
쥬동이: 오리지 아녀 변ᄒ여 긴 쥬동이와 쌤에 털 돗고 [嘴]
<啓明大 西遊 6:42>

ㄴ. 구렁이: 구렁이롤 ᄑ고 미안ᄒ왓더니 [坎] <朝僉 31:52>
낙시: 친귀와 츠즌즉 낙시롤 것고 [釣] <朝會 10:32>
웅덩이: 쒸ᄂ라 강을 건너 강들히 썰엿도다 놉흔 거슨 긴 수
플 긋티 걸렷고 ᄂ즌 거슨 눌려 구을러 못과 웅덩이
의 줍것도다 [坳] <古眞 5-1:79>
주먼이: 신이 사롬으로 ᄒ여곰 막은 주먼이을 훗터 믈이 코
게 이르니 [囊] <綱鑑 4:31b>
지강이: 이쩌 운셩현의셔 슐 지강이 파는 스람 당이기라 ᄒ
리이시니 브르기롤 당우이라 ᄒ더라 [糟醅]
<이대 水滸 17:23b>

(10)의 예들은 사람의 신체부위 또는 사물을 가리키는 명사나 어근을

어기로 하여 거기에 접미사 '-이'가 결합하여 구체명사를 파생시키는 경우이다. 이 경우에도 '-이'는 생산성이 높다고 할 수 있다.

(10ㄱ)의 '겨드랑이(<겨드랑 + -이), 낫비더기([낫 +빈닥] +-이>낫비다기>낫비대기, 움라우트)', 여기서 '빈닥'은 현대한국어의 '바닥'을 가리킨다. 16세기, 18세기 'ㆍ'의 제1단계, 제2단계 소실된 결과 어두음절의 'ㆎ>ㅐ'의 이중모음의 단모음화, 그리고 후기 중세한국어의 이중모음 'ㅐ, ㅔ'가 단모음으로 변한 후, 'ㅣ' 모음의 영향으로 선행음절의 'ㅏ, ㆍ, ㅓ' 모음이 단모음 'ㅐ, ㆎ, ㅔ'로 변화되는 움라우트현상이 18세기와 19세기 교체기에 일어났다. 그래서 'ㅂ닥>빈닥'으로 되었고, 현대한국어에는 그것의 과도교정형으로 '바닥'으로 되었을 것이다. '디골이(<디골 + -이)', '정박이(<덩박 + -이) 구개음화', '쥬둥이(<쥬둥 + -이, 주둥이, ㅗ>ㅜ의 모음상승)'는 모두 신체부위를 나타내는 명사이다. 이와 같이 '-이'는 신체부위를 나타내는 명사에 붙어 같은 의미를 나타내는 명사를 파생시키기도 하는데 이때 접미사 '-이'는 별다른 의미를 부여하지 않고 잉여적인 성격을 가진다고 할 수 있다.

(10ㄴ)에서도 접미사 '-이'의 성격을 (10ㄱ)과 마찬가지로 설명할 수 있는데 어기가 신체부위가 아닌 어떤 사물을 가리킨다는 점이 다르다. '구렁이(<굴헝 + -이, 유성음 사이의 ㅎ탈락)', '낙시(<낛 + -이),'40) '웅덩이(<웅

---

40) 여기서 '낛'은 명사 '釣'를 말한다. 홍윤표(1987: 99)에서는 명사 '낛'이 동사 '낚-'에서 파생된 것이 아니라, 이전의 형태인 '낢-'에서 파생된 것으로 보았다. 만약 '낚-'에서 파생되었다고 한다면, 어간말자음군인 'ㅺ'이 'ㄱㅅ'으로 변화하는 현상을 설명하기 어렵고, '낢-'에서 '낛'이 파생되었다고 한다면 'ㄱㅺ'에서 뒤의 'ㄱ'이 탈락되었다고 해석하기는 용이하다고 하였다. 그러면서 명사 '낛'이 15세기에 출현된 근거로 다음과 같은 예를 제시하고 있다.

　　낛 爲釣 (訓民 解例 合字)
　　낛 구[鉤] (訓蒙 中 15b)
　　쇽졀업시 낛술 느리오다 니르디 말라 (金三 五 26b)
　　낛주를 어더 고기 잡노라 (杜詩 二十 27b)
　　또한, 홍윤표(1987: 100)에서는 중세한국어의 체언어간에 보이던 'ㄱㅅ'은 근대한국어

덩 + -이)', '주먼이([줌 +언 + -이>주먼이>주먼니(중철표기)' '지강이(<[지(滓) + 강(糠)] + -이)'로 분석할 수 있다.

이상과 같이 명사파생접미사 '-이'에 대하여 알아보았는데 후기 근대한국어 시기에 '-이'는 단일형태소 동사어간, 형용사어간, 명사나 어근(한자어 포함), 파생어 어간, 합성어 어간 등의 다양한 어기를 취할 수 있었다. 후기 근대한국어의 '-이'는 매우 생산적인 접미사였는데 어기 말음이 자음이라는 음운론적 제약을 가지며 파생어 형성에서 나타내는 의미의 폭도 아주 넓다고 할 수 있다.

3.2.2. '-음'

파생접미사 '-음'은 중세한국어에서부터 근대, 현대한국어에 이르기까시 매우 생산적으로 쓰이었다. '-음'은 기원적으로 'ㅁ/옴'과 음운론적으로 조건 된 이형태 관계로서 어기가 'ㄹ'을 포함한 자음으로 끝나면 '-옴/음'41), 모음으로 끝나면 '-ㅁ'이 나타나며 '-옴'과 '-음'은 어기가 양성모

에 와서 모음으로 시작되는 조사나 어미 앞에서는 이 'ㄱ'과 'ㅅ'은 다 표기되어 나타나지만 자음이 후행하는 경우나 절대 어간말 위치에서는 대부분이 'ㅅ'은 탈락되고 'ㄱ'만 표기되어 나타난다고 하면서 아래와 같은 예를 제시하고 있다.
ㄱ) 낙시밥 (역어 上 23a)
    낙시[釣] (倭語 下 15b)
    낙시 ㅅ 대, 낙시 ㅅ 줄, 낙시 갈고리, 낙시 ㅅ 밥, 오리낙시, 낙시 즛 (倭語 下 12b)
ㄴ) 낙주를 다스리고져 (重刊杜詩 十二 34b),
    낙대 갇[竿] (倭語 下 15b)
이 책의 번역필사본에서 나타나는 '낙시'는 사물(도구)을 의미하는 명사 어간 '낛(釣)'에 명사파생접미사 '-이'가 결합되어 사물명사(도구명사)를 파생시킨 것으로 보아야 한다. 동사어간 '낛-'에 '-이'가 결합한 것이 아님을 밝혀둔다.
41) 구본관(1998: 150)에서는 중세한국어의 'ㄹ'로 끝나는 어간은 매개모음 어미와 결합할 때, 매개모음이 나타나지 않는데 '-옵/음'의 경우, '여름'에서 볼 수 있듯이 'ㅇ', '으'를 탈락시키지 않는데 이때에 'ㅇ', '으'는 매개모음이 아니라 일반적인 모음일 가능성을 말해준다고 하였다. 현대한국어에서도 명사 형성 파생접미사의 경우 'ㄹ'로 끝나는 어기와의 결합에서 '으'를 탈락시키지 않아 명사형 어미와 구별된다. 즉, '얾(명사형)'과

음이냐 음성모음이냐에 따라 결정된다(구본관 1998: 153). 여기에서는 편의상 대표음 '-음'을 사용하고자 한다.

주지하듯이 15세기 한국어에서는 명사파생접미사는 '-음'으로 나타나고 명사형 어미는 '오/우'가 개재된 '-옴/움'으로 나타나서 파생접미사와 명사형 어미가 잘 구분되었는데, 16세기 이후로는 동명사형 어미 '-옴/움'이 점차 '오/우'를 탈락시키고 '-옵/음'으로 나타나게 되어 파생접미사와 명사형 어미가 형태상으로 구분될 수 없게 되었다. 그리하여 근대한국어에 와서는 '-음'이 명사화 접미사의 기능과 명사형 어미의 기능을 담당하게 되어서 동일한 형태로 두 개의 형태소의 기능을 담당하게 되었다.

'-음'은 중세한국어에서 주로 동사어간에 결합하여 명사를 파생시키는데 근대한국어에서는 동사어간 뿐만 아니라 형용사어간에도 결합하여 생산적으로 명사를 파생시킨다. 현대한국어에서는 단일형태소 동사어간이나 단일형태소 형용사어간으로부터의 명사파생은 '-이'보다는 생산적으로 명사를 파생시키는 것으로 보인다(송철의 1992/2008: 145). 후기 근대한국어에서 '-음'은 대체로 행위명사, 사건명사 등 추상명사를 파생시킬 뿐만 아니라 사물 등 구체명사를 파생시키기도 한다.

(11) ㄱ. 거럼: 거럼을 옴겨 몸을 도로혀 [步] <啓明大 西遊 6:36-18>
ㄱㄹ침: ㄱㄹ침을 밧다 [領敎] <方四 雜語 28a>
노름: 노름 부치는 놈 [賭] <奎章 水滸 2:14>
됴으름: 쇼인이 슌경홀 제 됴으름을 씨오노라 [磕睡]
<平妖 9:67> cf.조롬
드롬: 뒷문 쟈근 방의 드롬 잘 듯는 물 네 필을 [走]
<西江 西漢 1:42>
붓그림: 친쳑과 향니의 과히 기림으로써 붓그림을 삼더니

_____

'어름(파생명사)'으로 구별된다. '삶'처럼 '으'를 탈락시키는 경우는 명사형이 통사구성의 어휘화를 거쳐 명사가 이루어진 것으로 보는 것이 타당하다고 하였다.

[羞] <朝會 5:84>

애드롬: 신등이 능히 **애드롬이** 업디 못ᄒᄂ니 [恨]

<朝僉 35:50>

우롬: 계집의 **우롬은** ᄒ글ᄎᆺ티 엇디 괴로오뇨 [啼]

<古眞 3:82> cf. 우롬: 말을 ᄆᆺ고 **우롬을** 긋치디 아니ᄒ

거놀 [痛哭] <後水滸 9:64>

우슘: [笑] <朝僉 17:68>

춤: 오늘날 노래와 **춤이** 다ᄒ니 [舞] <古眞 1:58>

헴: 한 번 결의ᄒ면 져ᄂ 항복ᄒ **헴이라** [算] <忠小 4:87>

ㄴ. 고음: 저로 ᄒ여 **고음** 그룻도 가급 못ᄒ시ᄂ 듯

<의성김씨28 긔별1847>

그림: **그림** ᄉ랑호미 골슈의 드러ᄴ다 [畵] <古眞 5-1:182>

그으름: 표피 쥬머니의 사향 **그으름을** 습습ᄒ여시니 촌만ᄒ 옥의

정긔 비춰 빗치 엉긔도다 [煤] <鶴石集 31a>

드딈: 평ᄋ 등이 발셔 캉 옳히 한 반등을 베풀고 ᄯ 젹은 드디믈

노왓더니 조마미 **드딈** 우히 안거놀 [脚踏]

<紅樓 16:38>

얼름: **얼름이** 긔닷 든든치 아니하니 <你呢貴姓 32a> cf. 어름, 어

룸, 얼음

cf. 동고림: **동고림** [圈子] <方二 文學 7a>

글ᄌ 동고림 [字圈] <方二 文學 6b>

입가스음: **입가스음** [下口] <水滸 14:31> cf. 입가ᅀᆞ음, 입가음

코우음: 징그러이 너겨 흰 눈으로 여옥을 보며 **코우음** 웃고

<명힝 10:31>

(11ㄱ, ㄴ)은 단일형태소 동사어간인 어기에 명사파생접미사 '-음'이
결합하여 파생명사를 형성한 예들인데 (11ㄱ)은 주로 행위명사 혹은 사
건명사를 파생시킨 예들이고 (11ㄴ)은 사물명사를 파생시킨 예들이다.

(11ㄱ)의 예들은 주로 '…행위를 함으로써 나타나는 추상적 현상'의 의미를 나타내므로 후기 근대한국어 시기의 '-음'은 중세한국어와 마찬가지로 주로 추상명사를 파생시킨다고 할 수 있겠다.

'거럼/거롬/거름'은 '걷- + 음 > 걸음(步)'으로 분석할 수 있는데 'ㄷ'불규칙활용을 보여준다. '거름(<거롬)'이 '거롬'으로 나타나는 것은 순음 'ㅁ'의 영향으로 원순모음화하여 'ㅡ > ㅗ'로 변화했다. 또한 '거름(<거롬)'이 '거럼'으로 나타나는 것은 후기 근대한국어에서 일부 음상이 비슷한 음운 간의 표기법상의 혼란으로 보인다.

'ᄀᆞᄅ침(<ᄀᆞᄅ치- + -음)(敎)'은 '가르침'의 의미를 가진다.

'노름(<놀- + -음)(遊)'은 번역필사본에서 '노름(賭博)' 혹은 '노름(戱, 雜劇)'의 의미를 가지는데 '노름'은 원래 동사어간 '놀-(遊)'에 접미사 '-음'이 결합되어 형성된 파생명사이다. 여기서 '노름'은 동사어간 '놀-(遊)'의 의미와 멀어져 '도박(賭博)' 혹은 '민속놀이(戱)'의 의미로 쓰이고 있으므로 '노름'은 의미론적으로 어휘화한 예로 볼 수 있다.

'됴으름(<됴을- + 음)(眠, 睡)'은 '졸음'의 의미를 가지며, 동사어간 '됴을-'은 현대한국어의 '졸-'에 해당한다. '됴을-'에 접미사 '-음'이 결합하면 모음 간 'ㅡ'탈락으로 인해서 '돌-'이 되었다. 따라서 현대한국어에는 '돌->죨->졸-(구개음화)'과 같이 동사어간 '졸-'이 되었으며, 거기에 접미사 '-음'이 결합하여 '졸음(<졸- + 음)'이 되었다.

'ᄃᆞ롬(<ᄃᆞᆮ- + -음)(走)'은 'ㄷ'불규칙활용을 보여주며 현대한국어의 '달리기'라는 의미를 가진다. 현대한국어로 오면서 '-음'의 파생접미사 기능이 약화됨에 따라 '-기'의 명사파생기능의 확대에 따른 교체형태로 볼 수 있다. 번역필사본에서는 '뒷문 쟈근 방의 ᄃᆞ롬 잘 ᄃᆞᆺ는 물 네 필을 안장 ᄒᆞ여 곱초왓더라<西江 西漢 1:42>'와 같이 'ᄃᆞ롬'은 '-음'에 의한 파생명사로 볼 수 있다. 그러나 현대한국어에서는 이 단어가 '달리기(<달리- +

-기)'로 대체되었다. '닫-'이 '달리-'로 대체되고 '-음'명사파생이 일부 '-기' 명사파생으로 대체되는 경향에 의한 것일 것이다.

'붓그림(<붓그리- + -음)'은 '부끄럼(羞恥)'의 의미를 가지고, '애드롬(<애돌- + -음)(恨)'은 '애달픔, 초조함'의 의미를 가진다.

'우롬/우룸(<울- + 음)(哭)'에서 '우룸'이 '우롬'으로 된 것은 순음 ㅁ의 영향으로 'ㅡ>ㅗ'의 변화를 보여준다(아래 '우숨'도 마찬가지임). '우슴/우숨(<웃- + 음)(笑)', '춤(<추- + 음)(舞)', '혬(<혜- + 음)(數)'은 이른바 동족목적어 명사를 파생시킨 경우인데 전 시기부터 많이 쓰이었다.

(11ㄴ)의 예들에서 '고음'과 같은 파생어가 형성된 것으로 보아 접미사 '-음'은 '…행위의 특성이나 결과로 나타나는 구체적 현상인 사물'을 나타내는 기능도 있다고 볼 수 있다. '고음(<고으(고오)- + 음)(膏)'은 '고기나 생선을 진한 국물이 나오도록 푹 삶은 국'을 말하는데 여기서 어기인 동사어간이 '고으(고오)-'는 '뭉그러시도록 푹 삶다'의 의미를 나타낸다. 이 때 접미사 '-음'은 '…행위로 인한 사물(음식)'의 의미를 가진다.

'그림(<그리- + 음)(畵)', '그으름(<그을- + 음)(炲)', '드딈(<드디- + 음)(踏)',[42] '얼름/어름/어롬(<얼- + -음)(氷)'은 모두 '구체적인 사물'을 가리키는바 이 때 '-음'은 '…행위의 특성이 나타나는 사물'인 구체명사를 파생시키는 기능을 한다. 여기서 나타나는 예들도 전 시기에 이미 만들어진 파생어들이라고 할 수 있다.

참고로 제시한 예들은 복합어들인데 '동고림(<동고리- + 음)(圈)'은 '동그라미(圈子)'를 뜻한다. IC 분석에서 '입가스음/입가석음/입가시음'은 '[입 + 가스-] + -음'과 '입 + [가스- + -음]'의 (스>시, 치찰음 아래에서 ㅡ>ㅣ의 변화, 전설고모음화) 중에서, '코우음'은 '[코 + 웇-] + -음'과 '코 + [웇- + -음]'의 (모음간 ㅿ의 탈락) 중에서, 어느 쪽으로 보아야 할지

---

42) '드딈(踏)'은 '발판'을 가리킨다.

논란의 여지가 있다. 어느 쪽이든 이들 복합어들은 모두 통사론적으로 어휘화를 경험하였다고 생각된다. 여기서 접미사 '-음'은 그 어기의 복합어 구조가 어떻게 되었든 '…행위를 함으로써 나타나는 추상적 현상'을 의미하므로 추상명사를 파생시키는 기능을 한다고 볼 수 있다.

(12) ㄱ. 게여롬: ㅈ식을 양호더 ㄱ른치디 아니면 아븨 허물이오 ㄱ른 쳐인도호더 엄히 아니호면 스승의 **게여롬이라** [惰]
　　　　 <古眞 1:11> cf. 게으름
　　 서룸: 군신 분의 지극히 엄호와 비록 동성지친이라도 감히
　　　　 ㅅㅅ **서룸으로** 님군끠 서뤄호지 못호거늘 [慨]
　　　　 <朝會 37:50>
　　　　 cf. 설옴, 설움, 셔롭, 셜움
　　 슬픔: 즐거움도 없고 **슬픔도** 업서 [悲] <浩然齋 上19a>
　　　　 cf. 슬품
　　 저픔: 근심과 **저픔을** 품어 겨시다가 [懼] <朝會 11:38>

　 ㄴ. 니로옴: 은통과 영화와 소리과 **니로옴을** 가히 구챠히 굴티
　　　　 아니미여 [利] <古眞 5-1:48>
　　 ㅅㄴ움: 심즁에 초조호야 **ㅅㄴ움을** 부려 [惡狠狠]
　　　　 <綠牡 3:190>

(12)의 예들은 형용사어간을 어기로 하여 거기에 접미사 '-음'이 결합하여 형성된 파생명사인데 접미사 '-음'은 '…상태, 느낌'의 추상적 의미를 나타낸다. '게여름'은 '게으른 상태'를 의미하며 '서룸'은 '서러운 느낌'의 의미를 나타낸다. 이처럼 접미사 '-음'은 형용사어간을 어기로 하는 경우 '…상태, 느낌'이라는 의미를 가지게 된다.

　'게여롬'은 '게여ㄹ- + -음(ㅁ) > 게여름'으로 되었고, '서룸'은 '셟- + -음 > 셜음(유성음 사이에서 ㅂ 탈락) > 셔름(연철표기) > 서룸(순음 ㅁ의 영향으로

─>ㅜ, 원순모음화)으로 되었다.

'슬픔'은 '슬프- + -음(ㅁ)'으로 분석할 수 있고, '저픔'은 '저프- + -음(ㅁ)'으로 분석할 수 있다. 형용사어간 '슬프-', '저프-'는 이미 생산성을 잃은 형용사파생접미사 '-ㅂ/브-'에 의해 형성된 파생형용사이다. '슬프-(<슳 + -브-)'와 '저프-(<젏- + -브-)'는 일찍이 형태론적으로 어휘화하였다.

(12ㄴ)의 '니로옴, 스나움'은 먼저 '-롭-', '-압/업-'에 의하여 만들어진 파생형용사 '니롭-', '스납-'에 접미사 '-음'이 결합하여 형성된 것으로 볼 수 있겠으나 이들은 통사적 요소에 의한 명사형이 굳어져 어휘화한 예로 흔히들 의견이 모인다.

이상의 기술에서 보면 명사파생접미사 '-음'은 후기 근대한국어에서 동사어간이나 형용사어간에 결합되어 명사를 파생시키는 기능을 함을 알 수 있다. 형용사어간에 결합하여 명사를 파생시키는 예가 많아졌다는 점이 중세한국어와는 다른 섬이다. 번역필사본에서 '-음'에 의한 파생어들이 많이 쓰인 것으로 보아 '-음'은 후기 근대한국어에서도 비교적 생산적인 접미사였을 것이다.

접미사 '-음'은 동사어간에 붙는 경우에 '…행위를 함으로써 나타나는 추상적 현상(ᄀᆞ룹침, 됴오름 등)', '…행위의 특성을 가진 구체적인 사물(고음, 그림 등)'의 의미를 가지며, 형용사어간에 붙는 경우에 '…상태, 느낌(게여롬, 슬픔 등)' 정도의 의미를 가진다. 후기 근대한국어 시기에 이 접미사는 비교적 생산적인 접미사였다.

3.2.3. '-기'

'-기'는 동사, 형용사어간에 결합하여 명사를 파생시키는데, 후기 근대한국어시기에는 비교적 생산적인 접미사라고 할 수 있다. 허웅(1975: 236)

에서는 '-기'를 풀이씨(동사)에서 임자씨(명사)를 파생하는 접미사로 보고 있다. 한편 '-기'는 파생접미사로서의 명사화 기능을 가지면서 굴절 형태소로서의 기능도 가지고 있다고 하였다(허웅 1975: 74). 구본관(1998: 109)에 서는 '-기'는 명사형 어미로 쓰였으므로 통사구성요소로 보고 있다. 중세한국어에서는 '-기'에 의해 만들어진 단어가 많지 않았는데, 근대한국어 이후부터 문헌에 활발히 나타나기 시작하였으며 현대한국어에서 점차 생산력을 확보해 가고 있다.

'-기'도 '-음'과 마찬가지로 파생접미사로서의 '-기'와 명사형 어미로서의 '-기'에 대한 구분이 쉽지 않다. 그러나 문장 내에서의 통사적 기능은 분명히 다르므로 그 식별은 통사구조에서 구별이 가능하다.[43] 동사어간에 '-기'가 붙어 파생된 명사는 대체로 행위명사나 사건명사가 되며 도구명사, 유정명사를 만들기도 한다. 현대한국어에서 '-기'는 형용사어간에 붙어 척도명사가 되기도 하지만 번역필사본에서는 형용사어간으로부터의 '-기' 명사파생 예가 보이지 않는다.

> (13) 나기: 앗가 두 판은 니 이믜히 져시니 이는 다 더으는 거시 져거
>   호응을 통치 못혼 연괴라 모로미 즁혼 **나기**룰 흐여야 조
>   흐리라 [彩頭] <禪眞 10:59>
>   낙이: 이날도 **낙이**의 돈을 만히 지고 갑흘 슈 업셔 [賭錢]
>   <이대 水滸 17:24a>
>   내 일쯕 너로 더브러 참흐는 **낙이**룰 흐지 아니흐엿거눌
>   [賭] <女仙 5:28>
>   더느기: 뫼 속 쟈근 쥬뎜을 츠자가 밧긔셔 드르니 안히 오뉵인
>   이 안자 **빵뇩** 티며 돈 **더느기** 흐거눌 [賭錢]
>   <禪眞 15冊本 3:15>

---

43) 송철의(1992/2008: 158)에서는 '-기' 동명사형은 주어를 가질 수 있지만 파생명사는 그렇지 못하며 동명사형은 부사어(부사나 부사형)의 수식을 받지만 파생명사는 관형어(관형사나 관형사형)의 수식을 받는다고 하였다.

d. 네 임의 슈급을 주려 ᄒ면 일빅 뎡 황금도 관겨티 아니

ᄒ니 너와 **더느쟈** [賭賽] <孫龐 2:115>

(13)은 단일형태소 동사어간을 어기로 하는 예들인데 그 수가 많지 않
다. '-기' 명사파생도 단일형태소 동사어간보다는 복합형태소 동사어간
으로부터가 더 생산적이다(송철의 1992/2008: 158). 번역필사본에서 '나기'는
'도박(賭博)'의 뜻을 가지는데 동사어간 '내-'에 명사파생접미사 '-기'가 결
합된 것으로 볼 수 있다. 사전들에서 '내다'는 여러 가지 의미를 갖는데
그 중 '돈이나 물건을 주거나 바치다'의 의미가 여기서 어기의 의미로 선
택된 것 같다. 그런데 이 '내기'가 '나기'로 표기된 것은 움라우트 현상과
관련된 과도교정인 것으로 여겨진다. 원래 '내기'인데, 이것을 '나기>내
기'의 결과라고 오해하여 이것의 과도교정형인 '나기'로 표기한 것 같다.
또한 번역필사본에서는 '낙이(賭)'로도 나타나는데 이것은 근대한국의 표
기법 특징인 '과도분철표기 현상'의 일종으로 볼 수 있다. 중국어 원문에
서 '나기'는 '彩頭'로, '낙이'는 '賭錢', '賭' 등으로 나타나는데 중국어에서
'彩頭'는 '복권, 도박, 상으로 얻은 재물' 등의 의미를 갖는다.

한편 '나기'와 같은 의미로 '더느기(賭錢)'도 있다. '더느기'는 동사 '더느
-'에 명사파생접미사 '-기'가 결합되어 형성된 것으로 볼 수 있다. 후기
근대한국어에 동사 '더느-{더너-/더느-/던으-}'는 '내기하다'의 의미를 가진다
('더느기(朴重上 17)'에서도 확인됨).[44] 이처럼 번역필사본에서 '-기'는 '…하는
행위나 사건' 혹은 '…행위의 이름'을 나타낸다고 할 수 있다.

(14) ㄱ. 계집ᄒ기: **계집ᄒ기** [房勞房事, 陽事] <日用 身體具 16a>

골치기: 심심파젹 ᄒ량으로 **골치기**나 ᄒ나식 ᄒ며 가셰

---

44) 이밖에 '더지기(던지기)', '닭기(떨기)'와 같은 예도 발견되나 출처가 이 책에서 논의하
는 대상이 아니므로 논의에서 제외하기로 한다.

<남원고사 1:38b>

굿보기: 엇디 망녀의 년비 샹당혼 혼인 **굿보기**롤 슬희여 ᄒ
리오 <옥원 5:1>

긁닑기: 개청이 본디 나쥬향니의 손으로 **긁닑기**를 브즈런이
ᄒ니 [讀書] <朝會 29:70>

ㄴ. 실감기: **실감기**에 감다 [上線板.] <方二 紡織 28a>

흙밧기: **흙밧기** [泥托] <方三 匠器 29b>

ㄷ. 숫보기: 디졍졍이, **숫보기** [生鐵] <水滸 31a>

ㄹ. 요란찌기: 미일의 글도 닑히지 아니ᄒ고 무예도 비호지 아니
ᄒ 며 쏘 사롬 보기롤 두려ᄒ고 다만 챠환 총중의
잇셔 **요란찌기**만 사랑ᄒ며 둘지는 강긔가 업셔
[鬧] <紅樓 66:5>

져기츠기: 규벽이 호화로온 셩픔으로 산양ᄒ며 **져기츠기**롤
죠히 너겨 임의로 노나나 무예 고강ᄒ고 용뫼 미
려ᄒ므로 스스로 영웅호걸이라 닐크르며 [抛球]
<再生 1:36>

즈리치기: 현덕이 유고ᄒ여 어미 셤기롤 지효로 ᄒ고 집이
가는 ᄒ민 신 숨고 **즈리치기**롤 업을 숨더라 [織蓆]
<毛三國 1:4>

좀자기: 조부인이 본디 풍질이 이셔 즈로 밤의 알하 사롬이
아디 못ᄒᆫ디라 부인이 붓드러 톄읍ᄒ고 덧덧시
져녁의 **좀자기**롤 아니ᄒ더라 [寐] <壺範 上谷侯夫人
傳 3:1b>

한쉼지기: 발을 구르며 가슴을 두다려 **한쉼지기**롤 그치지 아
니 ᄒ더라 [吁嗟] <東漢 2:58>

(14)의 예들은 '명사 + 동사어간'을 어기로 하여 거기에 명사파생접미
사 '-기'가 결합하여 형성된 파생명사들이다. 행위명사나 도구명사 혹은

유정명사를 파생시킨 것이다. 이 유형의 '-기'명사파생은 후기 근대한국어 시기에 비교적 생산적인 듯하다.

(14ㄱ)의 '계집흥기(<[계집 + 흥-] + -기)'는 '계집질 하는 행위'를 나타내며, '골치기(<[골 +치-] + -기)'는 '내기의 일종, 놀이, 운동'을 의미하며, '굿보기(<[굿 + 보-] + -기)'는 '구경하는 행위'를 의미한다. '긁닑기(<[긁[45] + 닑-] + -기)'는 '글을 읽는 행위, 즉 독서'를 의미한다. 이때의 '-기'는 '…하는 일', '…행위의 이름'이라는 의미를 갖는다. 그 가운데서 '계집흥기', '골치기'는 '-기'가 취하는 어기의 의미와 멀어졌으므로 이들은 의미론적으로 어휘화한 예로 간주한다. 송철의(1992/2008: 158)에서는 '-기'에 의해 형성되는 파생명사에는 행위명사화 접미사 '-질'이 결합되는 경우가 발견되지 않는데 이것은 '-기' 파생명사가 강한 동작성을 띠고 있기 때문일 것이라고 지적한 바 있다. 그런데 위의 예에서 '계집흥기'는 '계집질'과 비슷하게 쓰이는 것으로 보이는데 후기 근대한국어 시기의 '-기'와 '-질'은 이와 같은 저지현상의 제약을 덜 받은 것으로 이해할 수 있다.

(14ㄴ)의 '실감기(<[실 + 감-] + -기)'는 '실을 감는 기물, 실감개(線板)'를 가리키고, '흙밧기(<[흙 + 밧(받)-] + -기)'는 '흙을 받는 기물, 흙받기(泥托)'를 가리킨다. 이때의 '-기'는 '… 하는 도구'의 의미를 가짐으로써 일부 동사 어간으로부터 주로 도구명사를 파생시키는 '-개/게'와도 상통하는 일면이 있다. (14ㄱ, ㄴ)의 예들은 모두 원래 한글문헌자료인 필사본에서 발견되는 예들이다.

(14ㄷ)의 '숫보기'는 [숫(숯) + 보-] + -기'로 분석할 수 있는데 접미사 '-기'에 의하여 유정명사(사람)를 파생시킨 것을 알 수 있다. 현대한국어의 『표준국어대사전』에는 '숫보기'를 '순진하고 어수룩한 사람', '숫총각, 숫처녀를 이르는 말' 정도로 해석하였다. 파생명사 '숫보기'는 중국어 원

---

45) '긁(글)'로 나타난 것은 아마도 필사 오류일 것이다.

문의 '生鐵'에 대응되었기에 '대장장이'라고 해석하였는데 이렇게 되면 『표
준국어대사전』에서의 뜻풀이와 차이가 있게 된다. 그렇지만 '슷보기'는
유정명사(사람)를 가리키는 것만은 확실하므로 이때의 명사파생접미사 '-기'
는 유정명사를 파생시키는 기능을 하며, '…하는(한) 사람'이라는 의미를
갖게 된다.

(14ㄹ)의 '요란찌기'는 '[요란 + 찌-] + -기'로 분석할 수 있다.46) '요란
(搖亂)'은 한자어 명사인데 '시끄럽고 떠들썩한 데가 있음' 정도의 의미를
갖는다. '요란하다, 요란스럽다'와 같이 쓰인다. 그런데 여기서 동사어간
'찌-'를 확인할 수 없다. 번역필사본에서 '요란찌기'를 중국어 원문의 '搖
亂'에 대응시킨 것으로 보아 '요란찌기'는 대체로 '요란을 떠는 행위'로 해
석할 수 있다.

아래 (14ㄹ)의 다른 예들은 각각 '져기추기(<[져기 + 추-] + -기)', 'ᄌ리
치기(<[자리 + 치-] + -기)', '줌자기(<[줌 + 자-] + -기)', '한쉼지기(<[한쉼(한
슘>한숨) + 짓-] + 기)'로 분석할 수 있다.

'져기추기(抛球)'는 '져기를 차는 운동'을 가리킨다. 'ᄌ리치기(織蓆)'는 '명
석을 짜는 일, 행위'를 뜻하고, '줌자기(寐)'는 '잠 자는 행위'를 뜻하며, '한
쉼지기(吁嗟)'는 '한숨짓는 행위'를 뜻한다. 따라서 번역필사본에서 '-기'는
주로 '…하는 행위나 일' 정도의 행위명사를 파생시킨다.

(15) 뒤티기: 고기잡는 사롬이 두 가지로 잡아 공이 혼 번 손 뒤티기
　　　 의잇느니 [翻] <西江 西漢 9:28>
　　cf. 글지이기: 쇼데 어제 뎌룰 권호여 둘재 글지이기는 임
　　　　　　　의 이 ᄆ옴이 잇더니 이제 다시 싱각호니 맛

---

46) '요란찌기'는 '요란 + [찌- + -기]'와 같이 합성어로 분석될 가능성도 제기된다. 아래
　 (14ㄹ)의 다른 예들도 모두 이와 같이 볼 수 있다. 또한 여기서 '-기'는 명사형 어미
　 '-기'에 의한 통사적요소의 어휘화로 볼 수도 있는데 이 책에서는 일단 접미사 '-기'
　 에 의한 명사파생어로 보고 기술하고자 한다.

당티 아니미 잇도다 [做] <玉矯 1:100>

(15)의 예에서 '뒤티기'는 '뒤티- + -기 > 뒤티기'로 분석할 수 있다. 어기인 '뒤티-'는 강세파생동사 '드위티-'에서 '드위->뒤-(모음 축약)'로 된 것이다. 번역필사본에 '뒤티-'는 '뒤치-/뒷치-/뒷티-' 등과 같은 이표기가 나타나는데 '뒤치-'는 '뒤티->뒤치-(구개음화)'의 음운변화를 거친 것이다. 그리고 유기음 (ㅊ) 앞에서 '뒤치-'는 '뒷치-(중철표기)' 혹은 '뒷히-(재음소화 표기)'와 같은 표기를 보이기도 하는데 이것은 후기 근대한국어의 표기법 상의 특징이기도 하다. '뒤티기'는 '뒤집기(翻)'라는 의미를 갖는다. 이미 16세기 문헌에 '뒷티기(飜老上 29)'가 등장한다.

이밖에 '갈오치기(<[갈오 + 치-] + -기)'와 같이 선행요소가 부사인 예들도 발견되나 원래 한글문헌인 필사본에 나타나는 것이므로('갈오치기(西江 物名考 戲俗 4b),' 'ᄀ로치기(物名括 戲俗 35a)' 보충자료로 간단히 언급할 따름이다. '갈오치기'는 '옆으로 공격하기, 가로치기(邦手, 傍擊)' 정도의 의미를 갖는데 이것은 '-기' 명사형이 굳어져 통사적요소의 어휘화로 보아야 할 가능성도 있다.

한편 현대한국어에서는 형용사어간에 '-기'가 결합되어 '크기, 밝기, 굵기, 세기' 등과 같이 척도명사를 파생시키지만 이 책에서 다룬 18~19세기 번역필사본에서는 이와 같은 예를 찾지 못하였다. 형용사어간으로부터의 '-기'명사파생은 그렇게 생산적이지 못하며 척도명사를 만들 때만 쓰인다는 제약이 있다(송철의 1992/2008: 157).

이상의 번역필사본에서의 '-기'명사파생 예들을 두고 보면 후기 근대한국어의 '-기'는 주로 '…하는 일, 행위, 사건' 등의 중심적인 의미를 가진다 하겠는데 '…행위의 특성을 가진 사물(도구명사)명사(실감기, 흙밧기 등), 혹은 '…행위의 특성을 가진 유정명사(사람)'('숫보기' 한 예밖에 없어서 보편화하기 어려움)을 파생시키기도 함을 알 수 있다. '-기' 파생명사는 상당수의 예가 번역필사본에 나타나는데 후기 근대한국어 시기에 명사파생접미사 '-기'는 비교적 생산적인 접미사였음을 알 수 있다.[47] 그러나 형용사어간으로부터의 '-기'명사파생은 그렇게 생산적이지 못한 것으로 알려진다.

3.2.4. '-개'

근대한국어의 '-개'는 중세한국어 및 현대한국어와 마찬가지로 주로 동사어간에 결합되어 구체적인 사물이나 도구명사를 파생시키는 명사파생접미사이다. 이 접미사는 '-개/게', '-애/에'와 같은 이형태를 가지는데 '-개'와 '-게', '-애'와 '-에'는 모음조화와 관련된 이형태들이고, '-애/에'는 '-개/게'가 'ㄹ, ㅣ' 다음에서의 'ㄱ'의 탈락을 경험한 이형태들이라고 보는 것이 일반적이다(송철의 1992/2008: 164, 기주연 1994: 162, 구본관 1998: 122). 하지만 조일규(1997: 129)에서는 '-개/게'는 '어떤 행위의 도구로 쓰이는 구체적 사물'의 뜻을 가지고, '-애/에'는 '어떤 행위의 특성이 있는 구체적 사물'의 뜻을 가지는 것으로서 이 두 형태는 그 구체적인 의미에 따라 도구명사를 파생시키는 '-개/게'와 사물명사를 파생시키는 '-애/에'로 나누어 볼 수 있음을 지적하였다. 그런데도 조일규(1997: 129)에서는 위 두 형태의 접미사의 의미를 엄밀하게 따질 수는 없는 입장이라면서 '도구'의 의미를 '어떤 행위의 특성'으로 묶을 수 있으므로 이들 형태를 하나의 접미사로 보면서 '-애/에'를 '-개/게'의 변이 형태로 보고 기술하고

---

47) 이현규(1995: 334~335)에 따르면, '-기'는 '-음'과 마찬가지로 17세기에 상호간의 기능 범주가 확립되었고 18세기에 와서는 17세기 쓰임이 그대로 유지되면서 '-기'의 쓰임이 대단히 생산적인 경향을 보인다고 지적하였다.

있다.

이 책에서도 '-개/게'와 '-애/에'는 기원적으로 음운론적 조건에 따른 이형태인 것으로 간주하고 그 기능은 동일한 것이며 중세, 근대, 현대한국어에서 여전히 생산적인 접미사인 것으로 본다. 다음은 번역필사본에 나타나는 예들이다.

(16) ㄱ. 놀개: 드리온 놀개 다시 브라미 [翅] <古眞 5:8>
　　　　머리롤 흔들며 **놀애롤** 두드리고 [翼] <古眞 6:40>
　　　cf. 놀애, 느래, 나래
　　　벼개: 폐해 **벼개롤** 놉피고 평안이 누엇디 못ᄒ시리니 [枕]
　　　　　<西江 西漢 11:51>
　　　cf. 버개, 버기, 베기, 벼기
　　　찍기: 정 셔 이장은 쥬유롤 구완ᄒ야 쟝듕의 니르러 **찍기로**
　　　　　살폭을 찌고 [鐵鉗子] <毛三國 8:78>
　　　두에: 두 엇게롤 ᄒᆫ 번 츄텨 함거 **두에롤** 메고 [蓋]
　　　　　<隋史遺文 9:66>
　　　가래: 하인을 명ᄒ야 **가래와** 삽흘 가져오라 ᄒ여 [鋤頭]
　　　　　<낙선 슈古 45> cf. 가레 가리
　　　두레: 울 밧긔 흰 언덕 아러 한 우믈이 잇고 겻희논 믈 깃는
　　　　　두레 등믈을 버려 노왓고 <紅樓 17:45>

　　ㄴ. 니뷰시개: 손으로 슈건 우희 미인 귀이개와 **니뷰시개롤** 가지
　　　　　고 [牙叉兒, 牙簽] <繢紅 11:85>
　　　귀이개: 손으로 슈건 우희 미인 **귀이개와** 니뷰시개롤 가지고
　　　　　[耳挖] cf. 귀이기, 구아기

(16ㄱ)의 예들은 단일형태소 동사어간을 어기로 하여 '-개/게, -애/에'가 결합되어 구체적인 사물명사(주로 도구명사)를 파생한 것이다. 원래 이 접미사는 거의 모두 타동사어간을 어기로 취하는데 예외적으로 '놀개'가

자동사어간을 어기로 취하였다. '놀개'는 '놀애, ᄂ래, 나래'로도 나타나는 데 이것은 '르, ㅣ' 다음에서의 'ㄱ'탈락현상으로서 '놀개>놀애(ᄂ래, 나래)'로 된 것이다.

'두에'는 '둪- + -에(<게)', '벼개(<볘- + -개)', '쯱기(<쯱- + -개)', '가래(<갈- + -애)'는 모두 타동사어간을 어기로 취하였는데 '어떤 행위의 도구로 쓰이는 구체적 사물'을 가리킨다. '두에'는 '둪- + -에(<게, ㄱ탈락) → 둪에'가 '두에'는 '둪에> 두볘 > 두웨 > 두에, β>w>∅'의 음운변화를 거쳐서 이루어진 것이라고 할 수 있다. '두에'는 현대한국어의 '덮개'라는 뜻이다.

(16ㄴ)의 예들도 구체적인 사물인 도구명사를 파생시킨다. 다만 어기가 '명사+타동사어간'의 복합구조를 가진다는 점에서 (16ㄱ)과 다르다. '니뷰시개'는 '이를 쑤시는 기구'를 가리키며, '귀이개'는 '귀지를 파내는 기구'를 가리킨다. 다만 '귀이개'에서 '이-'의 정체는 불분명하다.[48]

이상에서 기술한 바와 같이 후기 근대한국어의 명사파생접미사 '-개/게, -애/에'는 주로 동사어간에 결합하여 '…에 사용하는 도구' 등 구체적인 사물을 나타내는 도구명사를 파생시키는 기능을 하였음을 알 수 있다. 근대한국어의 다른 문헌 자료에서 나타나는 '둥구레(<둥굴- + -에)'[49]와 같이 형용사어간을 어기로 취하는 경우는 발견되지 않았으며, 또한 현대한국어의 '똥싸개, 오줌싸개, 코흘리개' 등과 같은 인성명사를 파생시키는 예들도 번역필사본에서는 발견되지 않는다. 송철의(1992/2008: 164)

---

48) 『금성국어대사전』에 '이다'의 여러 가지 의미 중, '쌀을 이다'의 의미로 쓰인 타동사 '이다(淘)'를 보여주고 있다. '귀이개'의 '이다'도 이와 관련된 것으로 볼 수 있지 않을까 한다.
   쓸 이다: 淘米 (譯語 上 4)

49) 조일규(1997: 142)에서 제시한 예를 인용했음.
   예: 둥구레 (偏精, 둥굴-): 偏精 둥구레 (물명3 초)
   쓸게 (膽, 쓰-): 간과 쓸게 흙에 섯기리라 ᄒ여도 (삼역5::11)

에서는 '똥싸개, 오줌싸개, 코흘리개'와 같은 파생명사들을 경멸의 의미를 갖는 것으로 해석하면서 지칭하는 대상이 어린 아이들이기 때문에 '-개'가 붙을 수 있을 것이라 하였고, 김창섭(1996: 149)에서는 사람을 가리키는 비유어로 쓰기 위해 '늘 똥을 싸는 도구'의 뜻으로 만들었다고 해석하였다. 번역필사본에서 이런 예들이 보이지 않는 것은 아마도 후기 근대한국어에는 '-개'의 이런 확장된 용법이 아직 쓰이지 않았기 때문이 아닐까 추정된다. 혹은 그런 단어가 쓰일 환경이 나타나지 않았기 때문일 수도 있다.

상술한 바와 같이 '-개'는 후기 근대한국어 시기에 주로 동사어간에 결합하여 '…행위의 도구로 쓰이는 구체적 사물'을 파생시키는 것이 주된 형태, 의미적 특성이라 할 수 있다. 이 접미사는 모음조화와 'ㄹ, ㅣ' 다음에서의 'ㄱ'탈락규칙에 따른 이형태를 가지고 있었으나 모음조화의 약화와 'ㄹ, ㅣ' 다음에서의 'ㄱ'탈락규칙의 소멸로 인하여 현대국어에서는 '-개'로 통일되어가는 경향을 보인다(송철의 1992/2008: 165).

3.2.5. '-장이'

'-장이'는 기원이 두 갈래인데, 하나는 '毛衣匠', '毛衣匠이'처럼 '-匠'과 '-장(匠)이'가 함께 올라있는 예들을 통해서 한자어 '匠'에 이어지고 있는 것을 볼 수 있고, 또 하나는 '山尺', '山장이'[50]와 같은 예를 통해서 '尺'으로 이어지는 것으로 볼 수 있다. '歌尺, 舞尺'은 한국어사전에 '노래자이, 춤자이'로도 올라있는데 '노래장이(歌手)'는 '노래자이'의 후대의 발달로 보아도 큰 무리가 없다. 그러나 현대한국어의 '-장이' 파생어를 어원적으로

---

50) '산자이'가 일찍 (譯補 17)에 나온다. 번역필사본에는 '산자이/산자히', '칼쟈이(刀尺)'가 나타나는데 이에 대해서는 뒤에 기술된다.

'匠'과 '尺' 계열로 나누기가 용이하지 않기 때문에 이 둘을 구분하는 것
은 사실상 별 의미가 없다(조남호 1988: 37~38).

현대한국어의 '-장이'에 대하여 송철의(1992/2008: 171)에서는 '장(匠)이'는
한자어에서 발달한 것이므로 원래 이것은 한자어 어기에만 주로 결합되
는 접미사이었을 것이나 현대한국어에 와서는 그 어기가 한자어에만 국
한되지 않으며, 의미 또한 '어떤 분야의 기술을 가진 사람'만을 뜻하지
않는다고 하였다. 현대한국어로 오면서 '-장이'는 그 분포와 의미가 매우
다양한 생산적인 접미사로 발달하였다고 하였다.51)

번역필사본에서는 '-장이'가 '-장이', '징이(쟁이)'(움라우트), '즈이(자이, 쟈
이)'등 다양한 형태로 나타난다.52) 이 접미사는 한자어 명사나 어근에 붙
는 경우가 많으며, 고유어 명사나 어근에도 자연스럽게 붙을 수 있다. 이
접미사는 후기 근대한국어에서도 아주 생산적인 접미사였으며 '-바치'와
도 유사한 의미를 지닌다.53) 아래에 번역필사본과 원래 한글문헌 필사본
에 나타난 '-장이' 파생어 예들을 함께 보기로 한다.

(17) ㄱ. 가족장이54): 이 휘어롤 가져 견양을 삼아 정ᄒᆞ고 공교로온
    가족장이롤 블러 [皮匠] <孫龐 3:71>
    각수장이55): **각수장이** 옥장이며 풀무간의 마치소러 [刻手匠]

---

51) 송철의(1992/2008: 170~173)에서는 현대한국어의 '-장이'를 크게 다섯 가지 유형으로
 나누어 기술하고 있다. ㉠ 일종의 '기능공, 혹은 기술자'를 의미함(석수장이, 칠장이
 등). ㉡ '어떠한 분야의 일을 전문적으로 혹은 직업적으로 하는 사람'을 의미함(그림장
 이, 글장이 등). ㉢ '-을 잘하는 사람(거짓말장이, 주정장이 등)', 또는 '-이 많은 사람
 (겁장이, 게으름장이 등)', ㉣ '-을 만드는 사람(양복장이)', 또는 '-을 쓴(혹은 입은) 사
 람(감투장이)', ㉤ '그러한 병을 앓는 사람(옴장이, 폐병장이 등)' 또는 '인성명사와 결
 합하면 비칭의 인성명사가 되기도 함(영감장이, 마누라장이 등)', 이와 같이 '-장이'는
 현대한국어에서 가장 생산적으로 파생명사를 형성하고 있음을 밝혔다.
52) 현대한국어에는 '-장이/쟁이' 두 형태가 남아있다.
53) '-바치'는 뒤에 기술됨.
54) '가족장이'는 '죽신을 만드는 그 분야의 기술자'를 뜻함.
55) '각수장이(刻手匠)'는 '나무나 돌 따위에 조각하는 일을 직업으로 하는 사람'을 뜻함.

<김지수 무즈셔힝 녹>

미장이[56]: 낙시질ᄒᆞᄂᆞᆫ 어뷔냐 담뱟ᄂᆞᆫ **미장이**냐 [泥水匠]

　　　　<님화 17:60>

솟디쟝이[57]: **솟디쟝이** 놀고 <箕山風俗圖 37>

옥장이[58]: 玉匠이 <김지수 무즈셔힝녹>

ㄴ. 노구장이[59]: 일기 늙은 **노구장이**ᄅᆞᆯ 상종ᄒᆞ니 [老幫閑]

　　　　<快心 18:4>

불목장이[60]: **불목장이** [道人, 房頭兒] <西遊 64a>

옥사장이[61]: 검시ᄒᆞᄂᆞᆫ 스룸, **옥사장이** [玉鎖, 作作行人]

　　　　<水滸 41b>

원두장이[62]: 園頭匠이 [種瓜叟] <西遊 65b>

쥬막장이[63]: **쥬막장이** <西廂 103b>

졈장이[64]: **졈장이** <송병필가86 묫츌이>

즁ᄆᆡ쟝이[65]: **즁ᄆᆡ쟝이** [媒] <廣物譜 2 禮節 1a>

짐징이[66]: 각시니 ᄒᆞ나 水鐵匠의 ᄯᆞᆯ이 오나 ᄒᆞ나 **짐匠이**로

　　　　솟 지고 나믄 쇠로가마 질가 ᄒᆞ노라

　　　　<蔓橫淸類 4:533>

진흑징이[67]: **진흑징이** <神州光復 16:14b>

토역장이[68]: **토역장이** 노릇시란 말 [土役, 做土工] <水滸 65b>

---

56) '미장이'는 '담을 바르는 사람'을 뜻함. '미장이'와 '니장이'는 같은 말임.

57) '솟디쟝이'는 '탈을 쓰고 장대를 땅에 박아 세운 솟대의 꼭대기에 올라가서 몸짓으로 온갖 재주를 부리는 사람'을 뜻함.

58) '옥장이'는 '옥을 다듬는 기술을 가진 사람'을 뜻함.

59) '노구장이'는 '뚜장이 노릇하는 사람'을 뜻함.

60) '불목장이'는 '가마 목의 불을 때는 것을 담당하는 스님(火頭僧)'을 뜻함.

61) '옥사(獄鎖)장이'는 '감옥 같은데서 검시하는 사람, 옥졸(獄卒)'을 뜻함. '鎖'는 두 가지 한국한자음을 보이는데 [솨 ~ 쇄], 여기서는 '솨>사'로 되어 '옥사장이'가 된 것임.

62) '원두(園頭)장이'는 '채마밭 가꾸는 사람, 원두한이(種瓜叟)'를 뜻함.

63) '쥬막장이'는 '술집 점원(店小二)'을 뜻함.

64) '졈장이(점장이)'는 '점을 보는 일을 업으로 하는 사람'을 뜻함.

65) '즁ᄆᆡ장이'는 '남여 사이에 혼사가 성립되도록 이어주는 역할을 하는 사람'을 뜻함.

66) '짐장이'는 '짐꾼'을 뜻함.

67) '진흑징이'는 '토공 노릇을 하는 사람(土工)'을 뜻함.

플무쟝이69): 성냥질ᄒᆞᄂᆞᆫ 플무쟝이냐 소 죽이ᄂᆞᆫ 빅졍이냐 밧
갈라 먹ᄂᆞᆫ 농부한이냐 <님화 17:60>
화쟝이70): ᄯᅩ 닉관 챵셩과 윤봉을 보니샤 화쟝이와 밋 다만
민 둘 줄 아ᄂᆞᆫ 부녀와 [火者] <朝僉 6:57>
화초쟝이71): 화초쟝이 [花草匠] <동궁마마경모궁행차시상격불긔>
쑤쟝이72): 쑤쟝이 [直娘賊] <水滸 38b>
cf. 망근쟝이73): 망근쟝이 [網巾匠] <箕山風俗圖 24>
쥬렴쟝이74): 쥬렴쟝이 십오명(珠簾匠)(동궁마마관례ᄒᆞ오신후
외샹격불)

(17)의 ‘-쟝이’ 파생어들은 대부분 명사나 어근(한자어, 고유어 포함)을 어기로 취하였다.

(17ㄱ)의 예들은 ‘어떤 분야의 기술자’를 의미하고 (17ㄴ)의 예들은 ‘어떤 분야의 일을 전문적으로 혹은 직업적으로 하는 사람’을 의미한다.

(17ㄱ)과 (17ㄴ)의 예들은 모두 ‘어떤 분야와 관련된 일에서 기술자의 역할, 혹은 그 일을 전문적으로, 직업적으로 하는 사람’을 뜻하는데, 넓게 보면 ‘-쟝이’의 중심적인 의미를 나타내는 것으로서 같은 범주에 포함시킬 수 있다.

참조에 제시한 ‘망근쟝이’와 ‘쥬렴쟝이’와 같은 예들에서 ‘-쟝이’는 ‘…을

---

68) ‘토역쟝이’는 ‘토공 노릇을 하는 사람(土役, 做土工)’을 뜻함.
토역ᄒᆞ-:
“믄득 가인 즁의 토역ᄒᆞᄂᆞᆫ 쟈를 불너 가즁의셔 슈후케 ᄒᆞ더니”
[使喚了家人舍做瓦匠的在家伺候.] (快心 15:36)
69) ‘플무쟝이’는 ‘비렁이 하는 사람’을 뜻함.
70) ‘화쟝이’는 ‘가마에 불을 때는 사람’을 뜻함.
71) ‘화초쟝이(花草匠)’는 ‘화초를 가꾸는 일을 업으로 삼는 사람’을 뜻함.
72) ‘쑤쟝이’는 ‘쑤쟝이 노릇 하는 사람’을 뜻함.
73) ‘망근쟝이(網巾匠)’는 ‘선시대 성인 남자가 상투를 틀 때 머리털을 위로 걷어 올리기 위하여 이마에 쓰는 건(巾)을 만드는 사람’을 뜻함.
74) ‘쥬렴쟝이(珠簾匠)’는 ‘문에 다는 주렴을 만드는 사람’을 뜻함.

만드는 사람'을 의미하는데 이것도 사실상 위의 범주에 포함시킬 수 있다. 즉 '…을 만드는 기능공', 혹은 '…을 만드는 일을 전문적으로 하는 사람'을 가리킬 수 있는 것이다. 그런데 위의 파생어 예들 중에서 '짐장이, 진흙징이, 토역장이, 쑤장이' 등 예들은 '어떤 분야의 천한 일을 하는 사람'을 뜻하는 것으로서 이때 '-장이'는 좀 비하의 의미도 있는 듯하다. '쑤장이'는 번역필사본에서 '直娘賊'에 대응된 것인데 『고어대사전』에서는 '계집 파는 놈, 쑤장이'라고 해석하였다. 그런데 '쑤'의 어기성격을 확인할 길이 없다. '쑤장이'는 의미론적으로 어휘화한 예로 보아야 할 것이다.

한편 '노구장이'에서 '노구(老軀)'는 '늙은이(늙은 몸)'를 뜻하는 한자어 인성명사에 '-장이'가 붙어 비칭의 인성명사가 된 경우라고 할 수 있겠다. 이때의 '-장이'는 현대한국어의 '영감쟁이'의 '-쟁이(장이)'와 같은 의미를 가지는 것이라고 할 수 있다. 송철의(1992/2008: 172)에서는 현대한국어의 '-장이'는 병명에 결합되면 '그러한 병을 잃는 사람(옴장이, 폐병장이, 중풍장이)'을 의미하기도 하고, 인성명사와 결합하면 '비칭의 인성명사(영감장이, 마누라장이, 첩장이)'가 되기도 한다고 지적한바 있다. 이와 같이 '-장이'의 어느 정도 확장된 용법은 후기 근대한국어에서부터 쓰이기 시작하여 현대한국어로 오면서 '-장이'는 다양한 의미를 나타내며 가장 생산성이 높은 명사파생접미사로 기능하게 된다.

또한 접미사 '-장이'는 같은(비슷한) 의미의 한자어와 고유어 명사나 어근을 동시에 어기로 취하여 파생명사를 형성하는 경우가 있다. 이를 테면, '토역장이/진흙징이'와 같은 예가 바로 그런 경우이다.

> (18) ㄱ. 산자히: 무숑이 물오디 너희 둘혼 엇던 사름인다 그 사름이
>   니르디 우리는 여긔 잇논 **산자히로라** [獵戶] <서울
>   대 忠義水滸 8:33b>
>   d. 산자이, 산장이

ㄴ. 칼쟈이: 엇던 당인이 그 농을 가져갓거눌 자바 미여 군문긔
고ᄒ니 그놈을 즉시 져주고 둣던 딕을 가 격간ᄒ더
니 평안도 드려온 **칼쟈이** 언남이 그 짐을 직희엿던
거시라(중문 없음) <朝天錄 29>
cf. 칼즈이 [刀尺] <東醫 15a>

(18)의 '산자히'는 '山尺'으로, '칼즈이'는 '刀尺'으로 되어 있다. '장이'의 기원에서 '匠'이 아닌 '尺'에서 온 것이다. 그러나 이 둘은 중세 이후 근대, 현대한국어에서는 거의 같이 쓰이면서 구분할 필요를 더 이상 느끼지 않는다. '산자히'는 번역필사본에서 중국어 원문의 '獵戶'에 대응되는 것인데, '獵戶'는 '산속에서 살면서 사냥을 업으로 하는 사람'을 가리킨다. 번역필사본에서는 '산자이, 산장이'로도 나타난다. '칼즈이'는 '刀尺'에 해당하는 파생어인데[75] '도척'이란 '지방 관아에서 요리를 담당하던 노비'를 지칭하던 말이다.[76] 그러니까 '칼쟈이(칼즈이)'는 '칼을 써서 음식(요리)을 만드는 사람(요리사)' 정도의 의미를 가지는 것이었던 것 같다. 『古語辭典』(남광우 편)에서는 '熟手'라고 풀이되어 있다. 『표준국어대사전』에서는 이에 해당하는 의미가 제시되어 있지 않다.

이와 같이 번역필사본에서는 '산자히(山尺)', '칼쟈이/칼즈이(刀尺)'처럼 '尺'에 어원을 둔 '-자히(자이)' 형태가 나타나며 '산장이'처럼 '-장이' 형태로도 함께 나타난다. 이들은 현대한국어로 오면서 점차 '-장이'에 통합되었다. 이때 접미사 '-장이'는 '어떤 분야의 일을 생업으로 하는 사람'을 의미한다고 할 수 있다.

상술한 바와 같이 '-장이'는 후기 근대한국어에서 생산성이 아주 높은 명사파생접미사였다. '-장이'는 한자어명사나 어근, 고유어명사나 어근을

---

75) 『吏讀便覽』에는 '刀尺'이 "外邑治膳漢也"라 풀이되어 있다.
76) 『朝鮮語大辭典』(大阪外國語大學 朝鮮語硏究室 편, 角川書店, 1986)을 참조하였다.

어기로 취하며, '어떤 분야의 기술을 가진 기술자', 혹은 '어떤 분야의 일을 직업적으로 하는 사람', 또는 '…을 만드는 사람' 등 의미를 갖는다. 그리고 '-장이'는 '어떤 분야의 천한 일을 하는 사람, 또는 낮은 신분의 직업을 가진 사람'이라는 의미를 갖기도 하는데 이와 같은 다양한 '-장이'용법은 날로 확장되어 현대한국어에 들어와서는 '-장이'가 가장 생산적인 명사파생접미사로 기능하고 있음을 볼 수 있다.

3.2.6. '-바치'

'-바치/바지/아치'는 중세한국어까지는 독자적인 단어로 쓰이다가 근대한국어에 이르러 문법화 하여 하나의 접미사로 쓰이게 되었다고 볼 수 있다(조일규 1997: 182).[77] 그러나 이숭녕(1975: 85)에서는 '바치, 바지'를 중세한국어에서도 하나의 접미사로 인정하고 있으며, 이광호(2004: 166)에서도 '-바치'는 중세한국어에서부터 실현되는 접미사로 보고 있다.

'-바치'는 중세한국어에서 '-바지'로도 실현되는데[78] 이것이 근대한국어에서는 '-바치'로 통일되었다(이광호 2004: 166). 그런데 후기 근대한국어 시기에 '바ᄂ질앗치, 벼슬앗치(국한 83)' 등의 형태가 나타나므로 '-아치' 역시 '-바치'의 이형태로 보아야 할 것이다. '-바치'는 명사를 어기로 취

---

77) 조일규(1997: 182) 부분 참조.
　　예: 공장바치: 工 공장바치 공 (자회중 3)
　　　　홍정바지: 홍정바지 둘히 길흘 몯녀야 (월곡 86)
　　그런데 중세한국어의 이 형태는 '匠ᄋᆞ 바지라 (법화서: 21)'에서 보듯이 하나의 단어로 나타나므로 이 단어가 결합된 형태 즉 '공장바치, 홍정바지' 등은 합성어로 보아야 한다고 주장하고 있다.
78) 다음은 중세한국어에서 '홍정바지/홍정바치'가 '-바지'와 '-바치'로 모두 실현되는 예이다.
　　ㄱ. 護彌 닐오디 그리 호리라 ᄒᆞ야놀 마초아 홍정**바지** 舍衛國으로 가리 잇더니
　　　　(釋詳 6:15a)
　　ㄴ. 大魚는 큰 고기라 네 五百 홍정**바치** 바ᄅᆞ래 드러 보ᄇᆡ 굿다가 摩竭 부니시니라
　　　　(月釋 22:32b)

하여 파생명사를 형성하는데, '…직업으로서의 사람'을 의미한다. 기주연 (1994: 178)에서는 이 접미사가 '경멸'의 의미를 함축하고 있다고 지적하였다. 번역필사본과 원래 한글문헌 필사본에는 접미사 '-바치'에 의한 파생명사 예가 많지 않으며, 대부분 전시기 혹은 후기 근대한국어 시기 번역필사본 외에 다른 문헌들에서 이미 출현된 것들이다.

> (19) 갓바치79): 또 소업이 무슨 일이냐 뭇거늘 **갓바치**라 혼즉 [皮匠]
> <朝會 31:16>
> 성녕바치80): 션비며 호반이며 쟝시며 **성녕바치** ᄂ니며 [手藝]
> <延世 西遊 13:9>
> cf. 셩영바치 <朝天錄 51>('ᄂ'의 'ㅇ'으로의 표기).
> 잡믈바치81): 오손 옷댱이 와셔 볼셔 아삿ᄂ가 아니 아삿거돈 금
> 동 이 **잡믈바치** 노라걸 업시 돈니니 곽샹이 시죵
> 드러 수이 아ᄉ라 혼소 [雜物] <현풍곽씨56 가셔 요
> ᄉ이>
> 공쟝바치82): **공쟝바치** [做工的] <廣物譜 1 民業 2a>

(19)의 '-바치' 파생명사 예들은 모두 명사를 어기로 취하였고, '…을 직업적으로 하는 일', 혹은 '…을 만드는 일을 직업적으로 하는 사람'이라는 의미를 갖는다. 여기서 '-바치'의 어기는 '직업'과 관련되는 것으로서 후기 근대한국어에서도 '-바치'는 '직업과 관련되는 어기와 결합되는 결합분포상의 제약'이 있다는 것을 알 수 있다. 또한 '-바치'는 대부분 '낮은 신분의 직업, 또는 이것저것 자질구레한 일'을 의미하는 어기와 연결되므로 '경멸'의 의미도 내포하고 있다고 볼 수 있겠다.

---

79) '갓바치'는 '皮匠'을 의미하며 '가죽신을 만드는 사람'을 뜻함.
80) '셩녕바치'는 '대장일(工作)', 혹은 공예(工藝)'를 뜻함.
81) '잡믈바치'는 '자질구레한 일상 물품을 만들어서 파는 사람'을 뜻함. (잡믈>잡물), (雜物).
82) '공쟝바치'는 '일꾼(工匠, 做工的)'을 뜻함. 혹은 '생활, 일, 일거리'를 뜻하기도 함.

위의 예들에서 명사파생접미사 '-바치'는 '…직업으로서의 사람'을 나타내는 의미를 가지며, 또한 '工, 匠也'에서 보다시피 이 접미사는 '-장이(匠)'와 유사한 의미를 지니는 부분도 있다. 근대한국어의 '갓바치(갓바치), 노릇바치' 등 파생어들이 모두 어휘화하면서 '-바치'는 후기 근대한국어 시기에 그다지 생산적이지 못했다. 또한 현대한국어에서 이 접미사는 '-바치'보다 폭 넓은 의미영역을 갖고 활발한 생산성을 보여주는 '-장이'에 의하여 그 의미와 기능이 흡수되어 버리게 되었다.

3.2.7. '-질'

접미사 '-질'은 중세, 근대로부터 현대한국어에 이르기까지 높은 생산성을 보이며 명사나 어근을 어기로 하여 행위명사를 파생시키는 접미사이다. '-질'은 일반적으로 '…을 가지고 하는 행위', '… 하는 행위' 정도의 의미를 나타냄으로써 '반복적으로, 혹은 지속적으로 이루어지는 행위'를 뜻한다. '-질'의 명사파생에 대하여서는 조남호(1988), 하치근(1989), 송철의(1992/2008),[83] 기주연(1994) 등 앞 시기 많은 연구 업적들을 참조할 수 있다.

근대한국어에서 '-질'이 결합하는 어기는 주로 '실체성명사'이거나 '동작성명사'이다(조일규 1997: 226). 또한 근대한국어에서 '-질'은 '-딜(구개음화와 관련)'로도 나타난다. 다음은 번역필사본에 나타나는 예들을 통해서 후

---

83) 송철의(1992/2008: 165~170)에서는 현대한국어의 '-질'에 대하여 다음과 같이 분류하고 기술하였다. ㉠ 도구명사를 어기로 하여 파생된 파생어들로서 대체로 '그 도구를 가지고 하는 어떤 행위'를 의미한다. ㉡ 인체의 어떤 부위를 지칭하는 명사도 '-질'의 명사파생의 어기가 될 수 있는데 그것은 인체의 부위가 어떤 행위의 도구처럼 사용될 수 있기 때문일 것이다. ㉢ 구체적인 행위를 표현하는 명사나 '직업, 신분' 등을 지칭하는 명사가 '-질'명사 파생의 어기가 되는 경우도 있는데 이는 흔히 어기와 관련된 행위를 비하하는 의미를 갖는다. ㉣ 위에서 언급된 것 외에도 일반사물, 동사어간, 파생명사를 어기로 하여 '-질'의 파생어를 형성하는 경우가 있다.

기 근대한국어 시기 접미사 '-질'의 파생어형성 양상을 살펴보도록 하자.

(20) ㄱ. 그물질: 만니의 금슈들흘 다 막아 **그물질** 흣눗다 [羅]
　　　　　　＜古眞 5-1:134＞

　　낚시질: 째째 흔 막더롤 가져 천샹의 **낚시질**ㅎ다가 친귀와
　　　　　　츳즌 즉 낙시롤 것고 [釣] ＜朝會 10:32＞

　　방아질: 바로 **방아질**ㅎ는 드시 나려오디 [舂] ＜女仙 8:13＞

　　붓치질: 샐니 가셔 풍노의 **붓치질**ㅎ여 [搧] ＜續紅 16:41＞

　　비질: 또흔 몃 기 **비질**ㅎ는 노픠 이시니 [駕船] ＜補紅 21:3＞

　　춤빗질: 춤빗질ㅎ다 [篦了] ＜方三 疏飾 8a＞

　　쁠에질84): 쇼인이 쇼ᄋ뎡 쓸히셔 **쁠에질**ㅎ더니 [掃]
　　　　　　＜後水滸 12:20＞

　　　　cf. 쓰레질: 어린 ᄌ식으로 문하의 뫼셔 잇셔 **쓰레질**이
　　　　　　　　　나 홀가 ㅎᄂ니 법관이 허ᄉ시리잇가 [掃]
　　　　　　　　　＜平妖 1:64＞

　　ㄴ. 노구질: **노구질**ㅎ다 [老媼] ＜奎章 水滸 19:66＞

　　용두질: **용두질** 치는 게라 [指頭兒恁] ＜西廂 106a＞

　　팔둑질: 실샹은 그 ᄉ룸들이 **팔둑질**ㅎ야 [掣肘]
　　　　　　＜神州光復 27:27b＞

　　ㄷ. 근두질85): 날마다 동산의 가 **근두질**곳 아니면 나모 긋터 오
　　　　　　ᄅ고[打觔斗] ＜醒風 2:73＞

　　번동질86): **번동질**ㅎ다가 블 혈 쩌의 니ᄅ러 [翻動]
　　　　　　＜紅樓 52:86＞

　　산양질87): 우리 대애 금죠의 붕우와 약회ㅎ여 **산양질** 나가
　　　　　　계신 지라 [打獵] ＜雪月 2:6＞

---

84) '쁠에질(쓰레질)'은 '깨끗하게 쓰는 행위'를 뜻함.
85) '근두질'은 '마구 뛰놀며 재주넘기를 하는 행위'를 뜻함.
86) '번동질'은 '원래의 위치나 모양을 반복적으로 바꾸는 모양'을 뜻함.
87) '산양질'은 '사냥을 하는 행위'를 뜻함.

양한질88): 좌우간 우리 곳의셔는 도덕질ᄒ고 **양한질하는 ᄉ**

룸을머믈너 두지 아니리니 [養漢] <紅復 30:126>

상고질89): 나승지 위인이 임의 녀룹지이도 아니ᄒ고 ᄯ또 **상고**

질도 아니ᄒ야 [商賈] <包公 銅錢揷壁 8:64>

쟝ᄉ질: 일즉 외방의 가 **쟝ᄉ질하고** 도라올시 [爲商]

<包公 牌下土地 7:12>

ㄹ. 갈늭질90): 사룸이 흣터진 후의 인ᄒ여 틈을 타 쇼이랑 무리

룰 츠져 **갈늭질ᄒ고** [厮混] <紅樓 64:4>

무ᄌ미질91): 힝재 즉시 옷술 벗고 쓸는 기룸의 쮜여 드러 무

ᄌ **미질ᄒ다가** [負水] <延世 西遊 6:114>

박음질: **박음질하다** [倒扣鈄] <方二 裁縫 25a>

비럭질92): 즁이 쵼으로 단이며 **비럭질ᄒ던** 멋냥을 가져

[疥癩] <啓名大 西遊 4:75-12>

잠의략질93): 팔계 이 말을 고지듯고 철봉을 놋코 **잠의략질ᄒ**

여 우믈 밋칠 드러가니 믈 쇽이 심희 깁흔지라

[打猛子] <啓名大 西遊 12:104-38>

cf. 잠익질: 졔지 져 사룸의 거동을 보니 믈 **잠익질ᄒᄂᆫ**

사룸도 아니오 고기 잡는 사룸도 아니라 [泗

水] <東遊記 2:71>

(20ㄱ,ㄴ)의 예들은 모두 실체성명사를 어기로 하였는데 (20ㄱ)의 예들
은 도구명사를 어기로 하였고 (20ㄴ)의 예들은 '인체의 어떤 부위를 지칭
하는 명사94)를 어기로 하였다. 이때 접미사 '-질'은 '그 도구를 가지고

---

88) '양한질'은 '서방질 하는 행위'를 뜻함.
89) '상고질'은 '장사를 하는 행위'를 뜻함.
90) '갈늭질'은 '바꾸어가며 서로 엉켜서 마구 장난치는 행위'를 뜻함.
91) '무ᄌ미질'은 '물속에 들어갔다 나왔다 하면서 자맥질하며 노는 행위'를 뜻함.
92) '비럭질'은 '동냥질하는 행위'를 뜻함.
93) '잠의략질'은 '물속에서 팔다리를 놀리며 떴다 잠겼다 하며 수영하는 행위'를 뜻함.
94) 송철의(1992/2008: 166)에서는 인체의 부위도 어떤 행위의 도구처럼 사용될 수 있다
고 하였다.

하는 어떤 행위'를 의미한다.

'노구질(老軀)'은 '뚜장이 노릇을 하는 행위'를 의미하는데 '뚜장이 노릇'과 관련된 일을 비하하는 의미로 한자어 어근 '老軀(늙은 몸, 늙은이)'를 사용한 것 같다.

'용두질(指頭兒)'은 중국어 원문의 '沒你娘鳥興(指頭兒)'의 대역어로 쓰이었는데 '수음하는 행위를 속되게 이르는 것' 정도의 의미로 해석할 수 있다. 여기서는 완곡적인 표현수법을 사용하여 그 연상의미를 어기로 선택하여 '-질' 파생명사를 형성하였다. <西廂記>는 색정적인 내용을 많이 다룬 문학작품이기에 번역을 함에 있어서도 원문과 대응되는 연상의미를 강조하여 표현하는 경우가 많았을 것이라 짐작된다. '팔둑질'은 '팔을 마구 휘두르는 행위'를 의미한다. 이와 같이 인체의 어떤 부위를 지칭하는 명사도 '-질' 파생의 어기가 될 수 있는데 이것은 후기 근대한국어부터 '-질'의 확장된 용법이 이미 사용되었음을 말해 주는 것이라 할 수 있다.[95]

(20ㄷ)의 예들은 모두 동작성 명사나 어근을 어기로 취하였다. 번역필사본의 특성상 한자어 어기가 대부분이다. 이때 접미사 '-질'은 '…하는 행위'를 표현함으로써 '반복적, 지속적인 행위'를 나타낸다.

(20ㄹ)의 예들은 파생명사 어간을 어기로 취한 경우인데 여기에 '-질'이 결합하여 대체로 동작성 파생명사를 형성하였다. '갈닉질'은 번역필사본에서 중국어 원문의 '厮混'에 대응된 것인데 '바꾸어가며 서로 엉켜서 마구 장난치는 행위'를 뜻하였다. '갈닉질'은 [갈- + 익(악)] + -질로 분석할 수 있다.[96] 여기서 동사어간 '갈-(替)'은 '대신하여 바꾸다'의 의미를

---

95) 원래 '-질'의 이와 같은 용법은 현대한국어로부터 쓰인 것으로 일반적으로 보고 있다 (곁눈질, 발길질).

96) '통합 사전 검색기' 『어원 사전』에서 ㉠ '갈-(分,岐) + -악 > 가락'(남광우 1957). '숟가락, 손가락, 젓가락, 노랫가락, 엿가락, 머리카락' 등에 이 말의 용례가 나타남. ㉡ 'ㄱ룩(分,岐)'는 다시 'ㄱ돌/ㄱ롤' 및 '가닥/가락'으로 호전(互轉)됨(梁柱東 1965). 『표준국어대사전』에서 '갈래질'은 '가댁질'의 잘못이라고 했고, 『금성국어대사전』에서

갖는다. '갈닉질'은 형태론적으로, 의미론적으로 어휘화한 예로 볼 수 있다. '무즈미질'은 중국어 원문의 '負水'에 대응된 것인데 '물속에 들어가서 팔다리를 놀리며 떴다 잠겼다 하는 행위'를 뜻한다. '무즈미질'은 '[무(水) + 즘이(潛)] + -질'로 분석해야 할 듯하다. 현대한국어의 '무자맥질(자맥질)'을 말한다. '박음질'은 '[박- + -음] + -질'로 분석할 수 있으며 '재봉기로 박는 바느질의 하나, 즉, 재봉틀로 박는 행위'를 뜻한다. '비럭질'은 '[빌- + -억] + -질'로 분석할 수 있으며 '남에게 구걸하는 행위'를 뜻한다. '잠의략질'은 참조에 제시한 '잠익질'과 같은 단어이다. 또한 '잠익질(자맥질)'은 '무자맥질'의 준말이며, '자맥(泳) + -질'로 분석할 수 있으며, 사전들에서 '팔다리를 놀리며 물속으로 헤엄쳐 들어가는 행위'라고 해석하였다. 이들은 모두 먼저 파생명사 어간을 형성하고 거기에 다시 접미사 '-질'이 결합되어 형성된 파생명사들이다. 이때의 접미사 '-질'은 '…하는 행위'의 의미를 나타낸다.

또한 번역필사본에서 주목할 것은 '-질' 접미사가 고유어 어기를 취한 파생어가 이미 존재하였거나 널리 쓰이고 있었음에도 불구하고 같은 의미(혹은 비슷한 의미)의 한자어(혹은 차용어)를 어기로 취하여 '-질' 파생어를 새로이 파생시켰다는 점이다. '양한질(=서방질)', '상고질(=장사질)'과 같은 예들이 바로 그러한 예들이다. 이것은 번역필사본의 특성상 한자어 혹은 차용어가 어기의 선택에서 비교적 자유로웠을 것이라는 단면을 보여주는 것으로서 이러한 파생어가 많이 산출된 것이 번역필사본의 파생법의 특징이기도 하다(나아가서는 후기 근대한국어).

상술한 바와 같이 번역필사본에서 접미사 '-질'은 고유어명사나 어근, 한자어명사나 어근, 일부 파생명사 어간을 어기로 하여 생산적으로 파생

는 '갈랙질'을 '가댁질'의 방언이라고 했다. 사전들에서 '가댁질'은 '아이들이 서로 잡으려고 쫓고, 이리저리 피해 달아나며 뛰노는 장난'이라고 해석하였다. 번역필사본의 '갈닉질(갈랙질)'은 이와 연관될지도 모르겠다.

어를 형성하였다. 이 접미사는 후기 근대한국어 시기에도 높은 생산성을 갖고 있으며, 주로 '그 도구를 가지고 하는 어떤 행위'를 의미하거나 혹은 구체적으로 '···하는 행위'를 의미하기도 한다. 현대한국어에서는 '-질'이 보다 넓은 의미영역을 갖고 많은 파생명사를 생성하고 있다(송철의 1992/2008 참조). 이를테면 현대한국어에서는 '직업, 신분' 등을 지칭하는 명사가 '-질' 명사파생의 어기가 되는 경우(조교질 등)가 많이 발견되는데 후기 근대한국어에는 그런 예가 발견되지 않는다.

3.2.8. '-의/의'

'-의/의'는 중세한국어에서와 같이 근대한국어에서도 형용사어간을 어기로 하여 명사를 파생시키는 생산적인 파생접미사의 하나였다. 그러나 16세기 후반 '-ᅌ'의 '으'로의 합류와 음절두음으로 자음을 갖던 음절의 '의>이'로의 단모음화라는 통시적 음운변화의 결과로 주로 척도명사를 만들던 '-의/의' 접미사는 현대한국어에서 '-이'와 같은 형태를 가지게 되었다. 하지만 이와 같은 척도명사 형성의 기능이 점차 소멸되어 현대한국어에서는 파생명사를 거의 형성하지 못한다.[97]

(21) ㄱ. 기릐: 큰 쥐 **기릐** 일댱이나 ᄒ고 [長] <충남대 包公 6:15a>
　　　　cf. 기러, 길릐, 길의
　　　집희: 다숫 길 **깁희**와 열 길 너비롤 ᄒ고 [深] <孫龐 3:95>
　　　　cf. 기픠, 기퓌, 깁희

---

97) 송철의(1992/2008: 135)에서는 '-ᅌ'의 '으'로의 합류와 음절두음으로 자음을 갖던 '의>이'로의 단모음화라는 통시적 음운변화의 결과로 (죠긔>조기, 호미>호믜>호미, 밉>밉-) '기릐, 기픠, 노픠'의 통시적 발달형으로 '기리, 기피, 노피'를 보고 있다. 김성규(1987: 37~38)에서도 현대한국어 새로이 척도명사를 파생시킬 때에는 '-이'가 아니라 '-기'가 선택되는 경향이 있다는 사실을 밝혔다.

노픠: **노픠** 지쳑이 쳔니 ᄀᆞᆺᄐᆞ니 [高] <古眞 5:169>
　　cf. 놉픠, 놉희, 놉히, 놉ᄒᆡ 눕픠
너비: 다ᄉᆞᆺ 길 깁희와 열 길 **너비**를 ᄒᆞ고 [闊] <孫龐 3:95>
　　cf. 너뷔, 너븨, 넙의

ㄴ. 고비: ᄒᆞᆫ **고비** 긴 강을 구으니 [曲] <浩然齋 上 :45b>
　구비: ᄒᆞᆫ 곳도 내민 **구븨** 업거눌 [曲節] <三國 25:81>
　　cf. 구븨, 구뷔

　(21ㄱ)의 예들은 형용사어간을 어기로 하고 거기에 '-의/의'가 결합하여 척도명사를 파생시킨 예들이다. 여기서 '기릐'는 '길- + -의'로, '깁희'는 '깊- + -의'로, '노픠'는 '높- + -의'로, '너비'는 '넙- + -의'로 분석할 수 있다. 이들 중 '깁희'는 '기픠'를 재음소화하여 표기한 것이다. 후기 근대한국어 시기에는 어중의 유기음을 이와 같이 재음소화하여 표기하는 경우가 많았다.

　(21ㄴ)의 '고비'와 '구비'는 각각 '곱-(曲)', '굽-(曲)' 형용사어간을 어기로 하고 거기에 '-의/의'가 결합하여 추상명사 '고비(>고비)'와 구체명사 '구비(>굽이)'를 파생시킨 경우이다. '고비'는 '곱-(曲) + -의'로 분석할 수 있다. '고비(두시언해 7:3)'. 현대한국어에는 '고비'가 '고비'로 변화하였다. '고비'는 『표준국어대사전』에서 '일이 되어 가는 과정에서 가장 중요한 단계나 대목, 또는 막다른 절정' 정도의 의미로 해석할 수 있는데 '고비'는 어기 '곱-(曲)'의 의미와 멀어졌으므로 의미론적으로 어휘화한 예이다. 그러나 (21ㄴ)에서 볼 수 있는 바와 같이 후기 근대한국어에서는 아직 '고비'가 어휘화하지 않았다. 현대한국어의 '굽이'와 같은 뜻으로 쓰이고 있기 때문이다. '구비'는 '굽-(曲) + -의'로 분석할 수 있는데, 번역필사본에는 '구븨, 구뷔'로도 나타난다. '구뷔'로 나타나는 것은 순음 'ㅂ'의 영향으로 '의'가 '의'로 된 것이다. 현대한국어에는 '굽이(분철로 표기)'로 쓰인다. '굽

이'는 '휘어서 구부러진 곳'을 가리킨다. '구븨(두해 21:41) → 구비(송강이 3) → 굽이'의 과정을 걸쳤다고 할 수 있다.

상술한 바와 같이 접미사 '-이/의'는 후기 근대한국에서도 중세한국어와 마찬가지로 주로 형용사어간을 어기로 하여 척도명사를 형성한 파생접미사이다. 또한 '고비/구비'와 같이 '어떤 상태의 특성이 있는 추상명사나 구체명사'를 파생시키기도 하였다. 구본관(1998: 167)에서는 16세기 이후에 접미사 '-이/의'에 의해 파생된 예가 '굴긔', '여틔'만 나타나므로 '-이/의'는 결합가능성이 그리 높지 않았을 것이라고 지적하면서 이것은 '-이/의'가 취하는 어기가 주로 '어떤 단위나 척도'와 관련된 의미를 나타내는 형용사이기에 이는 제한적일 수밖에 없는 것과 관련이 있다고 하였다. '-이/의'는 후기 근대한국어에서 이미 그 생산성을 인정받기 힘들며, 현대한국어에서도 생산성을 발휘하지 못하며, 접미사 '-이, -기'에 의하여 수용통합되는 변천을 겪게 된다. '므긔'와 같은 일부 파생어는 '무게'와 같은 형태로 어휘화하는 등 일련의 변화를 겪게 되었다(조일규 1997: 111).

제 4 장

동사파생

4.1. 문제의 제시

근대한국어의 동사파생접미사 역시 명사나 어근, 동사어간, 형용사어간, 부사, 파생어간, 합성어간 등을 어기로 하여 동사파생을 이루고 있다. 대표적으로 허웅(1995), 강은국(1995), 기주연(1994), 구본관(1998) 등 논의에서 동사파생접미사를 분류를 하고 목록을 제시하고 있다.[98] 이 책의 대상이 후기 근대한국어이므로 이 장에서는 일단 기주연(1994)을 따르기로 한다. 기주연(1994: 193~224)에서는 파생동사를 형성하는 접미사로 사동, 피동, 강세형, 형용사의 동사화, -ᄒ-류 등으로 나누어 동사파생을 다루고 있다.

이 장에서는 근대한국어 시기에 비교적 생산적이고 대표적인 동사파

---

98) 허웅(1995: 150~222), 구본관(1998: 223~246) 참조. 이 두 책에서는 중세한국어 동사파생접미사를 대상으로 분류하였다. 강은국(1995)은 15~19세기까지의 접미사에 대한 통시적 연구를 통하여 접미사를 다음의 네 가지로 분류하였다. ㉠ '되풀이됨'의 뜻을 나타내는 접미사(-거리-, -이-), ㉡ '강조'의 뜻을 나타내는 접미사(-티-, -치- 등). ㉢ '시킴'의 뜻을 나타내는 접미사(-이-, -히-, -오/우- 등). ㉣ '당함'의 뜻을 나타내는 접미사(-이-, -히-, -기- 등).

생접미사에 대하여 살펴보기로 한다. 즉 사·피동사파생접미사에 의한 파생, 동사화접미사 '-거리-'에 의한 파생, 동사화접미사 '-더-'에 의한 파생, 동사화접미사 '-이-'에 의한 파생, 그리고 강세접미사 '-티/치-' '-완/왓-'에 의한 파생도 같이 다루기로 한다.

4.2. 대표적인 동사파생접미사에 의한 파생

4.2.1. 사동사파생

사동사를 파생시키는 파생접미사는 그 선행 성분이 모두 동사나 형용사어간이라는 특징이 있다. 동작성이나 상태성을 기본의미로 가지고 있는 용언어간에 사동파생접미사 '-이-, -히-, -리-, -기-, -오/우-' 등이 결합되어 사동동사를 파생시킨다. 사동파생접미사는 동사어간에 결합하면 사동성을 가지며 형성된 사동사는 모두 타동사가 되고 형용사어간에 결합하면 원래 형용사는 동사화하여 타동사가 되며 사동성을 갖는다. 그러면 번역필사본에서 사동파생접미사 '-이-, -히-, -리-, -기-, -오/우-'가 결합되어 형성된 사동사들을 검토함으로써 후기 근대한국어 시기에 이 사동파생접미사들은 어떤 기능과 의미를 갖는가를 살펴보기로 한다.

① '-이-'에 의한 파생

'-이-'는 근대한국어 시기에 비교적 생산적인 사동파생접미사이다. 주로 동사어간에 결합하여 사동의미를 나타내는 동사를 파생시키는데 일부 형용사어간에도 결합하여 사동의미를 나타내는 동사를 파생시킨다. 파생된 동사는 모두 타동사가 된다. 후기 근대한국어 시기에 사동파생접미사 '-이-'와 결합하는 어기 말음은 모음이 대부분이며 'ㄱ, ㄹ, ㅎ'로도 나타난다.

> (1) 길니-: 져머셔브터 어더 양을 **길니니** [牧] <西江 西漢 2:45>
>   민돌니이-: 줌이지쇽을 **민돌니이고** [造] <彙言 公私見聞 3:95>
>   킈이-: 약 **킈이고** 도를 フ ᄅ치니 [採] <완월 14:31>

(1)의 예들은 타동사어간을 어기로 취하는 경우인데 타동사어간에 '-이-'가 붙어서 사동사가 된 것이다. 번역필사본에서 '-이-'와 결합하는 어기의 말음은 모음이나 'ㄹ'이다.[99]

'길니-'는 동사어간 '기르-/기르-'의 불규칙 변화형 '길ㄹ-'에 사동접미사 '-이-'가 결합되어 형성된 것이다. 여기서 '길리-'가 '길니-'로 나타나는 것은 근대한국어 시기 표기법의 한 특징을 드러낸 것이다. 근대한국어 시기 표기법에서 어중의 'ㄹ ㄹ'은 대개 'ㄹ ㄴ'로 표기되는 경향이 있었다(진실노, 흘너가다). '길니-'가 사동의 의미를 갖고 있음은 다음의 번역필사본의 예문을 통해서 알 수 있다.

> (2) ㄱ. 길니-: 다른 아희는 다 ᄆᆞ올 사롬의 짓 ᄌᆞ식이어니와 홀로 나는
>   왕샤당이 져머셔브터어더 양을 **길니니** 이러므로 날을 업
>   슈이 너기는디라 [各小童皆是人家親生之子, 獨我乃王社 長
>   從小雇覓牧羊.] <西江 西漢 2:45>

> ㄴ. 민돌니이-: 대개 뉴공의 슉뷔쟝ᄎᆞᆺ 녀혼을 힝ᄒᆞ랴 홀시 쟝인을 블
>   너 줌이지쇽을 **민돌니이고** 뉴공을 명ᄒᆞ야 보라 ᄒᆞ니

---

[99] 송철의(1992/2008)에서는 현대한국어에서 사동파생접미사 '-이-'와 결합하는 어기의 말음은 모음이나 'ㄱ, ㄹ' 등이 대부분이며, 'ㄴ, ㅁ, ㅅ' 등인 경우는 발견되지 않는 다고 하였는데 이 점은 번역필사본에서도 마찬가지이며 후기 근대한국어에서도 비슷한 것으로 보인다. 번역필사본에서 사동파생접미사 '-이-'가 타동사어간을 어기로 하는 경우에는 어간 말음이 모음이거나 'ㄹ' 이다.

뉴공이 그 명을 공경호야 감히 쩌나디 못호미니 [蓋柳
公叔父,將行女婚, 召匠造簪珥之屬, 而命柳公監之, 柳公
敬其命不敢離也.] <彙言 公私見聞 3:95>

　　ㄷ. 키이-: 여러 데즈를 다 부모 동긔도 모로는 가온더 후려 오미 아
　　　　　　니면 위력으로 뜻을 아스 약 **키이고** 도를 ᄀᄅ치니<완월
　　　　　　14:31>
　　　ㄷ. 진군이 모든 시녀로 더브러 넌지의 농쥬롤 찌오고 마롬을 **키
　　　　이며** 창낭가롤 브르며 치련곡을 식이니 <벽허담 13:44>

　(2ㄱ)에서 '길니니'는 '기르게 하니'의 의미로 해석할 수 있다. 즉 중국
어 원문에서 '雇覓牧羊'은 '나를 데려다가(고용하여) 양을 기르게 하다'로
번역할 수 있는데 이때 '길니-'는 사동의 의미를 지닌다.
　(2ㄴ)에서 '민돌니이-'는 타동사어간 '민돌-'에 사동파생접미사 '-이-(>-
리-)'가 결합하여 '민돌니-'가 형성되고 '민돌니-'에 다시 사동파생접미사
'-이-'가 2차적으로 결합하여 '민돌니이-'가 형성되었다. '민돌-'은 근대
한국어 시기에 다양한 모습으로 표기되어 '민달-/민들-, 밍굴-/밍글-/밍
ᄀ-/밍그-'등으로 나타나는데 여기서 '민달-', '밍굴-'류는 쌍형어 관계라
고 보아야 할 것이다. 사동파생이 '민돌니이-'는 '만들게 하다'의 의미이
다. '민돌니이-'가 사동의 의미를 갖고 있음은 (2ㄴ)의 번역필사본의 예
문을 통해서 알 수 있다. (2ㄴ)의 중국어 원문을 보면 "召匠造簪珥之屬"라
고 쓰인 부분이 있는데 이는 '장인을 불러 줌이지쏙100)을 만들게 하시고'
의 의미이다. 즉 '민돌니이-'는 타동사어간 '민돌-'에 사동파생접미사 '-이-'
가 중복 결합하여 형성된 사동파생어이다.
　(2ㄷ)의 '키이-'도 역시 타동사어간 '키-'에 사동파생접미사 '-이-'가
결합하여 '키이-'로 된 것이다. '키이-'는 '캐게 하다'라는 사동의미를 가

─────────────
100) '줌이지쏙'은 '비녀와 귀고리' 등을 가리킨다.

진다.

> (3) 놀나이-: 물이 ᄇ야ᄒ로 놀나거늘 븍소리로 **놀나이고** [驚]
>   <古百 2:4b>
>   누이-: 긔롤 들매 ᄇ람이 되고 **누이매** 비 되니 [僞] <古眞 5-1:15>
>   말누이-: 물의 부어 엉권 후 녀야 **말누여** [晾乾] <鏡花 7:48>

(3)의 예들은 자동사어간을 어기로 취하는 경우인데 '-이-'가 결합하여 사동사를 파생시킨다. 이 경우에 '-이-'와 결합하는 어기의 말음은 모음이거나 자음 'ㅂ'이다. 중세, 근대한국어에서는 어기의 말음이 'ㄹ'인 경우도 나타난다('울- + -이-> 울이->울리-').

'놀나이-'는 이표기 '놀내-/놀ᄂᆡ-'를 갖는데 자동사어간 '놀나-'를[101) 어기로 취하여 사동파생접미사 '-이-'가 결합되어 사동파생을 이루었다. 번역필사본에서 사동의 의미로 '놀ᄂᆡ이-'도 나타나는데 이는 '놀ᄂᆡ-'에 다시 '-이-'가 결합되어 2차 사동파생을 형성한 것으로 볼 수 있다.

> (4) 놀ᄂᆡ이-: 나는 본러 맛당히 죽을 사ᄅᆞ이어눌 엇지ᄒ여 치쥬는 이 ᄀᆞ
>   치 우뎌ᄒᆞ느요 웅위 이ᄅᆞ뎌 ᄂᆡ 은인을 **놀ᄂᆡ여시니** 너가 맛
>   당히 만 번이나 죽을이로다. ["我本該死的人,爲何寨 主優待?"
>   熊威說:"我驚嚇着恩公,我就該萬死."] <忠小 24:10>

이와 같이 번역필사본에서는 사동접미사 중복 결합이 아주 보편적인 듯하다. 1차 사동파생 '놀나이-'와 2차 사동파생 '놀ᄂᆡ이-'사이의 사동의 의미 차이나 사동의 정도 차이는 거의 없는 듯하다. 다만 번역을 함에

---

101) '놀나이-'에서 표기상 '놀내-'가 아니라 '놀나이-'로 나타난데 비추어 '놀납-'을 어기로 볼 가능성도 제기된다. 이렇게 되면 파생형용사어간 '놀납-'을 어기로 취하여 사동파생을 형성한 것으로 되는데 번역필사본에서 '놀내-/놀ᄂᆡ-'의 이표기도 함께 나타나므로 자동사어간 '놀나-'를 어기로 본다.

있어서 사동의 의미를 강조하기 위한 것이 아닌가 싶다.

(4)에서 '니 은인을 놀니여시니'라는 구절과 대응되는 중국어 원문은 "我驚嚇着恩公"인데 중국어에서도 역시 '驚嚇着'는 사동의 의미로 쓰였다. 즉 사동주는 '니(나)'이고 사동을 받는 대상은 '은인(은공)'이다.

> (5) ㄱ.누이-: 긔롤 들매 ㅂ람이 되고 **누이**매 비 되니 아홉 디 종묘롤 믈
> 쓰려 쓰레질ᄒᆞ야 틧글을 업시ᄒᆞ도다.
> [擧旗爲風偃爲雨, 洒掃九廟無塵埃.] <古眞 5-1:15>
>
> cf. 누히-: 너로고 셔어훈 당즁의 존괴 긔절 ᄒᆞ엿거늘 황망히 나아가
> 붓드러 **누히**고 수족을 쥐믈오며 약을 써 구호ᄒᆞᆯ시<화츙
> 20:63>

(5ㄱ)에서 '누이-'는 사동의 의미로 쓰이는데 '누이매 비 되니'는 '눕게 하니(쓰러지게 하니)'라는 의미를 나타낸다. 자동사어간 '눕-'을 어기로 하고 거기에 '-이-'가 결합되어 사동파생이 이루어졌는데 '눕- + -이->누이-(ㅂ불규칙, w탈락)'의 음운과정을 거쳐 '누이-'가 된 것이다.

> (6) ㄱ. 말누이-: 송향과 촌빅향을 훔게 녹여 믈의 부어 엉권 후 니야 **말
> 누여** [松香四雨與寸栢香一同鎔化,傾水中,取出晾乾.]
> <鏡花 7:48>
>
> ㄴ. 말뇌오-: 저즌 오슬 버셔 바람의 **말뇌오며** 말도 기르마 벗겨 들ᄒᆞ
> 노하 플블희를 ᄯᅳ더먹게 ᄒᆞ고 조조도 말게 ᄂᆞ려 쉬더니
> [盡皆脱去濕衣,於風頭曬晾,馬皆鞍野放,烟咬草根.]
> <三國 16:66>

(6ㄱ)의 '말누이-'도 사동파생접미사가 중복 결합된 예이다. '마르-'의 불규칙어간 '말르-'에 먼저 사동파생접미사 '-오-'가 결합되어 '말로-(<믈

오-)'가 이루어지고 '오>우'의 모음상승 변화를 입어서 '말루-'가 된 다음, 거기에 다시 '-이-'가 붙어 2차 사동파생 '말루이-'가 형성되었는데 '말누이-'로도 표기된다. (6ㄱ)에서 '말누이-'의 의미는 '마르게 하-'의 뜻으로 해석할 수 있으므로 사동의 의미를 지닌다고 할 수 있다.[102]

(6ㄴ)에서 '말뇌오-'는 사동파생접미사가 2차 결합하여 형성된 '말노이-'의 어간을 어기로 취하여 재차 사동파생접미사 '-오-'가 결합하여 이루어진 것이다. 이처럼 번역필사본에서는 사동파생접미사가 2차, 3차 중복결합한 경우가 많다. 이때 중복결합으로 파생된 사동사는 사동의 의미나 정도 차이는 분별하기 어려우나 문장의 표현력을 높이거나 강조의 의미를 나타내는 데 일정한 기능이 있었으리라 짐작된다.

(7) 눅이-: 원외 ᄆᆞᄋᆞᆷ을 **눅이**시고 [寬] <서울대 忠義水滸 22:3a>
　　뮈이-: 감히 이 사람을 **뮈이**지 못ᄒᆞ나니 [惡] <이대 水滸 32:11a>

(7)은 형용사어간을 어기로 취하여 거기에 '-이-'가 결합하여 사동의 의미를 갖게 하는 예이다. 이 경우 어간말음이 'ㄱ, ㅂ'인 예를 볼 수 있다.

(8) ㄱ. 오용이 니러나며 닐오ᄃᆡ 원외 ᄆᆞᄋᆞᆷ을 **눅이**시고 잠간 안자겨쇼셔
　　　[吳用隨卽起身說道:"員外寬心少坐."] <서울대 忠義水滸 22:3a>

　　ㄴ. 만일 쥬육을 너의게 파라 먹게 ᄒᆞ면 우리 점을 회분을 민달니라
　　　ᄒᆞ니 감히 이사람을 **뮈이**지 못ᄒᆞ나니
　　　[……, 我這里却是不敢惡他] <이대 水滸 32:11a>

(8ㄱ)의 '눅이-'는 형용사어간 '눅-'에 '-이-'가 결합되어 사동사 '눅이-'

---

102) '말누여' 같은 경우는 '말뉘-'의 활용형으로 볼 수도 있을 것 같은데(말뉘- + -어>말노여, 활음화), 일단 여기에서는 자음어미 앞의 활용형을 문증할 수 없으므로 유보해둔다.

를 형성하였다. 형용사 '눅다'는 '누긋하다', '메마르지 않고 좀 눅눅하다'
의 의미를 갖는다. 형용사어간 '눅-'을 어기로 하여 사동파생접미사 '-이-'
가 결합되어 사동파생 '눅이-'를 형성하였다. 이때 형용사 '눅다'는 동사
화하여 사동의 의미를 나타내는 동사 '눅이-'가 되었다. 사동사 '눅이-'는
타동사가 되며 '누구러뜨리다, 늦추다'의 의미를 나타낸다.

(8ㄴ)의 '뮈이-'는 형용사어간 '밉-'에 '-이-'가 결합한 것으로 보는데
'밉- + -이->믜이->뮈이-'의 음운변화를 거쳤다. 사동접미사 '-이-' 앞
에서 'ㅂ(ㅸ)'이 탈락하고 순음 'ㅁ'아래서 'ㅢ>ㅟ'의 변화, 즉 원순모음화
를 겪은 결과이다.

이와 같이 번역필사본 예문을 통해서 '-이-' 사동파생접미사는 후기
근대한국어 시기에 일부 형용사어간을 어기로 취하여 사동파생을 이루
며 예는 많지 않지만 그 어기인 형용사어간의 말음은 대체로 'ㄱ, ㅂ'이
었다.

　(9) 벼슬ㅎ이-: 조정의 불너다가 **벼슬ㅎ이기**롤 기다리노라 [做官人]
　　　　　〈이대 水滸 40:1b〉
　　상ㅎ이-: 셰주의 ㅁ옴을 **상ㅎ이디** 말고져 [傷] 〈朝記 辛巳獄事 20:27〉
　　토ㅎ이-: 뎐광이 오리더 낫지 아니커든 삼셩산으로 **토ㅎ이고** [吐]
　　　　　〈東醫 3:59a〉
　　홍졍ㅎ이-: 비록 글ㅎ는 션비와 별술 노픈 진샹도 다 홍졍ㅎ이기를
　　　　　일삼더라 〈朝天錄 51〉

(9)의 예들은 명사 또는 어근(한자어 포함)을 어기로 하여 거기에 '-ㅎ-'
가 결합하여 1차적으로 'ㅎ다'형 파생동사를 이루고, 다시 '-ㅎ-'파생동
사의 어간을 어기로 하여 사동파생접미사 '-이-'가 결합되어 '-ㅎ이(히)-'
형과 같은 사동파생을 이루었다.[103] 여기서 어기가 되는 '벼슬, 홍졍'은
고유어명사이며, '샹(傷), 토(吐)'는 한자어어근이다. '벼슬ㅎ이다'는 '벼슬시

키다'를 뜻하고, '샹히이-'는 '상하게 하다'를 뜻한다. '홍졍히이-'는 '홍졍시키다(홍졍하게 하다)'를 뜻하며, '토히이-'는 '토하게 하다'를 뜻한다. 다음은 한자어어근을 어기로 취하여 '-히이-' 사동파생을 형성한 '샹히이-'와 '토히이-'의 예문을 통해서 '-이-'사동파생의 사동의 의미를 파악해보기로 한다.

(10) ㄱ. 샹히이-: 그윽이 혜아리면 셰ᄌᆞ의 ᄆᆞ옴을 **샹히이디** 말고져 ᄒᆞ심 ᄀᆞᆺ투니
　　　　　[以今日窃揆之, 安知其不欲以傷世子之心也.] <朝記 辛巳 獄事 20:27>

ㄴ. 토히이-: 뎐광이 오러디 낫지 아니커든 삼셩산으로 **토히이고** 그 후의 삼승긔탕을 ᄡᅥ 크게 ᄂᆞ리오라
　　　　　[癲狂久不愈, 三聖散吐之, 用三承氣湯大下之.] <東醫 3:59a>

(10ㄱ)은 '셰ᄌᆞ의 ᄆᆞ옴을 샹ᄒᆞ게 하지 말고져', (10ㄴ)은 '삼셩산으로 그것을 토하게 하고'로 해석할 수 있는데 사역주와 사역의 대상이 명확하다. 즉 '샹히이-'와 '토히이-'는 문장에서 사동사로 쓰이었음을 알 수 있다. '샹히-'는 '샹히이-'로도 나타나는 데 이것은 '샹히-' 사동파생어간을 어기로 하여 다시 '-이-'사동파생접미사가 2차적으로 결합하여 형성된 사동파생어이다. 이런 중복결합은 후기 근대한국어에 흔히 있는 현상이며 또한 후기 근대한국어 시기 사동파생의 특징이기도 하다.

---

103) 이광호(2004: 187)에서는 'ᄒᆞ다(爲)'에 사동접미사 '-이-'가 붙어 '히-(히이- > 히-)가 형성된 과정을 설명하면서 'ᄒᆞ다'를 본동사로 보고 이것에 사동파생접미사 '-오-'가 연결된 '히오-'가 있는데 '히-'와 '히오-'의 차이는 쉽게 설명할 수 없는듯하다고 하였다. '-ᄒᆞ-'에 대한 연구는 아주 이른 시기부터 학자들에 다양하게 연구를 진행해왔는데 주로 서정수(1975)를 참고할 수 있다. 이 책에서는 일단 '-ᄒᆞ-'를 1차적 파생으로 보고 다시 '-이-'가 연결되어 형성된 2차적 사동파생으로 설명하려고 한다.

② '-히-'에 의한 파생

사동파생접미사 '-히-'는 현대한국어에서 그 어기인 동사어간의 말음이 자음인 경우에만 결합되는 제약성이 있는데 주로 'ㅂ, ㅈ'인 경우에 결합한다. 번역필사본에서 '-히-'사동 파생은 '-이-'사동파생에 비해 아주 비생산적인데 어기말음은 'ㄱ, ㄹ, ㅂ'이다. 그 중에서는 그래도 어기 말음이 'ㄹ'인 경우가 많은 편이다. 번역필사본에서 어기말음이 'ㄹ'인 '늘히-'가 나타나는데 이는 '늘이-'와 함께 쓰이고 있다. 이와 같은 현상은 중세한국어에서 '울-'의 사동파생으로 '울이-'로 쓰이던 것이 근대한국어에서 '울히-'로 나타나는 것과 맥락을 같이 하는 것이다. 'ㄹ'과 모음 사이에서 'ㅎ'이 잘 탈락되는 현상 때문에 과도교정이 일종으로서 'ㅎ'이 첨가된 듯하다.

(11) ㄱ. 잡히-: 쏘 드르니 관가의셔 가속을 **잡히려** 혼다 ᄒ매 [拿]
　　　　　　〈隋史遺文 2:68〉

　　ㄴ. 늘히-: 원비롤 **늘히여** 경권을 마샹의셔 활탹ᄒ니 [舒]
　　　　　　〈南宋 4:75〉 cf. 늘회-
　　　늙히-: 진병을 **늙히고져** ᄒ거놀 [老] 〈通鑑 東晉 8:8〉

　　ㄷ. 눅히-: 박정이도 노흘 잡아 날회여 **눅히고** [緩]
　　　　　　〈後水滸 7:36〉
　　　맑히-: 조졍을 **맑히고** 천하를 편케 ᄒ리라 [淸] 〈毛三國 1:32〉
　　　븕히-: 쳥컨대 유ᄉ의 맛뎌 그 죄롤 **븕혀디이다** [明]
　　　　　　〈朝記 己卯士禍 5:106〉

(11ㄱ)은 타동사어간 어기에 '-히-' 사동파생접미사가 결합되어 형성된 파생어이며 (11ㄴ)은 자동사어간이 어기인 경우이고 (11ㄷ)은 형용사

어간이 어기인 경우이다.

> (12) 잡히-: 쏘 드르니 관가의셔 가쇽을 **잡히려** 흐다 흐매 신령긔 빌며
>   뎜흐는디 무르디 죵시 도라오디 아니니 [又常聞得官府要拏家
>   屬, 又不知生死存亡,求籤問卜, 越望越不回來.] <隋史遺文 2:68>

(12)의 '잡히-'는 타동사어간 '잡-'을 어기로 하여 거기에 사동파생접미사 '-히-'가 결합하여 형성된 것이다. '잡히-'는 그 어기인 동사어간의 말음이 'ㅂ'이다. (12)에서 중국어 원문을 보면 "聞得官府要拏家屬"으로 되어 있는데 번역문의 '잡히려 흐다'에 대응되는 부분의 의미는 '잡게 하려고 한다' 정도로 해석할 수 있다. 따라서 '잡히-'는 '잡게 하다'의 뜻으로 사동의 의미를 나타낸다고 할 수 있다.

> (13) ㄱ. 늘히-: 원복이 물을 두로혀며 원비롤 **늘히여** 경권을 마샹의셔 활
>   탹흐니 [元福引入陣中,按住刀,輕舒猿臂活捉敬權於馬上.]
>   <南宋 4:75>
>   cf. 늘희-: 권 부리를 **늘희고** 숑곳갓치 쑈쪽흔 머리로 물비암을
>   집어 마시려 흐니 [伸着一個長嘴,與一把尖頭鐵钳子相
>   似,徑來吃這水蛇.] <啓明大 西遊 2:83>
>
> ㄴ. 늙히-: 셕이 견의 슈양의 와시믈 듯고 심히 두려 구지 딕히고 진
>   병을 **늙히고져** 흐거놀 샤담이 フ장 권흐야 셔의 말을 조
>   츠라 흐다
>   [石聞堅在壽陽,甚懼,欲不戰以老秦師.謝琰勸石從序言.]
>   <通鑑 東晉 8:8>

(13ㄱ)의 '늘히-'는 '舒'와 대응되고 '늘희-'는 '伸'에 대응된다. 모두 '늘이다, 본래보다 더 길게(늘게) 하다'의 사동의 의미를 지닌다. 자동사어간 '늘-'에 '-히-'가 붙어서 사동파생을 이룬 것이다. 이들은 '늘이-, 느리-,

느릐-'로도 나타나는데 이것은 '-히-'와 '-이-'가 모두 사동의 기능을 하여 함께 쓰이었다고 할 수 있다.

(13ㄴ)의 '늙히-'는 자동사어간 '늙-'에 '-히-'가 붙어 사동파생을 이룬 것인데, 중국어 원문 '老秦師'는 '진병을 늙게 하다' 정도의 의미로 해석할 수 있다.

(14) ㄱ. 눅히-: 박정이도 노흘 잡아 날회여 **눅히고** 무의는 슷츨 가지고
남긔티드라 나모 가지에 노흘 거러 둘의고
[薄情將繩緩放, 巫義便帶着繩頭爬上樹去, 將繩頭穿過樹叉,
爬了下來.] <後水滸 7:36>

ㄴ. 맑히-: 원컨더 정병 오천을 거느려 관을 버히고 안의 드러가 신
군을 셰우고 환관을 버혀 조정을 **맑히고** 천하를 편케 ㅎ
리라 [願借精兵五千, 斬關入內,冊立新君,盡誅閹豎, 掃清朝
廷, 以安天下.] <毛三國 1:32>

ㄷ. 붉히-: 수셰 이 디경의 니르매 가히 한심타 니르리니 쳥컨대 유
수의 맛뎌 그 죄룰 **붉혀디이다** [事勢至此可謂寒心, 請付有
司明正其罪.] <朝記 己卯士禍 5:106>

(14)의 예들은 모두 형용사어간을 어기로 하여 거기에 사동파생접미사 '-히-'가 결합하여 형성된 사동파생어들이다. 이들은 어기인 형용사어간의 말음이 'ㄱ, ㄹ'으로 되어 있다. '눅히-'는 형용사어간 '눅-'에 '-히-'가 결합되어 사동파생을 이루었는데 번역문에서 '늦추게 하고'의 의미를 갖는다. '맑히-'는 형용사어간 '맑-'에 '-히-'가 결합하여 사동파생을 이룬 것인데 번역문에서는 '(조정을) 맑게 하고'의 의미를 갖는다. 이때의 사동접미사는 대체로 '맑다, 밝다'와 같이 상태변화를 보여주는 형용사어간에 붙는 것 같다.

(15) ㄱ. 슈히-: 너가 도로혀 즈지 아니ᄒᆞ느니 마마는 드러와 **슈히라**

　　　　　<紅樓 63:10> [我還沒睡呢,媽媽進來歇歇.] <紅樓 63:10>

　　ㄴ. 자히-: 슉뵈 패지 국쥰으로 더브러 녜ᄒᆞ고 부듕의셔 내여온 믈건
　　　　　을 몰게 시ᄅᆞ니 그 몰이 무거워 허리롤 **자히ᄂᆞᆫ디라**
　　　　　[叔寶與佩之, 國俊見禮, 却把領出來的那些物件, 捎在馬鞍轎傍,
　　　　　馬就壓矬了.] <隋史遺文 4:15>

(15)의 예들은 어기인 동사어간의 말음이 모음인 경우이다. 이들은 '-히-'
사동파생이 어기말음이 모두 자음이라는 음운론적 제약을 위반하는 예
들이다.

(15ㄱ)에서 '슈히-'는 동사어간 '슈(쉬)-'에 사동파생접미사 '-히-'가 결
합하여 사동파생을 이룬 것인데 '쉬게 하다(歇)'라는 사동 의미를 지닌다.
'쉬오-, 쉬우-, 슈이-'로도 나타나는데, 이것은 후기 근대한국어 시기에
'-오-, -우-, -이-, -히-' 등 사동파생접미사들이 같은 어기를 취하기도
하고 서로 중복결합하기도 하면서 사동의 의미를 더욱 강조하는 역할을
하였기 때문이 아닌가 생각된다. 이런 현상은 후기 근대한국어의 사, 피
동파생의 특징이기도 하다.

'자히-'는 '누르게 하다'의 의미로 해석되는데 동사어간 '자-'에 '-히-'
가 붙어 사동파생을 이룬 것 같다. 어기인 '자-'는 기원적으로 '자ㅎ->잫-'
이었지 않을까 추정해본다. 번역문에서는 '말이 무거워 허리를 누르게
하는 지라'로 해석할 수 있다. 만일 '슈히-'와 '자히-'를 사동사로 본다면
후기 근대한국어 시기에 '-히-'사동파생접미사는 어기말음이 모음인 경
우도 음운론적 제약을 크게 받지 않았음을 알 수 있다. (모음간 'ㅎ' 탈락으
로 인한 역표기일 가능성도 제기됨.)

③ '-리-'에 의한 파생

사동파생접미사 '-리-'는 어기의 말음이 'ㄹ'인 경우에만 결합된다는 음운론적 제약을 갖는다. 사동파생접미사 '-리-'는 중세한국어에서는 확인되지 않는다. '-리-'는 근대한국어 시기에 와서 나타난 것이다. 중세한국어에서 '-이-'로 쓰이던 것 중 일부가 '-리-'로 바뀌었다. 즉 동사어간이 'ㄹ'인 경우에 중세한국어에서는 사동접미사 '-이-'가 결합되었었는데 이 경우의 '-이-'가 '-리-'로 교체된 것이다(울이->울리- 등).

중세한국어에서 '울-(泣), 놀-(飛)'로부터 파생된 사동사는 '울- + -이->울이-, 놀- + -이- >놀이-'였다. '제 부플 울이ᄂ다(두시언해 9: 39a)', '새롤 놀이면(월인석보 22:54a)'와 같은 예를 볼 수 있다. 그런데 이 '울이-, 놀이-'가 근대한국어로 오면서 '울리-, 날리-'로 발달하였고 '울리-, 날리-'를 '울- + -리-, 날- + -리-'로 분석하게 되면서 사·피동접미사로서 '-리-'가 등장하게 된 것이다. 그리하여 'ㄹ'로 끝나는 용언어간에 결합되는 사·피동접미사가 '-이-'에서 '-리-'로 교체된 셈이 된 것이다. 번역필사본에서 '-리-'사동파생의 예가 많지 않은바 후기 근대한국어에서 '-리-' 사동파생은 그리 생산적이지 못했다고 할 수 있다.

> (16) 눌니-: 셰인이 다 흐리거든 엇디 그 즌흙을 굴흥고 그 믈결을 **눌니** **지** 아니ᄒ며 듕인이 다 췌커든 엇지 그 직강을 먹으며 묽은 술을 마시지 아니ᄒ고 [飛] <古百 10:3a>
>   cf. 날니-, 눌리-, 날이-, 눌이-

(16)에서 '눌니-'는 '눌이-'로도 나타나는데 '눌-'은 어간말음이 'ㄹ'이다. 동사어간 '눌-'에 '-리-'가 붙어 사동사 '눌리-'가 형성되었다고 할 수 있다.

④ '-기-'에 의한 파생

대체로 동사어간 말음이 'ㅅ, ㄷ, ㅁ(ㄹㅁ)'인 경우에 사동파생접미사 '-기-'가 결합되어 사동사를 파생시키고 있다. 접미사 '-기-'는 중세한국어 시기에도 근대한국어 시기와 마찬가지로 사동접미사로 쓰였는데(허웅 1975: 160~161) 통시적으로 '-기-'에 의한 사동파생은 '-이-'에 비해 비생산적인 것이었다(기주연 1994: 198).

> (17) 품기-: 딕시 거즛말을 내딕 한즁으로 냥식을 마자 오렷노라ᄒ고 ᄀ
> 마니인을 **品겨** 방두로 보내니
> [施宣言使督護何融迎糧, 陰令懷爾送於枋頭.] <通鑑 東晋 6:22>
>
> cf. 품기-: 가치 아니ᄒ이다 이 사ᄅᆞᆷ이 산야 쵼뷔 아니라 신이 보
> 니 경눈딕지 **品겻는지라**
> [不可不可. 臣觀此人固村落牧夫, 實抱經綸大器.]
> <春秋列國 5:41>

(17)의 '품기-'는 타동사어간 '품-'을 어기로 하여 거기에 사동파생접미사 '-기-'가 결합하여 사동파생을 이루었다. 예문에서 '품겨'는 중국어 원문의 '令懷'에 대응되는데 중국어의 '令'은 전형적으로 사역의 의미를 나타내는 '허사(虛飼)'이다.

참조로 제시한 예문은 '품기-'가 피동의 의미로 쓰인 경우인데, 중국어 원문에서 "實抱經綸大器" 부분은 '신이 보니 경눈딕지 **品겻는지라**'에 대응되는데, '실제로 경눈딕지가 갓추어지었는지라'의 뜻으로 해석할 수 있다. 이처럼 번역필사본에서 '품기-'는 사동의 의미로도 쓰이고 피동의 의미로도 쓰이기도 하였다.

⑤ '-오/우-'에 의한 파생

사동파생접미사 '-오/우-'는 동사어간에 결합하여 사동사를 파생시키는데 근대한국어 시기 '-이-'와 함께 가장 생산적인 접미사이다. '-오/우-'는 '-호/후-, -고/구-, -초/추-'등의 변이형태를 가지며 또한, 사동접미사 중복결합이라고 할 수 있는 'ㅣ오-/ㅣ우-'로도 나타난다. 근대한국어에서는 같은 음성실현에도 다양한 표기를 하는 표기법상 특징이 있기에 음운의 변화를 일괄하여 설명하기 어렵다. 번역필사본에서는 이 경우 어기 말음은 대체로 모음이나 자음 'ㄹ'이다. 현대한국어에서는 사동접미사 '-오/우-'가 결합하는 동사어간 말음은 모음이나 자음 'ㄲ, ㄷ, ㄹ, ㅁ, ㅅ' 등으로 비교적 다양하다.

> (18) 간지리오-: 어즈러이 **간지리오면** 능히 견딀가 시부냐 [撽]
>   <鏡花 20:58>
>   느리우-: 비 돗쩌롤 **느리우라** 언미필의 활줄이 [下] <毛三國 8:55>
>   나류우-: 부즈를 사로줍아 **나류우니** [下] <毛三國 3:47>
>   마시우-: 말을 **마시우며** 밥을 짓눈지라 [飮] <국도관 三國 14:152 -89>
>   말뇌오-: 저즌 옷을 버셔 바람의 **말뇌오며** [乾] <三國 16:66>
>   말유우-: **말유워** 다시 담기롤 쉽여 츠롤 혼 후의 [晒乾]
>   <毛三國 15:12>
>   망히오-: 하눌이 딘을 **망히오디** 아니랴 [亡] <古列女 2:8>
>   쯰오-: 이 근심 닛는 거시 **쯰오니** [泛] <古眞 2:9>
>   샹히오-: 선데의 붉으시몰 **샹히올가** [傷] <古百 2:34b>
>   cf. 샹히이-

(18)의 예들은 타동사어간을 어기로 하고 거기에 사동파생접미사 '-오/우-'가 결합되어 형성된 사동파생어들이다. 이 경우 번역필사본에서는 어기인 동사어간의 말음은 대체로 모음이다. '쯰오-'는 동사어간 '뜨-'에

'-ㅣ오'사동파생접미사가 결합된 것이라 할 수 있는데 음절 축약을 이루었다(ᄠᅳ이오->ᄠᅧ오-). '망히오-'와 '샹히오-'는 'ᄒ-'파생동사인 '망ᄒ-', '샹ᄒ-'에 '-ㅣ오/ㅣ우-'가 결합하여 사동파생을 이룬 것이다. '느리우-, 나류우-, 말뇌오-, 말유우-'는 모두 사동파생접미사 중복결합이다. '간지릐오-('간지라-'와 공존)'는 타동사어간 '간질-'에 사동접미사 '-이오-'가 결합하여 형성된 것이다. 사동파생접미사의 중복결합은 후기 근대한국어 사동파생의 특징이기도 하다. 이때 나타나는 사동의 의미와 정도차이는 심하지 않지만 번역필사본에서는 대부분 문헌이 소설이기에 문장의 표현력을 높이고 강조의 의미를 나타내기 위한 수법으로 사동파생접미사의 중복결합 현상이 나타났던 것 같다.

(19) 샹히오-: 명을 바다 **뻐** 오므로 슉야의 우탄ᄒ야 부탁ᄒ시믈 본밧지
    못ᄒ야 **뻐** 션졔의 붉으시믈 **샹히올가** 저허ᄒ는 고로 오월
    의 노슈룰 건너 깁히 블모의 드러가더니 [受命以來, 夙夜憂
    慮, 恐付託不效, 以傷先帝之明; 故五月渡瀘, 深入不毛.]
    <古百 2:34b>

  cf. 샹히이-: 그윽이 혜아리면 셰주의 ᄆᆞ음을 **샹히이디** 말고져 ᄒ심
    ᄀᆞᆺᄐ니 [以今日竊揆之, 安知其不欲以傷世子之心也.]
    <朝記 辛巳獄事 20:27>

(19)의 '샹히오-'와 '샹히이-'는 파생동사어간 '샹ᄒ-'에 각각 사동파생접미사의 중복결합인 '-ㅣ오'와 '-ㅣ이'가 결합되어 형성된 사동파생어이다.

(20) 메오-: 그린 후의 흙을 **메오면** 이 해롤 가히 업시ᄒ리라 [塡充]
    <開闢 3:85>
    cf. 메우-(사동), 메이-(피동), 메-(기본형)
    물이오-: 죡히 더젹을 **물이오면** [退] <毛三國 2:81>

뼈디우-: 화포롤 뼈디워 군스롤 만히 샹히와시니 [打] <三國 24:41>

(20)의 예들은 자동사어간을 어기로 하고 거기에 사동접미사 '-오/우-'가 결합되어 형성된 사동파생어이다. '메오-'는 '메우-'로도 나타나는 데 자동사어간 '메-'에 '-오/우-'가 붙어 사동파생을 이루었다. '메-'는 현대 한국어에서 '메-'로 단모음화 되었는데 '(뚫려 있거나 비어 있던 곳이) 묻히거나 막히다'의 뜻이다. '메오-'는 '메꾸다 채우다'의 뜻으로 중국어 원문에서 '塡充'으로 쓰이었는데 사동의 의미를 나타낸다. 아래의 (21ㄱ)의 예문에서 확인할 수 있다. 또한 '메-'는 피동파생접미사 '-이-'와 결합하여 '메이-' 피동파생을 이루기도 하는데 '메이다, 막히다'의 뜻을 갖는다. '메이-'의 피동의 의미는 (21ㄴ)의 예문에서 확인할 수 있다.

(21) ㄱ. 메오-: 너히 무른 플을 가져 블을 븟텨 굿 속의 ᄂᆞ리텨 블디ᄅᆞ고 그린 후의 흙을 **메오면** 이 해롤 가히 업시ᄒᆞ리라 [汝等將乾草點火, 丟下窟內燒之, 然後用土塡充.] <開闢 3:85>

ㄴ. 메이-: 밍지 골ᄋ샤디 나는 나의 호연ᄒᆞᆫ 긔운을 잘 기ᄅᆞ노라 ᄒᆞ시니 이제 그 문쟝을 보니 관후ᄒᆞ고 굉박ᄒᆞ야 텬디 스이의 **메이며** 그 긔운 쇼대의 맛ᄌᆞ고 [孟子曰: '我善養吾浩然之氣.' 今觀其文章, 寬厚宏博, 充乎天地之間, 稱其氣之小大.] <古百 5:52b>

(21ㄱ)과 (21ㄴ)에서 보다시피 '메오-' 사동파생과 '메이-' 피동파생이 모두 이루어졌다. 번역필사본에서는 사동접미사와 피동접미사는 동일어기를 공유하는 현상을 많이 볼 수 있다. 후기 근대한국어 시기 사·피동접미사는 명확한 음운·형태론적 제약을 받지 않으며 두루 같이 쓰이기도 하고 중복결합을 하기도 하면서 다양한 형태의 사·피동 파생을 이루기

도 한다. 파생된 사·피동 파생어의 의미와 기능은 문장 속에서 구체적으로 나타내는 의미와 기능을 보고 파악해야 될 경우가 많다.

(22) ㄱ. 낫호-: 닉 죽어 닉 아들노 츙셩을 **낫홈만** 갓지 못ᄒ다 [竭力]
　　　　　　　＜東漢 1:65＞
　　　cf. 나초-: 만니 **낫초와도** 져긔 나초지 안타 [讓]
　　　　　　　＜你呢貴姓 28a＞
　　　늣츄-: ᄯ 급급ᄒᆫ 일을 **늣츄게** ᄒ미 아니리잇가 [緩]
　　　　　　　＜忠俠 16:63＞

　　ㄴ. 갓초오-: 거믄 소와 흰 말 졔물을 **갓초오고** [備] ＜毛三國 1:7＞
　　　cf. 갓쵸오-: 세 벌 례믈을 **갓쵸와** [備] ＜紅復 25:39＞
　　　낫호오-: 님군 쇽인 죄롤 **낫호와** 목을 버히면 엇지ᄒ리오
　　　　　　　[說(말하다, 나타내다)] ＜禪眞 4:34＞
　　　cf. 나초오-: 맛당이 마임을 **나초와** [降] ＜毛三國 6:6＞

(22)는 사동접미사 '-호/후-'에 의한 사동파생어들이다. '-호/후-'는 동사어간 말음이 'ㅈ'인 경우에만 결합되는 제약을 갖는다. 중세한국어 시기에는 '나토다(現) (月印釋譜序6)'에서와 같이 'ㄷ' 말음 어간과 결합하기도 하였다(기주연 1994: 201). 번역필사본에서도 '-호/후-'는 어기 말음이 'ㅈ'인 경우만 발견된다. 그런데 '낫호-', '늣츄-'는 어기인 용언어간이 형용사 '낫(낮)-', '늣(늦)-'인 것으로 보아 '-호/후-'는 동사어간, 형용사어간을 모두 어기로 취할 수 있음을 알 수 있다. '낫호-'와 '나초-'의 이표기는 근대한국어 시기 표기법상 특징으로 인한 것이다. (22ㄴ)의 예들은 '-호/후-'에 의해 형성된 사동파생어가 다시 파생어어간을 어기로 하여 사동접미사 '-오/우-'가 2차적으로 결합하여 사동파생을 이룬 것이다.104) 이와

---

104) '갓쵸와'는 '갓쵸오- + -아 >갓쵸와'로 볼 수도 있고, '갓쵸- + -아 > 갓쵸w아 > 갓쵸와'로 볼 수도 있다. 후자와 같이 본다면 이것은 반모음w첨가 현상이라고 할 수

같은 현상은 '-호/후-'의 사동파생에서도 흔히 나타나는 현상이며 후기 근대한국어 시기 '-오/우-'계열의 사동파생 특징이기도 하다.

> (23) ㄱ.105) 먹구-: 이 리력을 **먹귀** 노흐면 러일의 니 은ᄌ롤 다라 보너리
> 　　　　　라 ᄒ라 [就把這履歷**塡**上.明日我來兌銀子送過去.]
> 　　　　　　　　<紅樓 13:38>
>
> 　　ㄴ. 멸고-: [塡] <家諺七24>
> 　　　　솟고-: [聳] <杜重十四9>
>
> 　　ㄷ. 들추-: 눔의 허믈 **들추디** 말라 [別揭短] <譯解下49>

(23ㄱ) 의 '먹구-'는 '-구-'에 의한 사동파생의 예이다. 번역필사본에서 '-고/구-'와 '-초/추'의 예를 하나밖에 찾지 못해서 근대한국어 시기 파생법을 다른 기주연(1994: 202)의 예를 (23ㄴ)과 (23ㄷ)과 같이 참고로 보충 제시했다. '-고/구-'는 중세한국어에서도 확인되지만 근대한국어에서도 매우 드물게나마 나타나고 있다. '-초/추-'는 근대한국어 시기에 와서 비롯된 사동접미사인데 예가 매우 드물다.

이와 같이 번역필사본의 예들을 통해서 '-오/우-'계열의 사동파생을 검토해보았는데 후기 근대한국어 시기에 '-오/우-' 사동접미사는 아주 생산적인 접미사였으며 결합하는 어기말음이 모음인 경우가 가장 많으며 'ㄹ' 등 자음도 어기말음으로 될 수 있었다. '-오/우-' 접미사는 '-이-'와 중복 결합하여 '-ㅣ오' '-ㅣ우-'로 나타나는 경우가 많았으나 사동의

있다. 근대한국어 시기에는 어간 말음이 '오, 우'일 때 그런 어간에 모음어미가 결합되면 반모음 w가 첨가되는 현상이 있었다.
　　다토- + -아 → 다토와 (오륜전비언해 7:21b)
　　곱초- + -아 → 곱초와 (명의록언해 2:3a)
105) 이 예문은 논의의 필요를 위해서 기주연(1994: 202)의 예문을 따왔다.

의미나 정도차이는 크지 않았다. 문장 속에서 표현력을 높이고 강조해주
는 역할이 있다고 할 수 있다.

4.2.2. 피동사파생

근대한국어의 피동접미사로도 '-이-, -히-, -리-, -기-'를 다룬다. 번
역필사본에서도 '-이-, -히-, -리-, -기-'가 피동의 접미사로 쓰인다. 현
대한국어에서도 마찬가지이다.

① '-이-'에 의한 피동파생

'-이-'는 피동파생에 있어서도 근대한국어에서 가장 대표적이고 생산
적인 접미사이다. 어기는 동사어간에 국한되는데 어기말음이 모음인 경
우가 가장 많고 'ㄹ, ㅎ, ㄹㅎ' 등을 비롯한 일부 자음인 경우도 있다. 다
음에서는 번역필사본에 나타나는 예들을 검토해보기로 하겠다.

> (24) ㄱ. 다래이-: 일시의 뎌의 **다래이믈** 드럿더니 [擧] <平山 2:51>
> 　　　모도이-: 직믈과 그릇과 딕업이 군하의게 **모도이니** [會]
> 　　　　　　　<古百 6:49b>
> 　　　밧구이-: 옛날을 비교호면 더 **밧구이는** 것 갓흔지라 [易]
> 　　　　　　　<神州光復 4:5a>
>
> 　　ㄴ. 답쎄이-: 거리의 사룸은 만코 말은 **답쎄엿는되** 셧밧괴여 니러바
> 　　　　　　　리는 례 이시면 이거시 시럽시 홀 일이냐 [馬磚] <紅樓
> 　　　　　　　19:21> cf. 답싸이-, 답싸히-
> 　　　열이-: 데 손조 됴셔를 지어 구디 머믈라 흐니 거줏 닐오디 전
> 　　　　　　　당 님평회 **열이고** 강줌예 감뇌 느럿다 흐고 [開]
> 　　　　　　　<通鑑 東晉 10:46>

싸히-: 강 우희 ᄆᆞᄋᆞᆷ을 근심케ᄒᆞᄂᆞᆫ 세 텹 산이 공듕의 뻐 싸힌
프론 거시 구롬과 니ᄀᆞᆺ도다 [積] <古眞 5:128>

ㄷ. 막딜이-: 뫼 노긔 가슴의 막딜여 긔졀ᄒᆞ야 것구러디거ᄂᆞᆯ 윤이 급
피 붓드러 구ᄒᆞ야 [格] <奎章 三國 3:8>
cf. 막딜리-, 막질니-

ᄠᆞ로이-: 우리 셔초 패왕이 한병의게 ᄠᆞ로여 [追趕]
<西江 西漢 10:43> cf. ᄠᆞ로-, ᄠᆞᄅᆞ-, ᄯᆞᄅᆞ-, ᄯᆞᄅᆞ-

ㄹ. 가치이-: 몸이 븍궐의 가치이고 쳐지 옥의 ᄀᆞ둑ᄒᆞ니 [幽]
<古百 2:22b>

가티이-: ᄯᅩ 셔빅은 빅이로ᄃᆡ 유리의 가티이고 [拘]
<古百 7:17b>

갈니이-: 젹통과 죵통이 둘희 갈니이리니 [歧]
<朝記 己亥服制 13:45>

갈이이-: 님치 길에 수리박회 치니고 사롬의 엇기 갈이이고 [摩]
<網鑑 3:24a>

길니이-: 오셰예 부친이 죽은디라 외가의 길니이니 [長] <壺範貞
敬夫人朴氏墓誌銘 3:35b>

곰초이-: 축륭은 션귀 되고 희약이 곰초이고 [藏] <古眞 7:17>
cf. 곰최이-: 이 흘이 곰최이디 아니흘디라 [藏]
<古眞 6:5>

난회이-: 믈과 돌히 잔완ᄒᆞ야 일만 굴헝이 난회여시니 [分]
<古眞 5:170>

내치이-: 스스로 ᄒᆞ여금 내치이게 ᄒᆞ엿ᄂᆞ뇨 [放] <古百 10:3a>

내티이-: ᄠᅴ는 ᄯᅡ히요 삼위예 내티여 ᄶᅩ티인 신해로다 [放]
<古眞 3:123>

ᄂᆞᆫ희이-: 두 믈은 가온대로 빅노쥬의 ᄂᆞᆫ희엿ᄯᅩ다 [分]
<古眞 4:34>

막히이-: 한 번 가매 남븍이 막히이면 다시 도라갈 길히 업ᄉᆞ니
엇디ᄒᆞ리오 [阻隔] <녹우당 隋煬 5:49>

붉히이-: 밟히이- <方一 動靜 22a> cf. 붉히이-: <西漢 11:73>

삼기이-: 산영ᄒᆞ는 개 삼기인다 [烹] <剪燈 龍堂 5:9>

쏠외이-: 뉴무 등 졔쟝이 쥬불 쥬챵 등의게 쏠외인 배 되어 난
군 듕의셔 죽다 [追] <西江 西漢 12:4>

앗기이-: 도로 앗기이고 다 죽으니라 [奪]
<국도관 三國 12:125-71>

쏘치이-: 사름을 희ᄒᆞ고 쏘치인 즘ᄉᆡᆼ이 앏흐로 [赶]
<명힝 37:37>

쏘티이-: 삼위예 내티어 쏘티인 신해로다 [赶] <古眞 3:123>

ㅁ. 노략ᄒᆞ이-: 졔 빅셩의 노략ᄒᆞ이믈 보고 [擄掠] <通鑑 東晉 4:58>

뎡ᄒᆞ이-: 냥현의 비향은 국논이 크게 뎡ᄒᆞ이고 [定]
<朝記 追從祀 儀 17:39>

폐ᄒᆞ이-: 데 폐ᄒᆞ이믈 만날가 두려ᄒᆞ더니 [廢] <通鑑 東晉 7:26>

핍박ᄒᆞ이-: [逼迫] <소현 11:42>

해ᄒᆞ이-: 슈실이 망ᄒᆞ매 쳡의 님군과 어버이 ᄒᆞᄤᅢ예 해ᄒᆞ이믈
니브니 [害] <太平 2:47>

　(24ㄱ)은 '-이-' 피동접미사가 어기로 취한 동사어간말음이 모음인 경
우이고, (24ㄴ)은 어기말음이 'ㅎ, ㄹ'인 경우이며, (24ㄷ)은 어기말음이
'ㄹ'로 끝나는 경우이고, (24ㄹ)은 피동파생어간에 '-이-'가 중복결합을
하여 2차 피동파생을 이룬 경우이다. 이런 경우의 예가 번역필사본에서
많이 나타난다. 앞에서 이미 여러 번 언급했듯이 강조의 뜻을 나타낸다.
그리고 (24ㅁ)은 한자어 어근이나 명사 어기에 'ᄒᆞ-'가 결합하여 'ᄒᆞ-'동
사파생을 이룬 파생어간을 어기로 하여 '-이-'가 재차 결합하여 'ᄒᆞ이
-'형의 피동파생을 이룬 경우이다. 고유어 어근이나 명사를 어기로 하여
'ᄒᆞ-'동사파생을 이룬 파생어간에도 '-이-'가 붙어 'ᄒᆞ이-'형의 피동파생
을 이룰 수 있으나 번역필사본 특성상 'ᄒᆞ이-'형 피동파생은 대체로 한
자어 어근이나 명사를 어기로 취한 경우가 많다.

(24ㄱ)의 '모도이-'는 '모도히-'로도 나타난다. 이는 후기 근대한국어에서 피동접미사 '-이-'와 '-히-'는 일부 동사어간 뒤에서 동일어기를 갖고 피동의 의미를 가졌음을 알 수 있다.[106]

(24ㄷ)의 '막딜이-'는 타동사어간 '막디ᄅ-'를 어기로 하고 거기에 '-이-'가 결합하여 형성된 피동파생어이다. 이 파생어는 '막딜리-, 막질ᄂᆞ-' 등으로도 나타나는데 '막딜리-'는 '막딜이-'의 통시적 발달형이라 할 수 있다. 중세한국어에서는 'ᄅᆞ/르'로 끝나는 일부 동사(ᄅᆞ/르 불규칙) 어간에 사·피동접미사 '-이-'가 결합되면 'ᄋᆞ/으'가 탈락되고 분철표기 되었다. '오ᄅᆞ- + -이->올이-, 디ᄅᆞ- + -이- > 딜이-'. 그런데 '올이-, 딜이-' 등이 근대한국어로 오면서 모두 '올리-, 딜리-(>찔리-)'로 발달하였다. 따라서 '막딜이-'는 원래의 형태(구형)이고 '막딜리-'는 발달한 형태(신형)이라 할 수 있는 것이다. '막질ᄂᆞ-'는 '막딜리-'에 구개음화와 'ㄹㄹ'의 'ㄹㄴ'으로의 표기법이 적용된 결과이다. 근대한국어 시기에는 언어변화, 표기법의 혼란 등으로 인하여 하나의 단어가 여러 가지 형태로 표기되는 경향이 있다. 특히 형태변화가 심한 용언활용인 경우에 기본어휘에 대응되는 이형태가 많을 때가 있다. 'ᄯᅡ로이-'는 동사어간 'ᄯᅡ로-'를 어기로 취한 경우인데 현대한국어에서는 '따르-'로 쓰인다. 이 경우에도 '追', '逐'의 의미로 쓰인 'ᄯᅡ로-'가 'ᄯᅡ르-', 'ᄯᅡ로-', '싸르-', 'ᄯᆞᄅᆞ-' 등 많은 이형태로 나타난다. 이러한 표기법의 혼란은 후기 근대한국어와 개화기한국어에서도 계속된다.

(24ㄹ)에서 '-이-'피동파생접미사가 취한 어기는 모두 파생어간이다. 대부분 이미 1차적으로 피동파생을 이룬 파생어들인데 이런 파생어간을 어기로 하여 다시 '-이-'가 2차적으로 결합하여 피동파생을 형성한 것이다. 이렇게 하면 문장에서 피동의 의미를 분명히 할 수 있다. 이처럼

---

106) 여기서의 '-히-'는 '-이-'의 'ㅎ'탈락에 대한 역표기일 수도 있다.

번역필사본에서는 피동접미사 중복 결합이 많은데 이것은 후기 근대한
국어의 '-이-'피동접미사의 특징이기도 하다.

    (25) ㄱ. 노략ᄒᆞ이-: 내 용밍ᄒᆞ다 일홈이 텬하의 들린 고로 뵉셩이 와 의
                      지ᄒᆞ엿더니 제 뵉셩의 **노략ᄒᆞ이**믈 보고 구티 아니면
                      겁ᄒᆞ미라 [我以勇聞, 故爲民所倚望. 今視民被掠而不救,
                      是怯也.] <通鑑 東晉 4:58>

        ㄴ. 뎡ᄒᆞ이-: 냥현의 비향은 국논이 크게 **뎡ᄒᆞ이**고 녜뎐이 임의 힝ᄒᆞ
                     즉 비록 평일의 졍인을 훼방ᄒᆞᄂᆞᆫ 뉘라도 감히 다시 하
                     ᄌᆞᄒᆞ야 의논을 ᄒᆞ디 못ᄒᆞ거눌 [至於兩賢從祀, 國論大定,
                     典禮已擧, 則雖平日定正之徒, 宜不敢更爲疵議而今.]
                     <朝記 追從祀儀 17:39>

        ㄷ. 폐ᄒᆞ이-: 온의 위엄이 내외롤 진동ᄒᆞ니 뎨 **폐ᄒᆞ이**믈 만날가 두려
                     ᄒᆞ더니 몬져 형혹이 태미단문예 딕희니 둘이 너므매 ᄒᆡ
                     셔공을 폐ᄒᆞ엿더니[溫威震內外, 帝雖處尊位, 拱默而已,
                     常懼廢黜. 先是, 熒惑守太微端, 逾月而海西廢.]
                     <通鑑 東晉 7:26>

        ㄹ. 해ᄒᆞ이-: 슈실이 망ᄒᆞ매 쳡의 님군과 어버이 혼ᄢᅢ예 **해ᄒᆞ이**믈 니
                     브니 대신과 슉장이 도적을 좃디 아니리 업스되 [隋室
                     傾覆, 妾之君父, 同時遇害. 大臣宿將, 無不從逆.]
                     <太平 2:47>

  (25ㄱ. ㄴ. ㄷ. ㄹ.)의 'ᄒᆞ이-'형 피동파생어들은 한자어 어근이나 명사
어기에 '-ᄒᆞ-'가 결합하여 먼저 '노략ᄒᆞ-, 뎡ᄒᆞ-, 폐ᄒᆞ-, 해ᄒᆞ-'와 같은 '-ᄒᆞ-'
동사파생을 형성한 다음, 피동파생접미사 '-이-'가 결합된 것들이다. 이
때 '-ᄒᆞ-'가 취한 어기는 각각 동작성 한자어 어근이나 명사 '攄掠, 定,
廢, 害'들이다. 번역필사본에서는 'ᄒᆞ이-'형의 피동파생어가 꽤나 많이 나

타난다. 이는 후기 근대한국어에서 'ㅎ이-'형 피동파생이 상당히 생산적이었음을 말해 주는 것이 아닌가 한다.

② '-히-'에 의한 피동파생

(26) 닶키-: 믓 요괴를 가로막아 등도 치며 허리도 썩지로며 눈도 닶키며
　　　　다리도 것구로치니 [抓] <啓名大 西遊 17:32-51>
　　　것티-: 그 믈이 압발이 **것틴디라** [躓] <三國 3:12>
　　　모도히-: 직물과 그릇과 딕업이 군하의게 **모도이니** [會]
　　　　<古百 6:49b> cf. 모도이-
　　　밟히-: 니날 댱션샹의 몰게 **밟혀** 골이 흘너 비명이 죽으니 (踹)
　　　　<禪眞 15冊本 11:58> 밟피-(踐), 볼피-, 밟히이-

(26)의 예들은 '-히-'접미사에 의한 피동파생어이다. 여기서 용언어간 말음이 'ㄺ, ㄷ, ㄼ'이거나 모음이다. 피동파생접미사 '-히-'는 현대한국어에서 어간 말음이 'ㄱ, ㄺ, ㄷ, ㅈ, ㄵ, ㅂ, ㄼ'인 동사어간에 결합된다. '-히-'는 어기말음이 모음인 경우에 결합하지 않는다는 음운론적 제약이 있다. '것티-'는 'ㄷ'의 'ㅅ'표기와 유기음화, 중철표기 등 음운현상이 관여한 것이다. '닶키-'와 '밟히-'는 각각 'ㄺ, ㄼ' 말음을 가졌는데 '닶키-'는 '닶히-(<닶- + -히-)'의 유기음화가 반영된 표기이다. 후기 근대한국어에서는 '닶히-'와 같은 단어가 '닶히-, 갈키-, 닶키-' 등으로 표기되었다.

'모도히-'는 피동파생으로 '모도이-'로도 나타나는데 어기인 '모도-'는 말음이 모음이므로 '-히-'가 말음이 모음으로 끝나는 어기를 취하지 않는다는 음운론적 제약을 어기는 듯하다. 그러나 이것은 '모음간 ㅎ 탈락의 역표기' 가능성을 제기해준다.

번역필사본에서 '-히-'피동파생 예는 '-이-'보다 훨씬 적으며 주로 어기말음이 유기음화와 관련된 'ㄱ, ㄺ, ㄷ, ㅂ, ㄼ' 등의 자음인 경우에 결

합된다는 것을 알 수 있다.[107] 따라서 후기 근대한국어 시기 '-히-'는 '-이-'
보다는 생산성이 약하지만 꽤나 생산적으로 피동파생을 시키고 있음을
알 수 있다. '-히-'가 취한 어기의 말음은 주로 유기음화화 관련된 일부
자음이다.

③ '-리-'에 의한 피동파생

'-리-'는 근대한국어 시기에 새롭게 등장한 피동접미사이다. '-리-'는
기원적으로 '-이-'접미사에 소급되는 것이라 할 수 있다(이에 대해서는 앞에
서 설명한바 있다).

> (27) 눌니-: 인싱이 불희와 곡지 업스니 **눌니기** 두던 우희 틔글 굿튼 디
> 라 [飄] <古眞 2:46>
> 막딜리-: 관 댱이 노긔 가슴의 **막딜려** 말을 못ᄒ더라 [塡]
> <三國 1:75>

(27)의 '-리-'피동파생은 동사어간 말음이 'ㄹ'인 음운론적 제약이 있
다. '눌니-'는 '눌- + -리-'로 분석되고 '막딜리-'는 '막딜 + -리-'로 분
석된다. 이들 파생어들은 중세한국어에서 접미사 '-이-'를 취하던 것이
근대한국어에서 '-리-'로 바뀐 것들임은 주지의 사실이다. (27)의 예들은
모두 피동의 의미를 지니는데 그다지 생산적인 접미사는 아니다. 즉, 후
기 근대한국어 시기에 '-리-'피동파생접미사는 '-이-'접미사와 '-히-'접
미사보다 비생산적이었다. '-리-'가 취한 어기말음은 'ㄹ'이다.

---

107) 기주연(1994: 207)의 각주에서는 안병희(1967: 264)에서의 내용을 빌어 다음과 같이
설명하고 있다. '더럽-, 닉-, 붉-' 등이 '-이-'와 결합하다가 '-히-'와 결합하게 된 것
은 연대 상으로 보아 유기음화 현상과 同軌의 사실일 것으로 추정하고 있음을 밝혔다.

④ '-기-'에 의한 피동파생

> (28) 막기-: 손외 직죄 군슈롤 다스릴지언정 더정 디ᄉ롤 **막기기** 불가ᄒ
> 이다 [託] <국도관 三國 14:36-83>
> 셧기-: 황죄 투구와 전마를 바리고 보군의 **셧기여** 도명ᄒ거눌 [雜]
> <毛三國 1:122>
> cf. 썻기-: 가만니 셩의 나가 죽ᄉ군의 **썻겨** 시의 드러가 탐졍 ᄒ
> 니 [雜] <毛三國 10:134>
> 품기-: 가치 아니ᄒ이다 이 사롬이 산야 촌뷔 아니라 신이 보니 경
> 눈더지 **품겻ᄂ지라** [抱] <春秋列國 5:41>

(28)은 '-기-' 피동파생접미사가 타동사어간을 어기로 취하여 형성된
피동파생어이다. '-기-'에 의한 피동파생어는 많지 않으므로 '-기-'는 생
산성이 높지 않다고 할 수 있다. '-기-'접미사가 취한 어기의 말음은 'ㄷ
(ㅌ, ㅅ), ㅁ'으로 제한되어 있다. '막기-'는 '맡- + -기- > 맡기-'에 평폐
쇄음화가 적용되어 '맏기-'가 된 다음에 다시 변자음화가 적용되어[108]
'막기-'가 된 것을 그대로 표기한 것이다. '막기-'의 어기는 기원적으로
'맜-'이었다. '맜- + -기- > 맏기-(자음군단순화, ㅅ 탈락). '셧기(썻기-)'도
어기인 '셧-'이 기원적으로 '셨-'이었는데 '셨- + -기->셧기-(자음군단순
화, ㄱ의 탈락)'로 되었다. 현대한국어에서는 '섞이다'로 되었다(ㅅ→ㄲ의 표
기). '품기-'는 '품- + -기->품기-'로 되었다.

---

108) 이병근(1979/1995: 5~10)을 참조.
변자음화란 [-grave]의 중자음들 즉 치경음 및 경구개음들(ㅅ, ㄷ, ㅈ 등)이 [+grave]
의 변자음 즉 순음(ㅂ) 및 연구개음(ㄱ)에 의하여 변자음으로 동화되는 규칙인데, 오
직 역행동화만이 가능한 것이며 수의적인 성격이 강하다. 예를 들면, '밭 +보다 >
받보다 > 밥뽀다(~바뽀다)', '잇 + 고 > 읻고 > 익꼬 > 익꼬(~이꼬)' 등
이다. 변자음화란 결국 'ㄷ'가 'ㅂ'가 되거나(ㄷ>ㅂ), 'ㄷ'가 'ㄱ'가 되는(ㄷ>ㄱ) 음운
현상을 말한다고 할 수 있다.

4.2.3. '-거리-'

'-거리-'는 후기 근대한국어에서 동사를 파생시키는 접미사 중에서 가장 생산적인 접미사라 할 수 있다. '-거리-'는 대체로 동작성어근과 결합하여 어기가 의미하는 동작이 반복적으로 이루어짐을 나타낸다. 이들 동작성어근은 의태어라 할 수 있고, 이 접미사는 또한 의성어가 어기가 될 수 있다(기주연 1994: 218). 현대한국어에서는 일부 동사어간을 어기로 취할 수도 있다(까불거리- 등). 번역필사본에서는 '-거리-'는 '-어리-'로도 쓰이고 있다(졋둑어리-, 휘둑어리- 등).[109]

다음은 번역필사본에 나타나는 '-거리/어리-' 파생어 예들이다.

(29) ㄱ. 거드러거리-: **거드러거려** [大剌剌] <奎章 水滸 23:74>
　　　구붓거리-: **구붓거리거놀** [打躬] <後水滸 10:68>
　　　기웃거리-: **기웃거리고** [睐] <大方 西廂 8a>
　　　덤벙거리-: **덤벙거리다** [亂攛] <奎章 水滸 18:64>
　　　머뭇거리-: **오래 머뭇거리듸** [躊躇] <回文 3:21b>
　　　　　cf. 머뭇거리더 [徘徊]
　　　미적거리-: **미적거리며** [蹭] <紅樓 119:56>
　　　비슬거리-: **비슬거리며** [踉踉蹌蹌] <快心 5:58>
　　　　　cf. 빗슬거리-: 빗슬거리며 [趔走里趔起] <忠俠 21:54>
　　　빗긋거리-: **빗긋거리며** [倒] <綠牡 1:161>
　　　빗쳐거리-: **빗쳐거려** [歪] <綠牡 1:161>
　　　쏨져거리-: **쏨져거려** [揣摸] <啓明大 西遊 54:546>
　　　쑹긋그리-: **쑹긋그려** [搠] <啓明大 西遊 18:31-54>

---

109) 강은국(1995: 106)에서는 15세기 '-거리-'에 의한 파생어로 '구믈어리다(**구믈어리다 벌에오** (능엄 4: 23))'한 단어가 발견된다고 하면서 '-거리-'접미사는 17세기부터 그 쓰임이 점차 많아지기 시작하지만 여전히 현대한국어보다는 수적으로 훨씬 적은 것으로 보고 있다. 하지만 번역필사본에서도 그렇고, 번역필사본 외 후기 근대한국어 다른 문헌, 사전류에서도 그렇고 '-거리-'는 현대한국어로 들어오기 전에 이미 19세기부터 매우 생산적인 동사파생접미사로 기능하였음을 알 수 있다.

어론거리-: 어른거리리 [來] <回文 1:43a>

우짓거리-: 우짓거리는 [嘶] <三國 2:82>

졋둑거리-: 졋둑거리며 [一蹶一點] <忠小 10:52>

    cf. 져쑥어리-

지근거리-: 지근거리믄 [纏] <綠牡 4:125>

휘둑어리-: 휘둑어리고 [亂晃] <忠小 21:57>

ㄴ. 숙덕거리-: 숙덕거리너니 [嘀咕] <你呢貴姓 21a>

슈군거리-: 너는 슈군거리지 말나 [鬼鬼祟祟] <補紅 2:74>

을으렁거리-: 은은후오매 [吠猖] <朝會 39:67>

종알거리-: 종알거리며 [咕嘟着嘴] <紅樓 92:12>

죵죵거리-: 죵죵거리며 닐오듸 [縱縱] <延世 西遊 3:8>

즁즁거리-: 즁즁거려 니르듸 [嘟嚷] <紅樓 20:34>

하슈거리-: 하슈거리기룰 [訴苦] <續紅 5:32>

    cf. 하슜거리-: 하슜거리는지라 [告訴] <紅樓 100:13>

ㄷ. 빗척빗척거리-: 빗척빗척거려 [蹌蹌跌跌] <綠牡 1:161>

    cf. 빗쳐거리-

ㄹ. 머뭇머뭇후-: 머뭇머뭇후단 [躊] <水滸 42a>

빗슬빗슬후-: 빗슬빗슬후는 [踉蹌] <紅補 3: 93>

(29ㄱ)은 동작성어근(의태어 어근)을 어기로 취한 것이고, (29ㄴ)는 의성어 어근을 어기로 취한 것이며, (29ㄷ)은 의성·의태어 반복형을 어기로 취한 것이다, (29ㄹ)은 의성·의태어 반복형에 '-후-'가 결합하여 '-거리-' 파생어와 유사한 의미로 쓰일 수 있는 경우이다. 위의 예들에서 보다시피 '-거리-'는 '졋둑어리-, 휘둑어리-'와 같이 '-어리-'로 나타나기도 한다. '쌍긋그리-'에서처럼 '-거리-'는 '-그리-'로도 실현되는데 이것은 'ㅓ>ㅡ'의 변화(16세기 중세한국어의 성조의 상실로 장음의 'ㅓ'는 일부 문헌에 'ㅡ'

로 바뀜. 예: 쩌리->쯔리-, 그러나 실제로는 '쩌리-'가 훨씬 더 빈번히 나타남)에 의한 것이다. 그리고 '머믓거리-'와 같은 파생어에서 어기 '머믓'은 '머뭇'과 함께 나타나는데 이것은 근대한국어의 원순모음화(순음 아래에서 'ᅳ > ㅜ'로 바뀌는 것) 현상이 적용된 것이다.[110]

또한 위의 예들에서 '-거리-'는 어기 음절 말음이 모두 자음으로 끝난 것을 볼 수 있다. '거드러거리-, 빗쳐거리-, 꿈져거리-, 하슈거리-'가 어기 음절 말음이 모음인 것같이 보이지만 이것도 사실상 어기가 각각 '거드럭, 빗척, 꿈젹, 하슈(하슛, 하솟, 하쇽)[111]'으로 보아야 한다. 이들 어기에 '-어리-'가 결합하고 다시 연철하여 표기한 것으로 볼 수 있다. 이들의 예들 중에서 '하슈거리-'의 의미를 알아보기 위하여 아래에 번역필사본 및 원래부터 한글문헌인 필사본에서 어떻게 쓰였는가를 살펴보기로 한다.

(30) ㄱ. 하슈거리-: 뎨즈의 이번 온 거시 다만 한 번 샹면ᄒ고 한 번 괴
　　　　　　　로온 ᄆᆞ음으 **하슈거리기롤** 구ᄒ미오 셩취ᄒᄂ 일의
　　　　　　　니르러는 뎨지 별노 이 법을 베플니라 [弟子此來, 只
　　　　　　　求相見一面訴一訴苦心, 至于成全一室, 弟子另行設法.]
　　　　　　　<續紅 5:32>

　　　ㄴ. 하소거리-: 아마도 구름얼 타고 **하소거려** 벽역얼 치질하고 귀신
　　　　　　　얼 부르디디고 구쳔의 **하소거려** 벽역얼 치질하고 귀
　　　　　　　신얼 멍어하여 잡거셜 물니치고 <쳔곡션싱힝장 5b>

　　　cf. 하소ᄒ-: 혈셔로 만언소롤 지어가지고 이문을 두드려 궁텬

---

110) 원순모음화는 17세기 말기인 1690년에 간행된 『譯語類解』에서 확인된다. 그렇게 때문에 이 원순모음화는 17세기 말기에 이루어진 것으로 생각된다(이광호 2004: 77).
111) 전광현(1988: 15)에서는 17세기 한국어에서 '하쇽거리다 (譯下 4)' 예를 들면서 이것은 중세한국어에서는 '하숫그리-(讒)(字會下 29)', '하숫그리-(杜初二十 24)' 등으로 나타나므로 본래 '숫(喧)'과 관련이 있는 것이 아닐까라고 하였다. '하-'는 성조가 상성인바 '多' 혹은 '大'의 의미를 나타내는 것으로 추측된다고 하였다.

지원을 **하소후물** 외니 어시 고히 너겨 잡으드려
와 <뉴니 50:44>

(30)의 예문들로 보아서 '하슈거리-'는 대체로 '하소연하다(訴苦)'의 의미를 나타내는 것 같다. 『고어대사전』에서도 '하소후-(告訴)'는 '하소연하다'로 뜻풀이를 하였다. 하지만 어기 '하슷(하솟, 하솓)'을 정확히 확인할 수 없으므로 '하슈거리-'는 형태론적으로 어휘화한 예에 귀속시킨다.

(29ㄷ)의 '빗쳑빗쳑거리-'는 의태어 반복형을 어기로 취한 것인데 '빗쳐거리-'로도 나타난다. 모두 '비척거리다, 비틀거리다'의 의미를 나타내는데 이런 반복형이 '-거리-'의 어기로 될 수 있는 것은 그들의 본질적 속성 중의 하나가 반복성을 띠는 것이고, 또 이들 의성·의태어들은 그 자체가 동작성을 띠는 것은 아니라 하더라도 반드시 어떤 동작(또는 움직임)을 수반해야만 하는 것이기 때문일 것이다(송철의 1992/2008: 191).

(29ㄹ)의 예들은 의성·의태어 반복형에 '-후-'가 결합하여 '-거리-' 파생어와 유사한 의미로 쓰일 수 있는 경우인데, 번역필사본에서는 '머뭇거리다'가 '머뭇머뭇후-'로, '빗슬거리다'가 '빗슬빗슬후-'로 실현되기도 한다. '빗슬거리다'와 '빗슬빗슬후-'는 '비실비실하다. 힘없이 흐느적흐느적 자꾸 비틀거리는 모양'을 의미한다.

'-거리-'와 관련하여 또 하나 지적될 수 있는 사항은 '-거리-'의 어기 중에는 1음절로 된 것이 전혀 없다(조남호 1988: 58)는 점이다. 이것은 중세, 근대, 현대에 이르기까지 모두 이 음운론적 제약을 따른다. 번역필사본에서도 마찬가지이다. 어근이 1음절인 경우에도 반드시 그 반복형(2음절)인 경우에만 '-거리-'가 결합할 수 있다고 송철의(1992/2008: 192~193)에서 지적하면서 이와 같은 음절수의 제약을 받는 이유가 무엇인지를 앞선 논의를 바탕으로 하여 설명하고 있다. 즉 1음절의 반복으로 이루어진 반복어들은 일반적으로 둘로 분석될 가능성이 없다는 것, '빌빌, 낑낑, 끙

끙' 등을 둘로 분석해서 나오는 '빌, 낑, 끙'은 어떤 의미를 갖는 요소라고 보기 어렵다(이익섭 1983)는 점을 들었다. 또한 '-거리-'와 관련하여 이 접미사에 의해 형성된 파생어는 어기와 접미사 사이에 특수조사나 복수접미사 '들'의 개입을 허용하는 특성을 가진다는 점이 지적되곤 하였는데('촐랑거리다 - 촐랑도 거린다 - 촐랑들 거리니 - 촐랑만 거려 봐라' 등),[112] 번역필사본에서는 이와 같은 경우는 발견되지 않는다.

4.2.4. '-디-'

후기 근대한국어의 '-디-'는 문헌에서 소수의 용례만 발견된다. '-거리-'와 비슷한 의미를 더해주는 것으로 그 의미는 '그런 상태가 잇따라 계속됨'이다. 후기 근대한국어까지는 동사에서 반복을 나타내는 경우 '-거리-'가 매우 생산적이었으므로 상대적으로 용례가 적게 나타나는 것이 아니가 한다(이현희 2006: 213). '-디-'는 주로 동사어간이나 어근을 어기로 취하여 동사를 파생시킨다. 후기 근대한국어에서 '-디-'는 '-대-'로도 나타날 것으로 여겨지나 번역필사본에서는 모두 '-디-'로 나타난다.

현대한국어에서는 '-대(<디)-'와 '-거리-'가 모두 매우 생산적인 접미사들인데 대하여서는 별다른 이견이 없다. 그러나 이 두 접미사를 의미와 기능이 거의 같은 접미사로 취급할 것인가 하는 문제에 대하여서는 논자에 따라 입장이 다르다. 송철의(1992/2008: 190)에서는 이병근(1986: 400)의 사전과 관련 논의를 빌어, 이들 접미사들은 한국어사전들에서 동의적인 것으로 처리될 만큼 의미와 기능이 유사하다고 지적하면서도 또한 미세한 의미차이는 있는 것으로 보고 있다. 김지홍(1986), 조남호(1988) 등에

---

112) '-거리-'에 의한 파생에 대하여서는 이익섭(1983), 이병근(1986: 400), 김지홍(1986), 조남호(1988), 이건식(1988) 등을 참조하는 것이 좋겠다.

서는 이 두 접미사를 동의의 접미사가 아닌 별개의 접미사로 다루었다. 또한 고영근·구본관(2008: 228~229)에서는 이들은 일부 어기와 접미사 사이에 '들'과 같은 복수접미사가 개입하여 어근 분리현상이 가능하다는 특징을 예로 들면서('기웃들 거리지 마라', '기웃들 대지 마라' 등) 이들을 접미사로 보기에는 다소 자립성이 강하다는 입장을 밝혀온 바 있다.

이 책에서는 '-디-'가 의미상 '동작의 반복성과 지속성'을 나타내고, 대개 2음절 어근만을 어기로 취한다는 점에서 '-거리-'와 거의 같은 접미사로 보고자 하겠으나 후기 근대한국어에는 '-디-'가 생산성이 아주 낮으며, '-거리-'와는 달리 모음으로 끝나는 어기에도 결합된다는 등 면에서는 '-거리-'와의 차이점도 있음을 밝혀두고자 한다. 다음은 번역필사본과 원래부터 한글문헌인 필사본의 '-디-' 파생어 예들이다.

(31) ㄱ. 부뷔디-: 셜파에 엇긔를 **부뷔디여** 힝니를 지고 [摩]
　　　　　　　　　〈啓名大 西遊 7:108-24〉
　　　부시디-: 셜반이 몬겨눈 도로혀 **부시디여** 닐녀 ᄒ더니
　　　　　　　　　[扎掙, 揉搓] 〈紅樓 47:61〉
　　　버르디-: 친히 젹의 스디를 동혀디우니 호이 계오 졍신을 뎡ᄒ
　　　　　　　　미 발셔 믈도 못나게 동혓눈디라 딘녁ᄒ여 아모리 **버
　　　　　　　　르디ᄂ들** 도망ᄒ리오) 〈님화 18:8〉

　　　ㄴ. 억쥭디-: 보옥의 말을 드ᄅ미 즈긔가 얼굴의 의ᄉ 업ᄉ믈 춤지못
　　　　　　　　ᄒ여 다만 ᄯ 억**쥭디며** 웃고 니ᄅ디 [打趣]
　　　　　　　　〈紅樓 30:23〉

(31ㄱ)는 동사어간을 어기로 한 것이고, (31ㄴ)은 동작성 어근(의태어)을 어기로 한 것이다. 번역필사본에서 '부뷔디-'는 중국어 원문의 '摩'에 대응된 것인데 동사어간 '부뷔-'에 '-디-'가 붙은 것이다. '비비대다'의 의미를 나타낸다. '부시디-'는 동사어간 '부시-'에 '-디-'가 붙은 것인데 중국

어 원문의 '扎挣'에 대응되며 '몸을 자꾸 움직여 부스럭거리다'의 의미를
나타낸다. '버르뎌-'의 어기를 확인하기 어려운데 사전에서는 '버르적거
리다. 버둥거리다'로 해석하였다. 아마 동사어간 '버르-'에 '-뎌-'가 붙은
것으로 보아야 할 듯하다. 그런데 동사 '버르-'를 문헌에 찾을 수 없다.
혹시 '버리-(念)(>벌리다'가 아닐까 추측된다. 번역필사본에서는 '버르뎌기-
(奎章 水滸 4:28)/ 버롯젹이- (孫龐 4:78)' 등 형태로도 나타나는 것을 볼 수 있
다. 일단 어기 '버르-'가 확인되지 않으므로 이것도 형태론적으로 어휘화
한 예로 간주한다.

(31ㄴ)의 '억쥭뎌-'는 동작성 어근(의태어) '억쥭'에 '-뎌-'가 붙은 것으로
서 현대한국어의 '이죽거리다'와 같으며 중국어 원문의 '打趖'에 대응된
것이다. 번역문에서는 '잘난 체하며 멋대로 거들먹거리다'의 의미로 해석
할 수 있다.

이상에서 기술한바와 같이 번역필사본에서 동사화접미사 '-뎌-'는 생
산성이 그리 높지 못하다. 이것은 후기 근대한국어의 '-거리-'가 동사를
파생시키는 접미사 중에서 가장 생산적인 것과 관련 있는 것으로서 '-거
리-'와 비슷한 의미와 기능을 갖고 있는 '-뎌-'는 상대적으로 비생산적
이었을 것이다. '-뎌-'는 대개 '동작의 반복성과 동시에 지속적으로 이루
어짐' 정도의 의미를 가지며, 주로 동사어간이나 동작성 어근을 어기로
취하는데 대부분 2음절 어기이다. 현대한국어와 다른 것은 후기 근대한
국어의 '-뎌-'는 모음으로 끝나는 어기와도 결합할 수 있어서(부뷔뎌이-,
부시뎌-) 어기말음이 자음으로 끝난다는 음운론적 제약을 덜 받는다고 할
수 있겠다.

4.2.5. '-이-'

이 절에서는 동사화접미사 '-이-'에 의한 파생에 대해서 살펴본다. 후기 근대한국어의 동사화접미사 '-이-'는 '-디-'보다 훨씬 생산적이었다. 거의 '-거리-' 버금가는 매우 생산적인 접미사였다. 이 접미사는 대체로 동작성어근, 의성・의태어에 결합하여 동사를 파생시키며 그 의미는 '반복적 동작'의 의미를 나타낸다.

여기서 '-이-'와 관련하여 주목할 것은 이 동사화접미사 '-이-'는 사・피동접미사의 이형태 중의 하나인 '-이-'와 동일하지만 의미기능은 분명히 그것과 다르다는 점이다.

(32) ㄱ. 뒤록이-: 눈ᄌᆞ의로 **뒤록이며** [睜圓] <西江 西漢 12:39>
버룻젹이-[113]: **버룻젹이다가** [掙] <孫龐 4:78>
cf. 버르져기-, 버릇져기-, 버ᄅᆞ져기-, 버ᄅᆞᆺ져기-
빗둑이-: **빗둑이며** [溜歪邪] <忠小 22:93>
ᄲᅮᆯ눅이-: **ᄲᅮᆯ눅이다** [絮絮叨叨] <延世 西遊 3:84>
져쑥이-: **져쏙이고** [蹣跚] <朝僉 46:6>
져툭이-: **저툭이고** [瘸] <羅孫 平妖 5:43>
지뎡이-: **지뎡이다가** [停留] <通鑑 東晉 2:36>
져쑥이-: **져쏙이고** [蹣跚] <朝僉 46:6>
흔드져기-: **동셔로 흔드져기며** [撞東撞西] <醒風 3:40>
흔득이-: **흔득이니** [搖] <春秋列國 7:82> cf. 흔드기-, 흔더기-
휘쑥이-: **휘쑥이고** [扭扭捻捻] <紅復 8:23>

ㄴ. 덜렁이-: ᄆᆞ옴의 **덜렁이기롤** [搡搡跳] <孫龐 1:37>
죵아리-: 무ᄉᆞᆫ 말을 **종아린지** [咕唧] <紅補 6:66> cf. 죵아리-

113) '버룻젹이-'는 앞 절에서 '버르디-'를 기술할 때 언급한바 있다. 모두 '버둥거리다'의 의미로 동일 어기를 가졌다고 할 수 있겠는데 여기서도 어기 '버룻젹'을 확인할 수 없으므로 형태론적으로 어휘화한 것으로 본다.

지거기-: **지거기는** 소리롤 듯고 [呀] <回文 5:64a>

헐덕이-: **헐덕이거날** [喘息] <續紅13:87> cf. 헐더기-

(32ㄱ)은 동작성어근(의태어)을 어기로 취한 경우이고, (32ㄴ)은 의성어 어근을 어기로 취한 경우이다. 이때 동사화접미사 '-이-'는 동작의 반복성, 소리의 지속성 등의 의미를 갖는다고 할 수 있겠다.[114]

다음으로 동사화접미사 '-이-'의 파생어들에서 볼 수 있는 것은 이들 파생어들의 어기 말음이 (32ㄱ)에서는 전부 'ㄱ, ㅇ'이고, (32ㄴ)에서는 'ㄱ, ㅇ, ㄹ'이라는 점이다. 이것은 '-이-' 접미사는 어기말음이 'ㄱ, ㅇ, ㄹ'일 경우에 붙을 수 있다는 음운론적 제약이 있음을 말해준다. 번역필사본 뿐만 아니라 현대한국어에서도 이와 마찬가지로 실현된다.[115]

(33) 헐헐히-: **헐헐히며** [喘息] <雪月 17:88>

(33)의 '헐헐히-'는 예가 많지 않지만 '-히-'로 나타났는데 이것은 '-이-'가 가끔씩 '-히-'로도 실현됨을 보여준다. 후기 근대한국어에서 '이'와 '히'는 부사파생접미사 '-이'에서(-이/히 교체형, 각별이/각별히 등)처럼 의미 분화 없이 자유롭게 교체되는 사실과 같은 맥락에서 바라볼 수 있을 듯하다.

이상으로 동사화접미사 '-이-'에 대하여 살펴보았다. 이 접미사는 번역필사본에서 '-거리-'와 같이 매우 생산적으로 쓰이었으며 주로 동작성

---

114) 동사화접미사 '-이-'에 의미에 대하여서는 송철의(1992/2008: 200)는 이 접미사는 '-거리-'와 의미가 대략 같지만 세부적으로 차이점도 있다고 하면서 '반복적 동작'이라는 의미로 개괄하고 있다. 그러나 '끈적이다'나 '망설이다'와 같이 일부 반복적 동작이라고 하기 어려운 특성을 감안하여 김지홍(1986)에서는 이를 '폭을 가진 지속성', 이건식(1988)에서는 반복적 동작을 나타내는 것이긴 하되 빈도성을 반드시 갖는 것은 아니라고 덧붙여 설명하고 있다.

115) 김영희(1975), 이건식(1988), 송철의(1992/2008) 등 참조. 이와 같은 현상은 음운론적 제약이라고 할 수 있겠지만 왜 이러한 음운론적 제약이 있게 되었는지에 대한 합당한 이유는 찾아지지 않는다고 하였다.

어근, 의성어 어근과 결합하여 '반복적 동작'을 의미함을 알 수 있다. 따라서 이 접미사는 후기 근대한국어의 동사화접미사 중 생산성이 매우 높은 접미사라 할 수 있으며, 현대한국어에서도 마찬가지로 그 생산성이 확보되고 있다. 이 접미사는 어기의 말음이 대부분 'ㄱ, ㅇ, ㄹ'로 되어있다는 음운론적 제약을 갖는다.

4.2.6. 강세동사파생

① '-티/치-'

중세한국어와 근대한국어, 현대한국어에 모두 강세접미사가 있다.[116] 이병기(2008)에서는 이 강세접미사에 대하여 문법 범주를 접미사가 아닌 '보조용언'으로 볼 가능성에 대하여 살펴보면서 여러 학자들 사이의 견해를 집성한 강세접미사의 목록을 작성하였다(이병기 2008: 90). 이 책에서는 일단 기존의 보편적인 논의에 따라 동사어간에 붙어 어기의 의미를 강조하는 접미사를 '강세접미사'로 보고자한다. 다음에서는 번역 필사본에 나타나는 강세접미사 '-티/치-'와 '-완/왓-'에 대해서 살펴보고자 한다.

허웅(1975: 192)에서는 '-티-'를 풀이씨를 어기로 풀이씨를 파생하는 강세의 접미사로 보고 있다. '-티-'는 '打'의 의미를 갖는 동사 '티-'에서 온 것으로 보이므로 '티-'는 합성어의 어근이고 '티-'가 결합된 단어는 파생어가 아니라 합성어로 볼 수도 있다(구본관1998: 242). 그러나 합성 어근이 실질적인 의미를 잃어버리고 형식적인 의미로 쓰이게 되면 공시적으로 파생접미사가 되기도 한다. '-티-'는 '打'의 의미를 갖지 않는 경우가 많

---

116) 이현희(1997)에서는 중세한국어 시기부터 강세접미사는 원래 실사인 동사어간이었던 것이 시간의 흐름에 따라 어기의 의미를 강화하는 의미를 가지는 접미사로 문법화한 것이라고 했다. 어기의 의미를 강화한다는 점에서 이 접미사를 흔히 '강세접미사'라고 불러 왔고, 강은국(1995)은 '강조의 뜻을 나타내는 접미사'라고 불렀다.

아 이런 경우 공시적으로 파생접미사가 된 것으로 볼 수 있다. '-티-'를 공시적으로 동사를 어기로 하여 동사를 만드는 강세의 파생접미사로 본다. 구본관(1998: 243), 이현희(1997)에서도 중세한국어 시기에 나타났던 강세접미사의 목록을 제시하면서 근대한국어 단계에 나타났던 것들을 망라하여 '-티-'부류가 통합된 파생동사 목록을 제시했다. 이 '-티-'는 구개음화를 입어 18세기 말부터는 '-치-'로 나타나기도 한다.

근대한국어의 강세접미사 '-티/치-'는 생산적인 강세접미사이다. '-티/치-'는 보통 동사어간 혹은 파생동사어간을 어기로 하여 강세를 나타내는 동사파생을 형성한다. 'V -아/어 뜨리다'와 거의 같은 의미를 가지며 강조를 나타낸다.

(34) ㄱ. 것구로치-: 오공을 쳐 **것구로치고** <東漢 2:63>

        cf. 거구로티-, 것구루치-, 것구리치-, 것구리티-, 것구르티-

  구리티-: 다리롤 거러 **구리티니** <後水滸 7:76>

        cf. 구르치-, 구르치-

  궁그리티-: 화룡과 화마롤 놉히 드라시니 **궁그리티며**
        <延世 西 遊 7:87>

        cf. 궁그리치-

  기오리티-: 성을 **기오리티고져** 후니 <古眞 4:51>

        cf. 기오리치-, 기우리치-, 기우리티-, 기우르치-

  넘으티-: 슈즈긔롤 딕어 **넘으티고** <孫龐 1:93>

        cf. 너무치-, 너므치-, 너므티-, 넘의치-

  문희티-: 듕던을 **믄희티기로** 찬조후거늘
        <朝記 文廟陞黜 12:137>

        cf. 문흐치-, 문희치-, 믄흐치-, 믄희치-, 믄희티-

  뮈치-: 물가의 그물도 **뮈쳐** 바리며 동산의 실과롤 다 도젹후니
        [扯破] <禪眞 8:11>

        cf. 뮈티-, 믜치-, 믜티-, 믜혀-

  바으치-: 탁즈와 교위를 모다 즛쳐 **바으치니**

<啓名大 西遊 21:67-63>
cf. ᄇᄋ치-, 바아치-
어긔치-: ᄯᅩ 길일을 **어긔칠가** 두려 일변 장구롤 출히며 [錯過]
<回文 4:55b>
잣바리치-: ᄯᅩ 귀판 둘흘 박ᄎᆞᆺ **잣바리치고** <西周 2:17>
cf. 잣바룻치-
훗그리치-: 아사가던 경칙을 다시 펴 보게 오로 **훗그리쳐** 하계
틋글의 ᄂ느리치고 ᄃ라나니 [抛落]
<延世 西遊 13:76>
힝그리티-: 눗치 다 히야디고 입을 **힝그리텨시니** <三國 1:43>

ㄴ. 위왓치-: 그 환슐이 비샹ᄒᆞ무로 인간의 싱블갓치 **위왓쳐**
<엄효 27:22>
cf. 위왇치-

　(34ㄱ)의 예들은 모두 동사어간을 어기로 하고 거기에 '-티/치-'가 결합하여 어기의 의미를 강조하는 동사파생을 이루었다. '-티/치-'는 동사 혹은 파생동사어간에 붙어 어기의 의미를 강조하는 역할을 한다. 이 '-티/치-'에 의한 파생어들은 현대한국어에서는 'V-어 뜨리-'로 대체되는 경향을 보인다(넘으티->넘어 뜨리-, 문희티->무너뜨리-). 번역필사본의 예에서 어기인 동사어간의 말음이 모두 모음으로 끝났는데 이것은 강세접미사 '-티/치-'의 어기말음이 모음이라는 음운론적 제약이 있음을 알 수 있다.
　(34ㄴ)의 '위왓치(위왇치-)'는 한자어 어근 '위(爲)'('위하다'의 뜻)를 어기로 하여 '-왇(왓)-'이 결합하여 '위왇(왓)-'을 형성하고 다시 '-치-'가 결합하여 형성된 강세 중복결합으로 이루어진 파생동사인 것으로 보인다. '떠받들다, 높이 모시다' 정도의 의미를 갖는데 매우 강조의 뜻을 나타낸다.

②-완/왓-

강세접미사 '-완/왓-'은 중세한국어에서 '-받-'이었던 것이 'ㅸ>w'의 변화를 겪어 근대 한국어시기에는 '-완/왓-'으로 되었다(기주연 1994).[117] 이 '-완/왓-'은 동사를 어기로 하여 동사를 만드는 강세의 파생접미사이다.[118] '-완/왓-' 강세접미사는 동사어간에 직접 결합되기도 하고 파생동사어간을 어기로 하여 거기에 '-완/왓-'이 결합되어 강세를 표현하기도 한다. 다음에서 번역필사본의 예를 살펴보기로 한다.

(35) ㄱ. 병으리완-: 승상부옹과 쟝군 부쳥이 냥병을 **병으리와다** 대파ᄒ고 일만 이쳔을 버히고 [秦丞相雄, 衛將軍菁据之, 大敗涼兵龍黎, 斬首萬二千級] <通鑑 東晉 6:27>

ㄴ. 올완-: 토신은 존ᄒ미 오ᄒᆡᆼ의 신을 직희미오 인도는 귀ᄒ미 만믈의 **올와드미** 되얏도다 [土坤遵守五行信, 人道貴爲萬物全] <春秋列國 10:10>

올왓-: 원컨대 병을 파ᄒ여 본디 됴턴 거슬 **올왓게** ᄒ고 일즉이 노화 보내시면 죽은 ᄲᅧ의 다시 슬히 나미라 [玆願罷兵, 以全素好, 早賜釋歸, 生死骨肉.] <西江 西漢 11:15>

(35ㄱ)의 예는 동사어간을 어기로 하여 거기에 강세접미사 '-완(왓)-'이 결합된 경우이고 (35ㄴ)의 예는 형용사어간을 어기로 하여 거기에 강세접미사 '-완(왓)-'이 결합된 경우이다.

---

117) 이 접미사는 중세한국어 시기에 '-완/원(받/벋-)'으로 나타나는데 허웅(1975: 189)과 구본관(1998: 232)에서는 모두 강세의 기능을 가진 접미사로 보고 있다.

118) 중세한국어 시기에는 '-완/왓'은 어기가 타동사여야 한다는 범주제약과 어기말음이 모음이나 'ㄹ'이라는 음운론적 제약을 지니었다. 그런데 아주 예외적으로 형용사를 어기로 가지기도 하고 어기가 자동사로도 쓰이기도 한다(구본관 1998: 232~233).

(35ㄱ)의 '병으리왇-'은 동사어간 '병을-'에 사동접미사 '-이-'가 결합하여 '병을이->병으리-'가 형성되고 이 사동파생어간을 어기로 하여 '-왇(왓)-'이 2차 결합하여 형성된 강조의 의미를 나타내는 파생동사 '병으리왇-'을 형성한 것으로 본다. '병으리왇-'은 '막다, 항거(抗拒)하다'의 의미를 나타낸다. '병으리왇-'은 '벙어리앗- 벙어리왇-, 벙어리왓-, 벙얼이앗-, 벙으리왇-, 벙으리와-, 병으리왇-, 병으리왓-'등 다양한 이표기를 보인다.119)

(35ㄴ)의 '올왓-'은 '숯'에 대응된 것인데 형용사어간 '오올->올-'에 '왓-'이 결합된 듯하다. 여기서는 '올왓-'은 '완전하다'의 의미를 강조하여 나타낸다.

> (36) 위왓-: 모든 미파들이 송신의 디부와 절흐는 양을 보고 뉘 감히 위
> 왓디 아니리오 [媒婆見他有財有歲, 與全不同, 那箇不來,奉承.]
> <平山 2:82>

(36ㄷ)의 예는 한자어어근을 어기로 취하여 거기에 강세접미사가 결합한 경우이다. '위왓-'은 중국어 원문의 '奉承'에 대응된 것인데 동작성 한자어 어근 '爲(위하다)'를 어기로 취한 듯하다. '받들어 모시다, 아첨하다' 정도의 의미를 나타낸다.

---

119) 기주연(1994)에서는 '버으리왇-(杜重九24), 병으리왇-(新續烈 2)'을 예로 들었다.

제 5 장

형용사파생

5.1. 문제의 제시

근대한국어의 형용사파생은 대체로 '-ㅂ-'계 접미사인 '-ㅂ-, -브/브-', 그리고 '-압/업-(-갑/겁-)' 및 '-답/롭-', '-스럽-', '-젓/접-, -되-' 등에 의하여 이루어진다.

이 장에서는 형용사파생접미사 중에서 중세, 근대, 현대를 거쳐 가장 많이 논의가 되고 중요하게 다루었던 '-답/롭-'을 먼저 다루고, 다음으로 근대한국어 시기에 새롭게 출현되고 생산성이 높은 '-스럽-'을 다루고자 한다. 그것은 '-답/롭-'과 '-스럽-'은 형태, 의미, 기능상 비슷한 점이 아주 많으며, 동일어기를 취하거나 혹은 서로 상보적이고 배타적인 관계로 쓰일 때가 많기에 많은 연구자들이 흔히들 함께 취급해왔다. 이어서 이 장에서는 근대한국어 시기에 생산성이 높았던 접미사 '-젓/접-', '-되-'에 대하여 살펴보고자 한다.

이 외에 후기 근대한국어에서 생산성은 인정받기 어려우나 전시기에 생성된 파생어가 여전히 활발하게 쓰이는 '-ㅂ(브/브)-, -압/업-, -갑/겁-'

등 접미사들에 대하여서도 알아보기로 한다.

5.2. 대표적인 형용사파생접미사에 의한 파생

5.2.1. '-답-'

근대한국어의 접미사 '-답-'은 중세한국어 시기에는 '-둡-'의 이형태
로 파악되었다(안병희 1959, 이숭녕 1961: 94).[120] 중세한국어에서 '-둡-'이 형
성하던 파생형용사가 근대시기에 대부분 접미사 '-드비-', '-드외-'의 변
화로 인하여 '-되-'계 파생형용사로 합류하는 경향을 보이는데 반해 중
세한국어 시기의 '-답-'은 형식상의 변화 없이 근대한국어에 지속되어
내려왔다(석주연 1995: 50).

이 접미사는 중세한국어 이후에 형태·기능·의미상으로 많은 변화를
입었을 뿐 아니라 그 기원과 범주적 성격에 대한 논란도 분분하였다. 일
찍이 김창섭(1984)에서는 현대한국어의 '-답-'은 명사구에 붙어서 형용사
구를 형성하는 '-답1-'과 명사나 어근에 붙어서 형용사를 형성하는 파생
접미사 '-답2-'로 분류하였는데, '-답-'에 두 가지 종류가 있음을 처음으
로 지적한 것이었다. 즉, 명사구에 연결되어 형용사구를 만드는 기능을
하는 의존형용사 '-답-'과 '-롭-'의 이형태인 진정한 접미사 '-답-'을 나

---

120) 구본관(1998: 182~186)에서는 '-답-'을 '-둡-'의 이형태로 보거나 수의적인 변이형
으로 다루어 온 것을 재논의 하였는데 '-답-'을 '-둡-'과는 다른 요소로 파악할 수
있다고 하였다. 그것은 첫째, '-답-'은 주로 '如'의 의미로 쓰여 '…의 속성이 풍부하
다'의 의미로 쓰이는 '-둡-'과 구별된다. 둘째, '-답-'은 '-둡-'과는 달리 구를 어기로
갖는 것으로 볼 수 있는 예가 있다. 셋째, '-답-'이 '-이'가 결합되어 형성된 '다비' 내
지 '다이'는 '-둡-'에 '-이'가 결합한 '르비' 내지 '르이'와 의미기능이 다르다. 넷째, '-답-'
이 '-둡-'에서 음운변화에 의해 이루어진 것이라면 '-답-'에 평행하게 '-랍-'이 쓰여
야 할 것이다.

누어 본 것이다. '-답-'의 이런 성격으로 비추어 볼 때 전자는 '-이(다),
같(다), -답(다)' 정도의 의미로 파악하고, 후자를 '…의 속성이 풍부하다'
정도의 의미로 파악하고 있다. 그리고 의존형용사 '-답-'은 어기말음이
자음이든 모음이든 제약을 받지 않지만, 형용사파생접미사 '-답-'은 자
음으로 끝나는 어기와만 결합한다는 음운론적 제약이 있다.

　이러한 기준에 입각할 때 번역필사본에서 진정한 접미사 '-답-'에 의
한 파생형용사로 판정할 수 있는 예들은 다음과 같다.

(1) ㄱ. 꼿답-: 섬싸 등이 **꼿답**고 조하 옥 갓튼 살이 <鶴石集 32a>
　　　　　　cf. 염담혼 위롤 **꼿다**이 너기는도다 <禪眞 21:55>
　　　법답-: 맛당이 위호롤 놉게 흐야 궁뎡을 **법답**긔 홀디라
　　　　　　<南宋 1:56>
　　　졍답-: **졍답**디 아닌 노르술 흐닷다 <回文 1:22a>
　　　　　　cf. 흐니 이 **졍다**온 손오공 힝재 엇지 <延世 西遊 7:115>
　　　아룸답-: 강남은 **아룸답**고 빗난 짜히오 금능은 대왕의 고올이라
　　　　　　[佳] <古眞 2:14>
　　　　　　cf. 아람답-, 아룸답-, 아름답-
　　　아리답-: 비 붉은 양즈를 윤퇵긔흐니 **아리답**고
　　　　　　<啓明大 西遊 22:1-64>

　　ㄴ. 긔롱답-: 이웃집의셔 드르면 **긔롱답**디 아닌 일이라 <서울대 忠
　　　　　　義水滸 8:11a>
　　　　　　cf. 우리 다 쇽즈의 **긔롱저온** 욕을 바드미 <십이봉 1:46>

　(1ㄱ)에서 보다시피 접미사 '-답-'은 대체로 명사나 어근(한자어 포함)에
결합하여 파생형용사를 생성하였다. 위의 예에서 어기로 되는 '꼿', '법',
'졍'은 근대한국어에도 공시적으로 존재하는 예들이지만 어기 '아룸(아름)'
은 근대한국어 시기에 존재하지 않기 때문에 형태론적으로 어휘화한 예

라고 할 수 있다. '아ᄅᆞᆷ답-'은 번역필사본에서 '아람답-, 아롬답-, 아름답-' 등 다양한 형태로도 나타난다. 모음 '·'가 16세기에 비어두음절(제 2음절 이하)에서 제1단계 소실을 거쳐 '·>ㅡ'로 변화되었기 때문에 '아름'으로 나타나야 하겠지만 의고적 표기에 의하여 '아ᄅᆞᆷ'으로도 나타났던 것으로 여겨진다. '아람'은 '·>ㅏ'(18세기에 어두음절에서 '·'가 제2단계 소실을 거침)의 영향으로 간혹 제2음절에서도 '·'가 'ㅏ'로 바뀌는 현상이 나타났다. '아롬'은 순음 'ㅁ'의 영향으로 'ㅡ(·, ㅏ)'가 'ㅗ'로 바뀐 것으로 보인다.

'아리답다'는 현대한국어에서 '아리땁다(<아릿답다, ㅼ>ㄸ, 경음화)'로 쓰이는데, 『표준국어대사전』에서는 '마음이나 몸가짐 따위가 맵시 있고 곱다'로 뜻풀이하고 있다. '(두시 초)'에 '아릿답다'로 처음으로 등장한다고 하는데 어기 '아리'를 확인하기 어렵다. 『금성국어대사전』에서는 한자어어근 '아리(雅麗)'에 '-답-'이 붙은 것으로 기술하고 있다. '雅麗'는 한자의 의미상 '우아하고 곱다' 정도의 의미로 해석할 수 있다.

이들 예들은 대부분 중세한국어 시기에 존재하던 것들이 이어진 것이다. 번역필사본에서 좀 특이하게 보이는 것은 (1ㄴ)의 '긔롱답-'이다. 어기인 '긔롱(譏弄)'은 접미사 '-접-'과도 결합하여 '긔롱저온'과 같은 파생어가 형성되기도 하였다. 아래에 그 예문을 보기로 하자.

(2) ㄱ. 긔롱답-: 이웃집의셔 드ᄅᆞ면 **긔롱답디** 아닌 일이라 [鄰舍聽得, 不是耍處!] <서울대 忠義水滸 8:11a>

ㄴ. 긔롱접-: 묘우롤 지어 티ᄉᆞᄒᆞ야 인셰의 뎐파ᄒᆞ며 션경을 이루ᄒᆞ미 ᄌᆞ심ᄒᆞ니 우리 다쇽ᄌᆞ의 **긔롱저온** 욕을 바드미 ᄀᆞ장 만ᄒᆞ니 <십이봉 1:46>

cf. ㄱ. 너ᄂᆞᆫ ᄌᆞ세히 알고 말ᄒᆞ라 내 눌노 더브러 **긔롱지거리** ᄒᆞ엿관ᄃᆡ 네가 나롤 의심ᄒᆞ나냐 [你要仔細, 我和誰頑過! 你來疑我?] <紅樓 30:26>

ㄴ. 한 고을이 날을 우어 밋친 손이라 ᄒ니 쇼년들이
잇다감 와 서ᄅ **긔롱ᄒ는쏘다** [一州笑我爲狂客, 少
年往往來相識.] <古眞 5:28>

(2ㄱ)의 '긔롱답-'은 명사성한자어근 '긔롱(譏弄)'을 어기로 하고 거기
에 접미사 '-답-'이 결합하여 형성된 것이다. '긔롱(譏弄)'은 중국어에서
'조롱(嘲弄)하다, 희롱(戲弄)하다'의 뜻을 갖는데 파생형용사 '긔롱답-'은 '장
난스럽다'의 의미를 나타낸다. (2ㄴ) '긔롱접-'은 '긔롱'을 어기로 하여 형
용사파생접미사 '-접-'에 의해 형성된 파생어인데 활용형 '긔롱저온'으로
나타난다. '실없는 말로 놀리다'의 의미로 쓰이었다. 참고로 제시한 '긔롱
지거리'는 복합명사 예이고 '긔롱ᄒ는쏘다'는 동사파생접미사 '-ᄒ-'가 붙
은 것인데 어기 '긔롱'의 쓰임을 살피기 위하여 예문을 덧붙였다. '긔롱답
-'과 '긔롱접-'은 모두 파생형용사인데 여기서 '-답-'과 '-접-'은 모두 '어
기의 속성이 풍부히 있거나 근접함' 정도의 의미를 갖는다.

번역필사본에서는 '-답-'에 의한 파생어가 거의 나타나지 않는다. '긔
롱답-' 정도의 예가 발견될 뿐이다. 이것도 '-접-'과의 어기 공유(긔롱답-/
긔롱접-)로 인해 그 존재감이 확고하지 못하다. 이러한 사실로 보아 후기
근대한국어 시기에 접미사 '-답-'은 이미 어느 정도 어휘화되어 그 생산
성을 인정받기 어렵게 되었음을 알 수 있다.[121]

---

121) 번역필사본에서 의존형용사 '-답-'의 기능을 갖는 것으로 볼 수 있을 듯한 예 하나
를 추가해보면 다음과 같다.
그릇답-: 칠품지관이 텬하의 칙망을 밧고 빅셰의 긔롱을 두려ᄒ니 엇디 듕치 아니
리오 **그릇답고** 쏘ᄒ 어딘 재 아니면 능히 ᄒ디 못ᄒ리라 [夫七品之官, 任天下之責,
懼百世之譏, 豈不重耶? 非材且賢者不能爲也.] (古百 9:7a)

요ᄉ이 집시 비로소 진류의 셔 브ᄅ시믈 닙으매 낙하의 ᄉ대뷔 서ᄅ 더브러 말ᄒ야
굴오터 내 아ᄂ니 범군의 그 **그릇다온** 줄을 아노라 [今執事被召於陳州, 洛之士大夫
相與語曰: 我識范君, 知其材也.] (古百 9:7a)

5.2.2. '-롭-'

근대한국어의 '-롭-'은 중세한국어에서 다양한 이형태를 갖고 있었다. 즉 자음어미 앞에서는 주로 '-롭-'으로, 모음어미 앞에서는 '-ᄅᄫᅵ-', '-ᄅ외-' 등으로 나타났었다.[122] 그러다가 16세기 말엽, 근대한국어에 들어오면서 '-ᄅᄫᅵ-', '-ᄅ외-'는 '-롭-'으로 합류하게 된다. 이 접미사는 근대한국어에서도 중세한국어 및 현대한국어와 마찬가지로 명사나 어근을 어기로 하는데 대부분 한자어 명사나 어근들이다. '-롭-'의 의미는 대체로 '그러함 또는 그럴 만함'(이광호 2004: 192), '어기의 속성이 풍부히 있음'(김창섭 1984: 150/1996: 174) 정도로 귀납할 수 있겠다. 다음은 번역필사본에 나타나는 '-롭-'파생어 예들이다.

(3) ㄱ. 괴롭-: 칼 노래 **괴롭고** 슬퍼 <古眞 5-1:21>
　　　슈고롭-: 아춤의 동ᄒ고 져녁의 셔호매 눆눙이 **슈고롭쏘다**
　　　　　<古眞 5:69>
　　　　cf. 요요ᄒᆫ 길ᄀᆡ의 유ᄌᆞᄂᆞᆫ **슈고로이** 시비롤 <古眞 1:72>
　　　ᄉᆞᄉᆞ롭-: 그 몸 도모ᄒᆞ기롤 편벽도이 **ᄉᆞᄉᆞ롭게** 말지어라

예에서 보다시피 접미사 '-답-'이 취한 어기는 고유어 명사 '그릇'이다. '그릇답-'은 중국어 '材'의 대역어이다. '材'는 '재목, 동량, 인재'등을 뜻하는 것으로서 번역문에서 '그릇'은 '국량이 있고 도량이 있는 사람, 인재'에 비유된 것이다. 현대한국어에서는 '포부가 있고 도량이 넓은 사람'을 '…그릇이 크다'고 말한다.

번역필사본에서는 의존형용사 '답-'은 별로 보이지 않는데 아마도 사전을 대상으로 한 자료상 한계가 있을 듯하다. 원래 의존형용사 '답-'은 중세한국어에서는 드물게 쓰였지만 근대한국어, 현대한국어로, 즉 후대로 올수록 그 쓰임이 활발해지는 것으로 파악된다(석주연 1995: 52). 그러나 진정한 접미사로의 '-답-'은 후기 근대한국어 시기에 그 생산성을 인정받기 어렵다.

122) 15세기 한국어에 '-ᄃᆸ-'의 이형태로 '-ᄃᆸ-, -ᄃᆲ-, -ᄃᆡᄫᅵ-, -ᄃᆡ외-, -롭-, -ᄅᆸ-, -ᄅᄫᅵ-, -ᄅ외-, -ᄅᆸ-, -로외-' 등이 있는데 이들 이형태들은 각각이 결합 가능성이 달랐을 것이다. 이들 접미사는 근대한국어 시기에 이르러 각각 다른 파생접미사 '-답-', '-되-', '-롭-'으로 발달했다(구본관 1998: 196). 15세기 한국어에서 '-ᄅᄫᅵ(>ᄅ외)-'는 주로 '-로외-'로 변화하고 '-로이-', '-로이-'등으로 변화하기도 하는데, 16세기 이후 근대한국어에서는 '-롭-'에 합류하게 된다(구본관 1998: 198~199).

<古百 3:28b>

cf. ᄉᆞᄉᆞ로이 쓰미 아니니 빌견디 <奎章 三國 17:62>

영화롭-: 그디을 위ᄒᆞ여 티와 못슬 **영화롭게** ᄒᆞ미라 <古眞 1:86>

　　　　cf. 관혹의 머믈라 ᄒᆞ시니 션빅들이 **영화로이** 너기더라

　　　　　　<朝記 褒寵 3:83>

종요롭-: 텬하의 하븍이 **종요롭기** 사름의 슈죡ᄀᆞᆺ고 <武穆 2:88>

　　　　cf. 소금을 굽고 돈을 디워 군용의 **종요로이** 쓸거슬 삼고

　　　　　　<三國 39:6>

향긔롭-: 난초는 긔운이 맛당이 **향긔롭ᄯᅡ** <古眞 1:80>

　　　　cf. 엇디 시러곰 **향긔로온** 도장을 넘녀ᄒᆞ리오

　　　　　　<古眞 1:96>

희롭-: 하ᄂᆞᆯ 의쳐ᄒᆞᆫ 비오 졍ᄉᆞ에 **희롭고** 후ᄉᆞ에 방희롭다

　　　　<綱鑑 1:52a>

ㄴ. 시롭-: 밤이 다시 **시롭도다** <鶴石集 45a>

　　　　cf. 눈 가튼 비치 **시로왓고** 실 갓튼 명뮉의 <뉴니 7:34>

아쳐롭-: 대인이 편벽도이 져긔 져룰 **아쳐롭게** 너기시니

　　　　<紅樓25:33>

　　　　cf. 그 돌히 도로 커 네 ᄀᆞ튼디라 좀밍이 ᄀᆞ장 **아쳐로이** 너

　　　　기더라

외롭-: **외롭고** 곳다온 거슬 희고 조ᄒᆞᆫ 줄을 뻐리니 <古眞 3:31>

　　　　cf. **외로이** 명챵의 만 권 셔롤디ᄒᆞ여시니

　　　　<浩然齋 上 35b>

　　(3)의 '-롭-' 형용사파생어들은 대부분 중세한국어 시기부터 이미 존재했던 것들이다. (3ㄱ)에서 보다시피 어기가 대부분 한자어 명사나 어근이다. (3ㄴ)과 같이 고유어 명사나 어근을 어기로 취하는 예는 '시롭-', '아쳐롭-', '외롭-' 정도이다.[123]

---

123) 현대한국어의 공시적인 입장에서 '새롭-'은 '관형사 + 접미사'로 보아야 하는 실정에
　　비추어, (송철의 1992/2008: 209)에서는 '새롭-'은 '새'가 명사로도 기능하던 시기에

(4) ㄱ. 고괴롭-: 얼골이 **고괴롭고** 슈발이 진빅ᄒ더라 <禪鎭 5:14>

cf. 고괴롭-: 말을 잘ᄒ니 **고괴롭고** <古眞 3:121>

교틔롭-: 셩음이 **교틔롭고** 긔질이 총명ᄒ여 뵈더라 [細嫩]
<禪鎭 5:21>

념녜롭-: 이런 무리는 족히 **념녜롭지** 아니ᄒ니 <平妖 8:31>

녜ᄉ롭-: 혼 무시 거동이 녕악ᄒ여 **녜ᄉ롭디** 아니ᄒ고
<延世 隋煬 2:83>

cf. 예ᄉ롭-: **예ᄉ롭지** 아닌말 <大方 水滸 5b>

방히롭-: 이졔 뒷문으로 왓시니 일의 **방히롭지** 아니ᄒ리라 [妨]
<紅樓 119:42>

cf. 치즁의 니러러 한 잔 챠롤 마시미 무슨 **방히로오미** 이
시리오 [妨碍] <忠小 6:29>

번거롭-:[124] 이런 허언으로 존쳥을 **번거롭게** ᄒ더니잇가
<명힝 4:52>

번폐롭-: 빅셩의게 **번폐롭게** 아니ᄒ니 <朝會 21:39>

샤긔롭-: 간음이 호미셔 **샤긔롭고** 힝실이 슌분의셔
<包公 阿彌陀佛講和1:4>

샹예롭-: 뎜즁 사롭이 딘평의 말이 **샹예롭디** 아니코 <西漢 9:4>

시톄롭-: 공교로온 졔되 새롭고 **시톄롭더라** <孫龐 3:82>

cf. 어스 형톄와 셜셩의 **시톄로온** 거동과 <낙셩 1:48>

신긔롭-: 공이 일옴과 다스림이 뎡흠이 엇디 **신긔롭고** 샌ᄅᆞ뇨
<古眞 5-1:8>

영요롭-: 졀효부인으로 녀ᄋᆞ롤 삼으면 엇지 **영요롭지** 아니리오
<再生 26:75>

cf. 슈슘일 니로 즉시 **영요로이** 발힝ᄒ라 <雪月 12:44>

지조롭-: 기룹딘 짜 빅셩이 **지조롭디** 못흠은 <古列女 1:40>

cf. 므슴 덕과 므슨 복으로 이롤 당ᄒ여 능히 안향ᄒ며 므

그 명사를 어기로 하여 형성되었던 것이 어휘화하여 현대한국어까지 이어져 온 것
으로 볼 수 있다고 하였다. '외롭-'의 '외'는 아직 확인된 바는 없으나 기원적으로 명
사였을 가능성이 있는 것으로 보았다(송철이 1992/2008: 209).

124) '번거롭-'은 사전들에서 대체로 '귀찮다, 어수선하고 복잡하다, 착잡하다' 정도의 의
미로 뜻풀이하고 있다(한자어 '煩'에서 온 것으로 여겨짐).

슘 지조로오미 잇셔 널위 죤가의 <완월 83:46>
혐의롭-: 관뇌계유 십삼 셰의 아히라 흔 번 쳥흐야 보미 **혐의롭디**
아니흐니 <玉支 4:61>
cf. 그더 내의 셕고 더러오믈 보와시니 **혐의로이** 너길가
흐야 두려호미라 <太平 2:58>

ㄴ. 간대롭-: 다만 얼골이 곱고 말슴이 **간대롭디** 아녀 <醒風 4:40>
싸드롭-: **싸드롭고** 국박흔 거슬 덜며 <朝會 29:35>
어리롭-: 보드라온 소리과 **어리로온** 말슴이 <西江 西漢 10:32>

(4)의 '-롭-' 파생어들은 번역필사본 자료에서 확인되는 예들이기는 하
지만 이미 근대한국어 당시에도 쓰였던 것들로 파악된다. 근대한국어에
서도 '-롭-' 파생형용사는 한자어 명사나 어근을 어기로 하는 경우가 고
유어 명사나 어근을 어기로 하는 경우보다 수적으로 퍽 우세였던 것으로
알려졌다.

(4ㄱ)의 예들은 한자어 명사나 어근을 어기로 한 경우이고, (4ㄴ)의 예
들은 고유어 명사나 어근을 어기로 한 경우이다. '간대롭-', '싸다롭-',
'어리롭-'은 어기의 성격을 알기 힘들다. 이들은 이미 형태론적으로 어휘
화한 것으로 보아야 한다.

'간대롭-'과 '어리롭-'의 파생어의미를 파악하기 위하여 아래에 번역필
사본에 나타난 예문을 보기로 하자.

(5) ㄱ. 간대롭-: 과연 그 발 모양이 크고 아담티 아니나 다만 얼골이 곱
고 말슴이 **간대롭지** 아녀 [金蓮果然......, 且出言雅度, 句
句達理.] <醒風 4:40>

ㄴ. 어리롭-: 드디여 왕의 옷스매를 잡고 진쥬 フᆴ 눈믈이 ᄂ처 フ득
흐고 보드라온 소리과 **어리로온** 말슴이 셔ᄅ 의지흐야

심히 쩌나기 어렵더라 [遂扯住霸王袍袖, 淚珠滿面, 柔聲嬌
語, 相偎相倚, 甚難割捨.] <西江 西漢 10:32>

(5ㄱ)의 '간대롭-'은 『표준국어대사전』과 『우리말 큰사전』에서 모두
'망령스럽다. 등한하다'로 뜻풀이하고 있다. 번역문에서 '간대롭지 아녀'
와 같이 '-지 아니(하)-'의 부정형이 붙어서 '망발스럽지 않다'의 의미로
쓰이었다. '간대롭-'의 부정형이 중국어 원문의 '句句達理'에 대응된 것인
데, '句句達理'는 '구구절절 사리에 밝다'의 의미를 나타낸다. 따라서 '간대
롭-'은 '사리에 밝지 못하다, 망령스럽다, 망발스럽다' 정도의 의미를 갖
는다. 어기 '간대'를 확인할 수 없으므로 '간대롭-'은 형태론적으로 어휘
화한 예이다.

(5ㄴ)의 '어리롭-'은 『표준국어대사전』에서 '아리땁다, 귀엽다'로 뜻풀
이하고 있다. '**어리로온** 아희들의 찍노는 양과(첩해신어 초 6:8)', 'ㄱ장 젓슙
거니와 다만 우리는 **어리로온** 얼굴과 놀래를 듯고 츅슈만 위홀 ㅼㄹ롭이오
니(첩해신어 초 9:6)' 등에서처럼 문헌에 나온다. 번역필사본에서는 중국어
원문의 '嬌'에 대응되었다. '嬌'는 '아름답고 사랑스럽다', '귀엽다', '아리땁
다' 등 의미를 나타낸다. 여기서도 어기 '어리'를 확인할 수 없으므로 '어
리롭-'은 형태론적으로 어휘화한 예로 볼 수 있다.

다음에서는 번역필사본에 출현하는 '-롭-'파생어 중에 어기의 의미 혹
은 파생어의 의미를 파악하기 어려운 것들을 따로 보기로 하자.

(6) 간츌롭-: 가장 **간츌롭게** ᄒ리라 <東遊記3:13>
고톄롭-: 댱젹의 비혼 거슨 **고톄롭고** [古淡] <古眞3:151>
쵸츠롭-: 이 은즉 바다 닐 찌의 스스로 기구치 아니ᄒ여도 **쵸츠롭게**
민빅의 두젼한 목을 쎄혀 <紅補 17:99>

(6)의 파생어들이 취한 어기도 역시 한자어 명사나 어근일 것으로 여

겨진다. 아래에 번역필사본에 나타나는 예문을 통해서 그 의미를 파악해
보기로 한다.

> (7) ㄱ. 간출롭-: 나는 긔우ᄒᆞᆫ 법이 가장 **간출롭게** ᄒᆞ리라 [俱各不用, 只
> 求我王誠心朝天叩拜, 焚一炷香, 大雨隨到.]
> <東遊記 3:13>
>
> ㄴ. 고톄롭-: 댱젹의 비혼 거슨 **고톄롭고** 헌거히 들매 둙의 므리ᄅᆞᆯ 피
> ᄒᆞ도다 [張籍學古淡, 軒昂避雞群.] <古眞3:151>
>
> ㄷ. 쵸츠롭-: 십분 환희ᄒᆞ여 즉시 비명으로 ᄒᆞ여금 고즁의 가셔 은ᄌᆞ
> ᄅᆞᆯ 밧게 ᄒᆞ니 이 은ᄌᆞ 바다 닐 씨의 스ᄉᆞ로 긔구치 아니
> ᄒᆞ여도 **쵸츠롭게** 미빅의 두젼 한 목을 쎼혀 은고와 문
> 샹 사롬의 쇼식외에 비명의 쳠개ᄒᆞᄂᆞᆫ 배 젹지 아닌지라
> [十分歡喜, 便... 公道加一扣頭, 除庫上, 門上花鎖外, 焙名大
> 大沾光.] <紅補 17:99>

(7ㄱ)의 '간출롭-'은 어기말음이 모음이 아닌 'ㄹ'이라는 점에서 '-롭-'
파생의 음운론적 제약을 위반하는 것 같은 느낌을 준다. 하지만 '겨를롭->
겨르롭-', '조술롭->조ᄉᆞ롭-'과 같은 예를 통하여 '간출롭->간츠롭-'과
같은 표기가 가능한 것으로 보인다.125) 'ㄹ, ㄹ'과 같은 표기는 둘 중 어
ㄴ 하나를 탈락시켜 표기하는 경우가 있다. '간출롭-'은 번역문에서 '簡素
하다, 간략하고 소박하다' 정도의 의미를 나타낸다.

(7ㄴ)의 '고톄롭-'은 중국어 원문의 '古淡'에 대응되었는데 현대중국어
의 '古板'과 같다. '古板'은 '고루하다, 완고하고 융통성이 없다'는 뜻으로
쓰이며 일반적으로 '고집이 세고 변통이 없으며 케케묵은 사람'을 비유하

---

125) 중세한국어에서 '-롭-'은 어기말음이 모음과 'ㄹ' 뒤에 결합되었듯이 근대한국어에서
도 '-롭-'은 어기말음이 'ㄹ'뒤에 일부 결합할 수 있었을 것으로 추정된다.

여 쓰인다(낡은 관념이나 습관에 젖어 고집이 세고 새로운 것을 잘 받아들이지 아니
하는 사람을 말함). '古板'과 상통하는 의미로 '古體'가 있다. '고톄롭-'의 어
기는 한자어 '古體'의 한자음을 따온 것이라 할 수 있다. 2음절에 나타나
는 '톄'는 현재에는 '톄>쳬>체'가 되었다. 따라서 '고톄롭-'은 '고루하다
융통성이 없다' 정도의 의미로 해석할 수 있다.

(7ㄷ)의 '쵸촛롭-'은 어기 '쵸촛'의 뜻을 확실히 파악하기 어려운 점이
있다. 이와 관련하여 중국어 원문에서는 '公道'로 쓰이었는바 '공평하다'
의 의미로 해석할 수 있는데 어기 '쵸촛'와의 관련성을 찾기 어렵다.

상술한 바와 같이 '-롭-' 형용사파생어들은 어기가 한자어 명사나 어
근인 경우가 대부분이라는 것을 알 수 있다. 또한 어기는 대부분 상태성,
추상성의 속성을 지닌 명사나 어근들이다. '-롭-'은 인성명사나 사물명
사와 같은 구체명사를 어기로 취하는 경우는 거의 등장하지 않는다.[126]
따라서 '-롭-'의 어기는 주로 추상성을 띠는 명사나 어근이고 구체명사
를 어기로 취하지 못하는 제약을 갖는다고 할 수 있다. 이것은 중세한국
어 및 현대한국어에서도 마찬가지이다.

또한 '-롭-' 접미사는 근대한국어 시기에도 중세나 현대한국어와 마찬
가지로 모음으로 끝나는 어기와만 결합할 수 있다는 음운론적 제약을 갖
는다. '간츌롭-'을[127] 제외하면 모두 이 제약을 엄격히 지키고 있다는 사
실을 발견할 수 있다. '-롭-'은 중세한국어의 '-둡-'과 '-롭-'의 두 이형
태 중 '-롭-'으로부터 발달한 것인데 중세한국어에서 '-둡-'은 자음으로
끝나는 어기에, '-롭-'은 모음으로 끝나는 어기에 결합되는 사실과도 관

---

126) 근대한국어에서 '원슈로이'와 같은 예가 있는데 이 경우에도 '원수'의 인성 자체보다
　　도 '원수'의 속성에 초점이 맞추어진다(석주연 1995: 59). 현대한국어에서도 '보배롭
　　다'의 '보배' 정도가 유일한 예일 것이다(송철의 1992/2008: 209). 여기서도 '보배'라는
　　구체적 사물보다도 '보배'의 속성인 '귀하고 소중함'의 의미 속성을 취하는 것이라 생
　　각된다.
127) '간츌롭-'은 따로 설명을 가한 바 있다.

련이 있다(송철의 1992/2008: 210). '-롭-'의 이와 같은 음운론적 제약은 근대한국어 시기에 자음으로 끝나는 어기에 결합하는 접미사 '-젓/접-'과 상보적 분포를 보여주는 까닭이기도 하다. 근대한국어 시기에 접미사 '-젓(접)-'은 '-되-', '-스럽-'과는 같은 어기를 공유하는 예가 존재하나 '-롭-'과는 같은 어기를 공유하지 않는다(석주연 1995: 62).

'-롭-'은 근대한국어 시기에 생산적인 접미사였을 것으로 파악된다. (4)에서 본 근대한국어 시기에 쓰인 위의 일련의 '-롭-' 파생형용사들로부터 그것을 알 수 있다. 그러나 '-롭-'은 근대후기에 들어와 '-스럽-'의 생산성이 갑자기 증대되면서 '-스럽-'에 밀리기도 한다. 18세기에 들어와 등장한 '-스럽-'은 파생어 형성에 있어서 어기의 말음에 대한 음운론적 제약이 없이 출발하였고 또한 '-스럽-'은 상황에 따른 다양한 의미 표현이 가능하여 의미의 폭이 넓어짐에 따라 그 생산성이 높아진 것으로 파악된다('-스럽-' 파생형용사에 대해서는 뒤에 후술됨).

5.2.3. '-스럽-'

'-스럽-'은 18세기에 등장한 형용사파생접미사이다(이기문 1972: 207).[128]

---

128) 기존의 연구들에서 '-스럽-'은 18세기에 문헌에 등장하는 것으로 널리 알려져 있다. 이기문 (1972: 207), 기주연(1994), 강은국(1995) 등에서 모두 이와 같이 보고 있다('원슈스러온 (역어유해 보 1775)' 등 예문에 근거하여 이렇게 보고 있음). 그런데 최근에 근대한국어의 문헌자료에서 17세기에 이미 '-스럽-'이 등장한 것을 볼 수 있었다. 예문: "어린 아히 누비옷도곤 핫옷 □니 니벗는 샹이 **알온스러워** 에엿브니라" [숙명 -36, 1661년, 인선왕후(어머니) → 숙명공주(딸)] (황문환 선생님께서 제공해주신 내부 자료임.)
이렇게 되면 기존의 연구들에서 '-스럽-'의 등장을 18세기로 보던 것을 17세기로 다시 보아야 함을 시사한다. 그런데 이것은 아직 공개되지 않은 자료이고, 또한 '-스럽-'이 17세기에 등장한 문헌자료가 위의 예문 하나에서만 발견되므로 이 책에서는 잠정적으로 기존의 원래의 견해대로 18세기에 '-스럽-'이 등장한 것으로 보고 기술하기로 한다. 그것은 이 '-스럽-'이 17세기에 한번 출현했다가 18세기 중엽 경에 다시

'-스럽-'은 문헌에 모습을 드러내기 시작한 18세기에서부터 19세기, 현대한국어에 이르기까지 높은 생산성을 유지하면서 현재도 생산성이 계속 증대되는 것으로 보고 있다. '-스럽'은 명사나 어근에 결합하여 형용사를 파생시킨다. '-스럽-'은 '어기가 지니고 있는 속성에 근접함' 정도의 의미를 가진다고 할 수 있다.129)

다음에서는 번역필사본에 나타나는 '-스럽-'에 의한 파생형용사를 고찰해 보기로 하겠다.

> (8) ㄱ. 괴란스럽-: 그 말을 듯고 보니 마음에 좀 **괴란스럽다** 흥기는
>   <卓文君 34>
>   귀졉스럽-: 이러케렁 **귀졉스럽게** 안다 <西遊67b>
>   녕졀스럽-: 수형이 하 **녕졀스러운** 말 <延世 西遊 3:104>

문헌에 출현하기까지 그 간에 왜 그 모습을 감추었는지 알 길이 없기 때문이다. 18세기 중엽이후에 문헌에 보이는 예를 한 개 더 추가하기로 한다.

예문: "지각 업손 아히 **만망스러온** 거술 혐의 두지 말고 세셰히 삸짓고 ᄀ르칠 영유덕덕의논 아니 흣엇노라 흥고" [추사가-02, 1775년, 해평윤씨(숙모)→김노직(조카)] (이것도 황문환선생님께서 제공해주셨음.)

129) '-스럽-'의 의미에 대해서는 윤동원(1986), 송철의(1992/2008), 김창섭(1996) 등을 참조. 윤동원(1986)은 '-스럽-'이 주의미로는 근접가치를 나타내며, 부수적인 의미로 근접상태, 성질, 태도 등을 들면서 이 세 가지 의미가 문맥적 상황에 따라 동요를 일으킨다고 보고 있다.

송철의(1992/2008: 201〜208)에서는 '-스럽-'의 의미가 항상 일관성 있게 나타나는 것은 아니어서 한마디로 명쾌하게 드러내기는 어렵다고 하였다. 즉, '-스럽-'이 '어른스럽다, 바보스럽다'에서처럼 인성명사를 어기로 할 때는 '어기는 아니지만 어기가 지니고 있는 특징적 속성 중의 일부를 지니고 있음.' 정도의 의미를 부여할 수 있고, '-스럽-'이 '복스럽다, 재미스럽다'에서처럼 추상명사를 어기로 할 때는 '어기가 의미하는 속성이나 특성이 있음에 대한 단정을 유보한 판단' 정도의 의미를 부여할 수 있다고 하였다.

김창섭(1996: 173〜179)에서는 '-스럽-'은 흔히 '-롭-'과 비교되어 오곤 했는데 양자의 미세한 구별에 대하여서는 '어기의 속성이 풍부하다'고 판단되면 '-롭-'을 택하고, 감각적 경험이 많이 작용하여 주관적 판단이 많이 작용하면 '-스럽-'을 택한다고 하였다. '-스럽-'은 '주체의 감각적 경험을 통한 주관적 판단'이라는 것을 함축한다고 설명하고 있다.

다스스럽-: 오늘 **다스스럽게** 즈긔가 가지고 오니 <紅樓 31:57>
스럼스럽-: 귀신을 좃ᄎ **스럼스럽긔** ᄒ나니라
        <啓明大 西遊 7:6-21>

ㄴ. 알스럽-:[130] 보드랍고 **알스럽다** 남여 타고 전향하여
       <北遷歌 8:447>
좀스럽-: 김싱원 니쥬부가 **좀스럽다** 조롱ᄒ야
       <김지수무즈셔힝녹>
촌스럽-: **촌스럽지** 아니탄 말 <大方 水滸 4b>
     cf. 엇던 벗이 이러툿 **촌스러오뇨** <隋史遺聞 6:66>

ㄷ. 눕스럽-: 답답 무안무안 **눕스럽다** <의성김씨80 계밍19c중반>
어룬스럽-: **어룬스러온** 체 <方四 雜語 32a>

(8)의 '-스럽-' 파생형용사들은 18~19세기 번역필사본과 원래부터 한글문헌인 필사본에 나타나는 것들이다. '-스럽-'접미사는 18세기부터 모습을 드러낸 것으로 추정되는데 문헌에 등장하는 것은 18세기 중반에 이르러서이다.

(8ㄱ)의 예들은 어기가 대부분 추상명사로서 어기가 명사나 어근(한자어, 고유어 포함)임을 알 수 있다. (8ㄴ)의 예들은 어기가 구체명사인 예인데 이 경우에 구체명사 자체보다는 구체명사로부터 얻을 수 있는 연상에 의한 표현적 의미가 강조되는 것으로 '-스럽-'의 의미를 파악한다(석주연 1995: 64). (8ㄷ)의 예들은 어기가 인성명사인 예인데 이 경우에도 인성명사의 본질보다는 감각적 경험에 의한 표현성이 강조된 느낌으로 '-스럽-' 의미가 파악된다(석주연 1995: 63).[131] 그 가운데 몇 개 파생어 예를 번역필

---

130) '알스럽다'는 '탐스럽다'의 의미를 나타내는데 '알(粒)'에서 '알알이 탐스럽게 생긴 모양'을 연상할 수 있을 것이다.
131) '-스럽-' 접미사의 의미가 감각적 경험을 강조한다는 견해는 김창섭(1996)에서도 이와 같이 논의하였다.

사본의 중국어 원문과 대조하면서 파생어의 의미 및 접미사 '-스럽-'의
의미를 살펴보기로 한다.

(9) ㄱ. 괴란스럽-: 그 말을 듯고 보니 마음에 좀 **괴란스럽다** 흐기는 우리
들이 낫 동안의는 그 사람들은 군쥬요 우리들은 노혜
라 [我心裏倒有點不高興了. 我們在百天的時候, 人間是君
主, 我們是奴僕.] <卓文君 34>

ㄴ. 귀졉스럽-: 이러케령 **귀졉스럽게** 안다 [這等樣靈…] 【八戒聞得此
言, 叩頭上告道: "哥啊, 分明要瞞著你,請你去的, 不期你這
等樣靈。饒我打,放我起來說罷。" 行者道: "也罷,起來說."
衆猴撒開手。那獸子跳得起來,兩邊亂張。】[132)]
<西遊 67b>

ㄷ. 녕졀스럽-: 수형이 하 **녕졀스러운** 말: <延世 西遊 3:104>

ㄹ. 다스스럽-: 전일의 일테로 사롬을 시켜 우리들의게 보낼 제 네 믄
득 져롤 쥴 것가지 보내엿 던들 엇지 일을 덜지 아니
흐엿시랴 오늘 **다스스럽게** 즈긔가 가지고 오니 [前日
一般的打殺人給我們送來, 你就把他的也帶了來, 豈不省
事? 今日巴巴的自己帶了來.] <紅樓 31:57>

ㅁ. 스럼스럽-: 이 바람은 능히 천지를 부려 어듭게 흐고 귀신은 좃츠
스럼스럽긔 흐나니라. [那風, 能吹天地暗, 善刮鬼神愁.]
<啓明大 西遊 7:6-21>

---

132) (9ㄴ)의 '귀졉스럽-'은 사전에서 중국어 원문 예문이 짧게 제시되어서 중국어 원문의
어느 부분에 대응되는지를 찾기 힘들었다. 그리하여 google 인터넷 검색 중국 고문헌
자료를 이용하여 번역문에 대응되는 확장된 중국어 원문을 찾을 수 있었으며, 이에
근거하여 번역문에서 나타나는 파생어의 뜻을 밝히는데 도움을 받게 되었다. 이 책
에서 【 】와 같은 문자표 안에 넣은 예문들은 바로 google 인터넷 검색을 하여 얻은
자료임을 말해둔다.

(9ㄱ)의 '괴란스럽다'는 중국어 원문의 '不高興'에 대응된 것으로 보아 '(마음이)어지럽다' 정도의 의미를 나타낸다. 한자어어근 '괴란(壞亂)'을 어기로 취하였는데 '괴란'은 '무너지고 어지럽다' 정도의 의미를 나타낸다.

(9ㄴ)의 '귀접스럽다'는 중세, 근대한국어 문헌자료에서는 찾을 수 없는데『표준국어대사전』,『금성국어사전』에서 '비위에 거슬리게 지저분한 데가 있다', '사람됨이 천하고 비루하여 품격이 없다' 정도로 뜻풀이하고 있다. '귀접스럽다'가 나온 부분의 중국어 원문을 더 넓혀서 검토해보면 '저팔계의 지저분하고 추잡하고 비루한 모양'을 엿볼 수 있는데 아마도 연상의 의미로 '귀접'을 선택한 것 같다. 하지만 어기 '귀접(귀접)'을 확인할 수 없어서 어려움이 있다.

(9ㄷ)의 '녕절스럽다'는 '영절스럽다(녕→영, i 모음 앞에서 ㄴ을 탈락시켜 표기)'로도 나타난다. '아주 그럴듯하다'의 의미를 나타낸다.『표준국어대사전』에 제시한 예문을 따오면 다음과 같다. "주사야몽으로 하도 장군이 적을 깨칠 궁리를 노심초사하고 있으니 이렇게 꿈이 **영절스럽게** 꾸어진 것이었다."(박종화, 임진왜란), 그런데 여기서도 어기 '영절'을 확인하기 어렵다.

(9ㄹ)의 '다사스럽다'는 '보기에 바쁜 데가 있다', '보기에 쓸데없는 일에 간섭을 잘하는 데가 있다' 정도의 의미를 나타낸다. 번역필사본에서는 중국어 원문의 '巴巴'에 대응되었는데 중국어에서 '巴巴'는 '모처럼, 일부러, 고의로' 등 의미를 나타내고 있다. '그러지 않아도 되는 것을 일부러 간섭함' 정도의 의미를 연상할 수 있으므로 '-스럽-'은 한자어어근 '다사(多事)'를 어기로 취한 것 같다.

(9ㅁ)의 '스럼스럽다'는 중국어의 '愁'에 대응되었는데 '시름겹다, 근심스럽다' 정도의 의미를 나타낸다. '스럼스럽다'는 현대한국어에서 '시름스럽다'를 가리킨다. '스>시'는 치찰음 아래의 'ㅡ>ㅣ'의 변화를 말해준다(시름>스름, 역방향). '럼>름'이 된 것은 'ㅓ>ㅡ'의 모음상승을 보여준다.

이상의 예문을 통하여 '-스럽-'이 추상명사 또는 어근(고유어나 한자어 포함)을 어기로 하여 파생형용사를 형성하는 경우는 아주 생산적임을 알 수 있다. 번역문에서는 대체로 연상된 의미로 어기를 선택하는 경우가 많다. 이때 접미사 '-스럽-'은 '어기의 속성에 근접함, 그런 면이 있음' 정도의 의미를 갖는다고 할 수 있다.

> (10) 촌스럽-: 엇던 벗이 이러툿 **촌스러오뇨.** [這个朋有怎麽這樣村的緊.]
> <大方 水滸 4b>

(10)의 '촌스럽다'는 '촌(村)'이라는 구체명사를 어기로 취한 것인데 중국어 원문의 '村的緊'에 대응되었다. 중국어를 직역하면 '매우 촌티가 나다' 정도의 의미로 해석되며, 여기서 어기 '촌(村)'은 그 자체보다는 '촌'으로부터 연상되는 표현적 의미를 나타낸다고 할 수 있다. 이 외에 구체명사를 어기로 취한 경우는 '알스럽다', '좀스럽다'가 있는데 원래부터 한글문헌인 필사본에 나타나는 것이므로 예문을 생략하였다. 이처럼 접미사 '-스럽-'은 일부 구체명사를 어기로 하여 그 어기와 관련된 연상의 의미를 나타내는 파생형용사를 형성하기도 한다.

> (11) 구경스럽-: 일일은 한 꿈을 어드미 몸이 동산의 니르러는 긔화 흔 숑
> 이 써러져 잇스되 보기 **구경스럽더라** [求景] <平妖 2:25>

또한 위의 기술에서 추상명사, 구체명사를 어기로 하는 '-스럽-' 형용사파생의 기본적인 논의와는 다르게 (11)의 '구경스럽다'와 같은 좀 특이한 예가 번역필사본에 등장한다.

'구경스럽다'는 '구경할만하다, 볼만하다'의 의미로 해석할 수 있는데 여기서 접미사 '-스럽-'의 사전적 의미 ㉠ '그러한 특성이 많이 있거나

그러한 특성이 꽤 있어 보임', ㉡ '그럴 만하다', 이 중에서 후자의 의미를 선택해서 만들어진 파생형용사라고 볼 수 있겠다. 근대한국어 시기에 '구경(求景)하다'가 쓰이는 것으로 보아 한자어 어근 '求景'을 어기로 하여 '-스럽-'파생이 이루어졌다고 할 수 있다. 이때의 '-스럽-' 접미사는 '그럴 만하다' 정도의 의미를 갖는다. 이것은 여태껏 '-스럽-' 형용사파생접미사에서 볼 수 없었던 것인 만큼 주목된다. 그런데 현대한국어에서는 '구경(求景)스럽다'가 거의 안 쓰이는 것으로 보아 예외적인 것으로 볼 수밖에 없다.

이상의 논의를 검토해보면 '-스럽-'접미사는 명사나 어근(고유어, 한자어 포함)을 어기로 취하며, '어기가 지니고 있는 속성에 근접함', '어기가 의미하는 속성이나 특성에 대한 화자의 느낌에 대한 주관적 판단' 등의 의미를 갖는다고 할 수 있다. 어기가 추상명사를 취하는 경우가 더 많으며, 구체명사(인성명사 포함)를 어기로 취할 때는 그 어기 자체보다도 어기의 속성에서 연상되는 표현적의미가 강조되는 것으로 파악된다. 또한 '-스럽-'은 어기에 대한 음운론적 제약이 없이 여러 어기와 자유롭게 결합하며 어기가 취하는 의미폭도 매우 넓어서 18세기 문헌에 처음 등장하기 시작하였으면서도 활발한 생산성을 보여주며 그러한 생산성이 현대한국어까지 이어지는 것으로 파악된다. 또한 '-스럽-'은 기존의 다른 형용사파생접미사들과 밀접한 관련을 맺기도 하는데 '-롭-'의 의미를 거의 다 포함할 수 있다는 견해까지 있다(윤동원 1986). 또한 후기 근대한국어의 '-스럽-'은 접미사 '-젓/접-'을 밀어냈다.[133] '-스럽-'에 관하여 한 가지 보충할 것은 후기 근대한국어에서는 '그럴만하다(구경스럽다 예)'의 의미로도 아주 적게나마 파생어형성에 참여했다는 점이다.

---

133) '-젓/접-'은 18세기에 생산성이 활발하다가 19세기에는 모습을 감춰간다(황문환 2006).

5.2.4. '-젓/접-'

근대한국어 시기의 접미사 '-젓-'은 중세한국어 시기의 '-졈-'에서 이어진 것인데 후기 근대한국어 문헌에는 주로 '-접-'으로 등장한다.[134] '-젓-'은 주로 초기 근대한국어 시기에, '-접-'은 주로 후기 근대한국어 시기에 문헌에 보이던 것인데 강은국(1995: 416), 기주연(1994: 235), 석주연(1995: 71) 등 기존의 논의에서 공통적으로 '-젓-'을 근대한국어의 형용사파생접미사로 상정하고 '-접-'의 존재는 확인하지 못하였다. 황문환(2001)에서는 '의심저은'과 '의심저온' 두 가지 표기가 동시에 등장하는 18, 19세기 문헌을 면밀히 조사하여 '의심저온'이 '의심젓-'이 아닌 '의심접-'의 ㅂ불규칙 활용에 해당하는 표기임을 확인하고 파생접미사 '-접-'을 상정하였다. '-젓/접-'은 한자어 명사나 어근, 고유어명사나 어근을 어기로 취하여 '그런 것을 느끼게 하는 데가 있음'이라는 뜻을 더하는 근대한국어 시기의 비교적 생산적인 형용사파생접미사였다. 그런데 '-젓-' 단계까지는 별다른 어기 제약을 보이지 않다가 '-접-' 단계부터 부정적 어기를 취하는 경향이 늘게 되었다. '-젓/접-'은 각각 '-젓/졉-'으로도 나타나는데 이는 ㄷ구개음화가 일어난 이후로 'ㅈ' 아래의 단모음과 이중모음의 표기상 문제인 것으로 간주한다.

(12) ㄱ. 근심젓-: 이 길이 십분 긴급ᄒ고 **근심젓고** 의심되니 [憂] <西漢 4:4>
　　　ㄷ. 근심접- <古眞 4:51>
　　　좀젓-: 오후의 밋쳐 다시 남글 뷔려 갈 ᄲᅥ 브야흐로 칼을 달라
　　　　ᄒ니 일건은 **좀저은** 거시라 즐겨 도로 주지 아니ᄒ니 [小

---

134) 황문환(2006)에서는 중세한국어부터 현대한국어까지 파생접미사 '-적/쩍-'이 통시적으로 변화해 온 과정을 '-졈->-젓->-접->-적->-쩍-'으로 나누어 설명하였다. 즉 '-졈-'은 주로 15세기에, '-젓-'은 16~18세기, '-접-'은 18~19세기 주로는 19세기, '-적-'은 19세기 이후에, '-적(쩍)-'은 20세기 이후에 문헌에 쓰였음을 각 시기별 예를 제시하여 세밀하게 검토하였다.

器] <包公 瞞刀還刀 6:64>

　　　cf. 좀접- <包公 靑糞 8:41>

절젓-: **절젓다** 니시여 도적질ᄒᄂᆫ 우믈을 마시디 아녀 [絶哉]

　　　<包公 三官經 9:81>

주접젓-: 이제 너를 노하 보내면 사름이 네 귀미 거츨며 거동이

　　　주접저은 줄보고 옥듕 죄 인이 ᄃ라난다 아니리오

　　　[殼觫] <禪眞 16冊本 3:73>

ㄴ. 고이접-: 너는 다만 남의 ᄒᆡᆼ동이 **고이져우믈** 원망만 ᄒ고 너ᄂᆫ주

　　　긔가 남을 보 치여 견디기 어려온 줄 다시 모로ᄂᆫ도이

　　　다 [怪] <紅樓 20:60>

궁상접-: 집안의 근심이 업거눌 엇지 니러틋 슬푼 거동을 지어

　　　궁상져온 모양을 ᄒᄂᆫ뇨 [窮狀] <平妖 5:63>

근심접-: 이 뉘 이런 애ᄯᆞᆫᄂᆫ 녕혼을 블러 심거 츤굿츨 밍그라

　　　근심져온 거슬 부텨ᄂᆫ고 [愁] <古眞 4:51>

　　　cf. 근심젓- <西漢 4:4>

능쳥접-: 닌광이 비록 **능쳥져오나** 존젼의셔 모든 공안이 동시ᄒ

　　　옵ᄂᆫ 바의 엇디 위력으로 니긔려 ᄒ리잇가

　　　<완월 42:52>

덤턱접-: 이 **덤턱져운** 업튝아 반일을 굴머든 무어시 비골프니 노

　　　손은 오빅년을 되 아러 지즐녀 셔로 일죽 비골픈 줄을

　　　몰나거든 이리 용녈ᄒᆫ 거시 졔텬대셩을 결우랴 ᄒᄂᆫ다

　　　<延世 西遊 3:4>

빗접-: 진공의 됴히 너기는 비 아니라 ᄒ믈며 무ᄉᆞᆷ **빗져온** 신부

　　　롤 맛노라 부문의 법을 ᄡᅳ리오 <명ᄒᆡᆼ 22:60>

싱광접-: 의샹은 쏘ᄒᆞᆫ 젹은 일이라 ᄒᆡ마다 아모커나 어더 닙거

　　　니와 믄득 이러케 **싱광졉지** 못ᄒ리라 [彩頭兒]

　　　<紅樓37:75>

싱식접-: 아모리 조흔 화류와 산슈라도 쏘ᄒᆞᆫ 능히 **싱식졉지** 못ᄒ

　　　리라 [生色] <紅樓 17:4>

　　　cf. 두 사름을 익여 **싱식져우니** 믄득 니려올 것이어눌 다시

져로 더부러 괴운을 너여 간흥믈 다토눈다 [有臉 面]
<綠牧 4:47>

욕접-: 막예는 더욱 방탕흔 무리라 그 치마와 바지롤 벗기려 흐
니 우모 응예 **욕저오** 태심 흐믈 보고 [汚辱] <包公 試假反
試眞 4:3>

좀접-: 댱재 슉수로 흐여곰 네믈을 밧으라 흐니 슉쉬 그 네믈이
다 **좀져오믈** 보고 기둥 후흔 거술 굴히여 두어 가디 것과
그 거유롤 밧으니 [菲薄] <包公 靑糞 8:41>

cf. 좀젓- <包公 瞞刀還刀 6:64>

지용접-: 거게 하 **지용져우니** 죽으나 사나 너모 담당흐고 일졀우
리게 넌누치말게 흐라 <延世 西遊 9:127>

편벽접-: 이눈 판관의 **편벽져오미** 아니라 이 졍히 판관의 공되이
니라 [偏向] <包公 鬼推魔 9:16>

(12)의 예들은 모두 명사나 어근(고유어, 한자어포함)을 어기로 하고 거기
에 형용사파생접미사 '-젓/접-'이 결합하여 파생된 형용사파생어이다.
(12ㄱ)의 예들은 '-젓(젓)-'이 결합한 경우이고, (12ㄴ)의 예들은 '-접(접)-'
이 결합한 한 경우이다.

후기 근대한국어 시기는 '-접-'이 문헌에 등장하였고 '-젓-'과 함께 쓰
였음을 알 수 있다.[135] 위의 파생어들을 관찰하여 보면 '-젓/접-'은 모음
어미 앞에서는 대부분 파생어들이 ㅅ불규칙 활용에서 ㅂ불규칙 활용에 참
여함으로써 '-접(접)-'과 결합하는 양상을 보여주었다. '근심젓-', '좀젓-',
'졀젓-', '주접젓-'에서만 ㅅ불규칙 활용을 함으로써 '-젓-' 접미사를 취
한 셈인데 그러면서도 '근심젓-'은 '근심저온(古眞 4:51)'로도 나타나고, '좀
젓-'은 같은 문헌 '包公'에서 '좀져오믈(包公 靑糞 8:41)'로도 나타나는 것을

---

135) 황문환(2001: 29)에서는 '-접-'은 아무리 소급해도 18세기 후반에나 등장하였고 19세
기에 들어서면서 '-젓-'은 거의 보이지 않는다고 하였다. 그러나 번역필사본에서는
자음어미 앞에서는 '-젓-'이 아직 '-접-'과 함께 문헌에 출현함을 알 수 있다.

볼 수 있다. 이것은 후기 근대한국어 시기에 '-젓->-접-'변화를 보여주는 예들이라고 할 수 있다.[136) 아래 (13)의 예문들은 이와 같은 사실을 뒷받침해준다.

(13) ㄱ. 싱식접-: 만일 귀비 유람ᄒ실 ᄊᆡ롤 기다려 제목을 쳥ᄒ면 약간 경치와 여간 뎡ᄌ의 제목 쁜 글지 업셔셔ᄂᆞᆫ 아모리 조흔 화류와 산슈라도 ᄯᅩ흔 능희 **싱식접지** 못ᄒ리라
[若直待貴妃遊幸過再請題, 偌大景致, 若干亭謝, 無字標題, 任是花柳山水, 也斷不能生色.] <紅樓 17:4>

　　ㄷ. 두 사름을 익어 **싱식져우니** 문득 닉려올 것이어늘 다시 져로 더부러 긔운을 닉여 간ᄒᆞ믈 다토ᄂᆞ다
[有臉 面] <綠牧 4:47>

ㄴ. 절젓-: **절젓다** 니시여 도적질ᄒᆞᄂᆞᆫ 우믈을 마시디 아녀 스스로 목미여 죽고 어디다 문환은 죽기롤 둘게 아니 너겨 입으로 진경을 외오니[絕哉李氏, 不飲盜泉寧自縊; 善哉文煥, 不甘就死誦三官眞經.] <包公 三官經 9:81>

ㄷ. 주접젓-: 이제 너롤 노하 보내면 사름이 네 귀미 거츨며 거동이 **주접저은** 줄 보고 옥듕 죄인이 ᄃᆞ라난다 아니리오 [假如今夜放你去了, 有人見你這鬢髮蓬鬆, 舉止骸觫, 豈不是獄中在逃, 誰肯放過.] <禪眞 16冊本 3:73>

ㄹ. 지용접-: 거게 하 **지용져우니** 죽으나사나 너모 담당ᄒᆞ고 일졀 우리게 넌누치 말게 ᄒᆞ라 [哥哥, 切莫攀出我們來.]
<延世 西遊 9:127>
【八戒道: "哥哥, 切莫攀出我們來." 行者道: "我不攀你, 只要你兩個與我收藥." 沙僧道: "收甚麽藥?" 行者道: "凡有人送藥來與我, 照數收下, 待我回來取用." 二人領諾不題.】

136) '-젓->-접-'의 형태론적 기제에 대하여서는 황문환(2001)을 참조.

cf. 지간격-: **지간젹다** [轉關兒] <大方 西廂 10a>[137]
【"老夫人轉關兒沒定奪, 啞謎兒怎猜破。"】

(13ㄱ)의 '싱식졉-'은 한자어어근 '싱식(生色)'에 접미사 '-졉-'이 결합되어 형성된 파생형용사인데 '광채를 풍기다. 생광스럽다'의 의미를 나타낸다. 어기인 '싱식(生色)'은 근대중국어에서 원래 두 가지 뜻을 갖고 있는데 ㉠ '빛내다. 생생하다' 정도의 의미와 ㉡ '낯색을 보이다' 정도의 의미를 가진다. '싱식(生色)'의 이 두 가지 의미는 모두 어기의 의미가 될 수 있는데 생성된 파생어는 전자는 '광택이 나다'의 의미를 가지며, 후자는 '낯색을 보이다. 낯이 나도록 하다.'의 의미를 갖는다. 위의 예시 중, "아모리 조흔 화류와 산슈라도 쏘흔 능히 **싱식졉지** 못흐리라(生色)"(紅樓 17:4). 이것은 바로 전자의 의미에 해당되며, "두 사룸을 익여 **싱식져우니** 문득 너려올 것이어늘 다시 져로 더부러 긔운을 너여 간흐믈 다토는다[有臉面]"(綠牧 4:47).' 이는 바로 후자의 의미에 해당되는 예문이다.

(13ㄴ)의 '졀젓-'은 한자어어근 '絶'을 어기로 하고 거기에 접미사 '-젓-'이 결합하여 형성된 파생형용사이다. '졀젓-'은 '기발하다 색다르다'의 뜻을 가진다. 중국어 원문에서 '絶'로 쓰이었는데 중국어에서 '絶'은 '대단하다. 뛰어난 데가 있다' 정도의 의미를 갖는다. '絶哉李氏'에서 '哉'는 중국어에서 감탄이나 반문 등 강한 어조를 나타내는 허사(虛辭)이다. 감탄을 나타낼 때 '정말, 과연, 무척' 등 부사의 수식어를 동반해서 쓰이는데 '絶哉李氏'는 '이 씨는 과연 뛰어난 데가 있다(색다른 데가 있다).' 등으로 해석할 수 있다. 즉 번역필사본에서 '졀젓다 니시여'는 중국어 원문 '絶哉李氏'

---

137) (9ㄹ)도 사전에서 중국어 원문 예문이 짧게 제시되어서 '지용졉다'가 중국어 원문의 어느 부분에 대응되는지를 찾기 힘들었다. 이것도 google 인터넷 검색 중국 고문헌 자료를 이용하여 번역문에 대응되는 확장된 중국어 원문을 찾았고, 이에 근거하여 번역문에서 나타나는 파생어의 뜻을 밝히는데 도움을 받게 되었다. 참조에 제시한 '지간격다'도 마찬가지이다.

에 대응된 것인데 현대한국어로 '과연 색다른 데가 있다 니시여' 또는 '정말 기발하다. 니시여'와 같이 해석할 수 있다.

(13ㄷ)의 '주접젓-'은 어기 '주접'에 접미사 '-젓-'이 결합하여 형성된 파생형용사이다. '주접저은-'은 '주접젓-'의 모음어미 앞에서 활용형이다. 이는 중국어 원문의 '觳觫'에 대응된 것인데 근대중국어에서 '觳觫'은 '주접이 들다. 궁상스럽다' 정도의 의미를 갖는다. 중국어의 뜻을 고려하여 번역문에서 그에 적합한 어기를 선택한 것이다. '주접젓-'은 '궁상스럽다. 궁색한 기운이 돌다' 정도의 의미를 갖는다.

(13ㄹ)의 '지용접-'은 한자어 명사 '지용(才容)'을 어기로 하고 거기에 접미사 '-접-'이 결합하여 형성된 파생형용사이다. 사전에 제시한 예문이 짧아서 중국 고문헌자료 구글 인터넷 검색을 해 보았지만 정확히 대응되는 중국 어휘는 찾을 수 없었다. 번역문에서는 중국어 원문의 내용을 잘 파악하고 그에 대응되는 가장 적절한 한자어 '지용(才容)'을 어기로 취하고 거기에 '-접-'을 결합시켜 파생형용사 '지용접-'을 파생시킨 듯하다. '지용겨우-'는 모음어미 앞에서 사용되었다. '재주가 많고 용모가 뛰어나다'의 의미를 갖는다. '-접-' 형용사파생접미사의 단어형성규칙에 따라서 '지용접-'과 같은 파생어를 형성하여 번역작업에 이용한 것은 번역문 문장의 표현력을 높이고 예술성을 돋보이는데도 효과적이라고 할 수 있겠다.

(13)의 참조에 제시한 '지간격-'은 한자어 명사 '지간(才幹)'을 어기로 하고 거기에 '-격-'이 결합하여 형성된 파생형용사이다. 사전에 '轉關兒'로 짧게 제시되어서 원문 검색을 해 본 결과 '轉關兒'은 근대 희곡작품에 나왔던 속어로서 '耍機詐, 弄手段'의 의미를 가지는데 이것은 한국어로 '사기와 거짓말로 희롱하다. 수단을 가리지 않고 엉큼하다' 정도의 의미로 해석할 수 있다. 원래는 부정적 의미를 부여한 것인데 문장 속에서의 쓰임에 따라 간접적으로 일종 '지혜와 재능'을 표현할 수도 있다.138)

여기에서 주목할 것은 번역필사본에는 아직 적게 보이는 접미사 '-격-'
이 등장한 것이다(지간격-). '-적-'은 주로 19~20세기 초의 문헌에 등장
하기 시작한 것으로 파악되는데 '-졍->-졋->-졉->-적->-쩍-'의 변화
과정을 겪은 것으로 볼 수 있으며 현대한국어에서는 '-적/쩍-'으로 나타
난다.[139] 또한 현대한국어에서 '-적->-쩍-'은 '-궂-'이나 '-맞-'과 비슷
하게 기능하는데 '부정적 의미를 갖는 명사나 어근을 어기로 취하는 경
향'이 뚜렷한 것으로 파악하고 있다(송철의 1992/2008). 후기 근대한국어 시
기에 주로 나타나는 '-졉-'의 어기도 '-졋-'의 단계보다 취하는 어기가
많아짐과 동시에 부정적 어기도 늘어난 경향을 보이는 것이 특징이다(황
문환 2006). 아래에 이와 같은 '-졋/졉-'이 선택하는 어기의 의미의 경향을
파악하고자 참고로 '[X + -졋/졉-] + -이'형 파생부사 예들을 제시하여
그 어기를 살펴보고자 한다.

> (14) 궁상져이: 당튝이 비록 무상혼들 박시조ㅊ 그디도록 광망괴려ᄒ여
> 　　　　날노뼈 실가의 화열ᄒ믈 두디 못ᄒ고 댱야의 **궁상져이**
> 　　　　헴 만흔 스람이 되게 ᄒᄂ뇨 <완월 48: 31>
> 　　급작져이: 이때 구월 그믐이라 텬긔 **급작져이** 치워 거믄 구롬이 엉
> 　　　　긔여 년일ᄒ여 됴티아니ᄒ니 일로 인ᄒ야 냥군이 아직 싸
> 　　　　홈을 긋쳣더라 [暴] <三國 19:27>
> 　　덥턱져이: 너 드리고 돈니니 하 **덥턱져이** 구니 눕도 붓그럽다 [嘴臉]
> 　　　　<延世 西遊 7:11>
> 　　병져이: 셕가의 괴도는 쇼딜이 심히 비쳑ᄒ믈 **병져이** ᄒ며 동빈의
> 　　　　쳥허ᄒ믈 췌 치 아니 ᄒᄂ니 <완월 55:68>
> 　　빗져이: 닉년 구월 이 십삼일이 노모의 칠십 세 싱진이니 현뎨논 가

---

138) '지간격-'의 출처인 (大方 西廂)은 1919년 한남서림에서 나온 것으로 추정되어 있기
　　에 시기적으로 20세기 초이므로 '-격-' 파생이 가능했던 것으로 여긴다. 여기서는 참
　　고만 하기 바란다.
139) '-졍->-졋->-졉->-적->-쩍-'의 변화 과정에 대한 자세한 논의는 황문환(2006)
　　참조

히 **빗저이** 님ᄒ라 [光] <隨史遺文 6:30>

cf. 빗죠이: 힝직 져의 올나오믈 보고 금ᄌᆞ봉을 **빗죠이** 놉히 들고
쒸여니다라 쇼요를 즛치며 <啓明大 西遊 17:37~52>

실저히: 엄시 비록 방도 활직ᄒ여 됴금도 부도롤 츌히지 아니코 매
부ᄒ믈 노예 ᄀᆞᆺ치 ᄒ나 이 거죠의 당ᄒ여ᄂ 춤ᄋ 놉히 안저
실저히 디치 못ᄒ고 쏘 닉흉한지라 <명힝 10:35>

싱광져이: 오늘 대개 부즁의 도라오신다 ᄒ기로 약간한 잔 믈근 슐
을 예비ᄒ여 풍진을 위로ᄒ려 ᄒ여시니 아지 못게라 가히
싱광져이 바드시랴 [光] <紅樓 16:22>

싱색져이: 셔숑붕이 비록 묘즁에셔 간검ᄒᄂ 마음은 뇌더에 잇셔 ᄉ
롬으로 ᄒ야 탐지ᄒ니 냥기를 익엿다 ᄒ거날 여겸이 **싱색
져이** ᄒ얏다 [臉面] <綠牧 4:47>

욕져이: 밧바 **욕져이** 브릇시믈 좃디 못ᄒ니 날을 위ᄒ야 샤ᄒ라 [辱]
<玉嬌 2:87>

잔져이: 네 우마왕이 내게 쟝가 드런 지 오라지 아니ᄒ더 금은과 듀
옥능나롤 네 집의 무궁이 보내고 냥식이며 찬믈과 싀초롤낫
낫치 예셔 이우거든 붓그럽도 아니ᄒ야랴 **잔져이** 브리고 나
온 남편을 쳥ᄒ야 가랴 ᄒᄂ다 <延世 西遊 9:4>

편벽져이: 호샹 둘이 **편벽져이** 여러 신션의 집의 비쵀엿도다
[偏] <隨史遺文 6:7>

험상져이: 쏘 무슨 일이 못맛당ᄒ야 져리 **험상져이** 뗑기고 안즛ᄂ뇨
<완월 135:32>

희롱져이: 딘쥐 굴오더 병매 즛텨오니 **희롱져이** 홀 일이 아니니라
[要] <隋史遺文 1:13>

cf. 희롱져이: 젼시롤 디ᄒ여 **희롱져이** 말ᄒ거날 젼시 응답지 아
니 ᄒ고 집으로 도라ᄀᆞᆺ더니 [風話] <平妖 1:29>

(14)의 예들은 '-젓/졉-'파생형용사가 부사화접미사 '-이' 앞에서 '-저
이'형을 취한 경우인데 이때 1차적 파생형용사를 형성하는 접미사 '-젓-'
과 '-졉-'을 가려내기 어렵다. 그것은 이 두 접미사의 '-이'(부사화 접미사)

파생형이 모두 '-저이'로 동일하게 나타나기 때문이다. [-젓- + -이] >
저이(모음 간 ㅅ탈락), [-접- + -이] >저이(모음 간 ㅂ 탈락).140) 그러나 19세
기에는 '-젓-'이 문헌에 거의 보이지 않고 '-접-'이 활발하게 문헌에 쓰
인다는 형태론적 특징을 감안할 때 부사어 '-저이'형은 '-접-' 접미사에
의해 형성된 파생형용사로부터 형성된 파생부사일 것으로 본다.

　이상에서 보다시피 위에서 제시되었던 '-젓/접-'접미사에 의한 모든
파생어들을 살펴보면 어기의 의미가 긍정적인 경우 '빗, 싱광, 싱식, 지
용, 직간' 정도인데 비해 부정적인 경우는 '괴이, 궁상, 급작, 능청, 덤턱,
욕, 잔, 좀, 주접, 편벽, 험상, 희롱' 등 더 많은 숫자를 보여주므로 '-젓/
접-' 접미사의 어기가 부정적 경향의 의미를 띠는 방향으로 나아감을 알
수 있다.

　이상과 같이 번역필사본에서 형용사파생접미사 '-젓/접-'에 의한 파생
을 검토해보았다. '-젓/접-'은 한자어 명사나 어근, 고유어 명사나 어근
을 두루 어기로 취할 수 있는데 번역필사본에는 한자어어기가 더 많음을
알 수 있다. '-젓/접-'은 '-롭-', '-스럽-'과 의미나 기능이 유사한 것으로
서 '어기의 속성을 풍부히 갖고 있거나 그러함' 정도의 의미를 갖는
다.141) 후기 근대한국어에 와서는 '-접-'파생이 '-젓-'파생보다 활발히

---

140) 황문환(2001)에서는 '-젓-'과 '-접-'의 '-이'(부사화 접미사) 파생형이 모두 '-저이'로
　　동일하게 나타나는 점을 중시하고 이러한 파생형이 바로 어간 오분석 환경을 제공
　　하였을 것으로 추정하였다. 나아가 '-이' 파생에 참여하는 어간이 ㅅ불규칙보다는
　　ㅂ불규칙에 압도적으로 많이 분포하는 점, 특히 '-젓-'과 의미나 기능이 유사한 '-스
　　럽-', '-롭-' 따위의 파생 접사가 모두 ㅂ불규칙에 참여하는 점 등은 '-젓/접-'의 말
　　음을 오분석 하는데 강력한 요인으로 작용하였을 것으로 파악하였다.
141) 황문환(2001: 31)각주 부분에서는 '-젓-'과 '-롭-'은 보완 관계, '-젓-'과 '-스럽-'은
　　경쟁관계로 구체화할 수 있다고 하였다. '-젓-'은 어기말음이 자음이냐 모음이냐에
　　따라 '-롭-'과는 거의 상보적 분포를 이루며 존재하였고, '-스럽-'은 그러한 제약에
　　서 자유로웠고 후대에 갈수록 '-젓-', '-롭-'과 어기를 공유하는 경향을 보이면서 경
　　쟁관계에 있던 '-스럽-'이 높은 생산성을 보이면서 '-젓-', '-롭-'을 대치하는 양상을
　　보인다고 하였다.

진행되었고, 주로 부정적 경향을 띠는 어기와 더 많이 결합되었음을 알
수 있다.142)

5.2.5. '-되-'

근대한국어 시기에 존재하는 형용사파생접미사 '-되-'는 중세한국어
시기에 존재하던 '-둡-', '-ᄃᆞ외-', '-ᄃᆞ빈-' 등이 변화하여 형성된 것이
다.143) 근대한국어 시기에 접미사 '-되-'는 한자어어근이나 명사, 고유어
어근이나 명사를 두루 어기로 취하여 형용사파생을 형성하였다. '-되-'
는 '-롭-, -스럽-, -젓/접-'과 비슷한 의미를 지니며 대체로 '어기의 속
성을 갖고 있음, 그러함' 정도의 의미를 나타낸다. '-되-' 파생형용사와
관련하여 동사인 '되-'와 동사파생접미사 '-되-'의 구분문제가 제기되는
데 이를 실제적인 문맥에서 잘 구분해야한다. '-되-'는 일부 동사어간을
어기로 취하여 동사파생을 이루기도 하기 때문이다. 다음은 번역필사본
에 나타나는 '-되-'파생어 예들이다.

    (15) ㄱ. 공변되-: 긔우ᄒᆞᆷ믄 본 디방 공변된 일이라 [公] <女仙 5:8>
           향암되-: 규즁 아녀의 향암되므로ᄡᅥ <禪眞 15:13>
           정성되-: 무빙도 향것 향ᄒᆞ야 정성되고 향거시 의지 업손 주룰
               설이 너겨 [精誠] <왕시던1>
           구익되-: 만일 불연ᄒᆞ여도 그 시의 동병ᄒᆞ면 무어시 구익되리요
               [拘碍] <毛三國 10:84>

---

142) 황문환(2006)에서는 '-젓/접-'이 19세기 후반으로 갈수록 '-스럽-'에 의하여 밀리게
     되었고 현대한국어에 와서는 '-적/쩍-'으로의 변화를 입음과 동시에 주로 부정적 의
     미를 갖는 어기를 취하는 경향을 가지게 되었다고 하였다.
143) 석주연(1995: 52) 참조 이러한 변화에는 '-ᄃᆞ빈->-ᄃᆞ외->-도외->-되-'와 같은 과
     정이 상정될 수 있을 것이라 하였다.

ㄴ. 급작되-: 술이 반만 취호매 거믄 구롬이 네 녁흐로셔 못고 급작
된 비 오더니 [忽, 暴] <三國 7:121>

ㄷ. 통섭되-: 길 통섭되지 못ㅎ여 아즉 못 가온이 답답ㅎ오이다
[通涉] <전주유씨33 문안1921>
평복되-: 근일 감후 졔졀 첨가ㅎ오샤 미령ㅎ옵신 줄노만 아와ᄉ
오니 ᄎᄎ 평복되옵실 일만 앙망이옵더니 [平復]
<봉셔61 쳔쳔 몽미 밧 /신뎡황후 됴시던 최상궁>
핀잔되-: 요란ㅎ여 유무도 ᄌ셰 몯ㅎ니 자내 짐쟉ㅎ여 핀잔되디
아니케 츌화 보내소 [搶白] <현풍곽씨16 얼우신네 나롤>
쥬졉되-: 의복을 단거리로 입고 가니 게 가셔는 쥬졉될 디 갑갑
ㅎ다 <창원황씨16 츈일이 고이훈더>

cf. 활별되-: 지친간의 오리 활별되여 져 무리롤 모다 아라
보지 못ㅎ도다 [闊別] <紅樓 114:56>
혜되-: 반ᄃ시 근심이 업ᄉ리라 혜되나
<通鑑 東晉 11:58>
포험되-: 은ᄌ 포험된 바롤 니ᄅ고 <紅樓 48:31>

(15ㄱ)의 예들은 '-되-'가 한자어 명사나 어근을 어기로 취한 경우이
며, (15ㄴ)의 예는 고유어어근을 어기로 취한 경우이다. (15ㄷ)의 예들은
원래부터 한글문헌인 필사본의 예들이다. 그리고 참조로 제시된 예들은
'-되-'접미사의 다른 한 기능의 예들인데 동사어간을 어기로 하여 거기
에 '-되-'가 결합하여 피동의 뜻을 나타내는 동사를 파생시킨 것이다. 이
들은 '-되-' 형용사파생과 잘 구분하여야 한다. '-되-'파생은 인성명사를
어기로 취하지 않으며 보통 추상명사를 어기로 취한다.[144] '-되-'접미사
의 의미는 '어기의 속성을 갖고 있거나 그러함'을 나타내며 생산성이 높

---

144) 석주연(1995: 57)에서는 근대한국어 자료에서 확인되는 예는 보통 중세한국어 당시
에도 존재했던 것들인데 대부분 한자어 어근이나 명사가 어기라고 했다.

다고 할 수 없으나 근대한국어 시기에 두루 잘 쓰인 듯하다.

다음은 위의 예에서 몇 개를 골라 검토해보고자 한다.

(16) 향암되-: 쇼녜 능히 긔록ᄒᄂ니 야야긔 전ᄒᄋ여 활명혼 은혜롤 갑고
  져 ᄒᄋ되 규중 아녀 **향암되므로뻐** 귀인의 존위롤 간범치
  못ᄒᄋ여 ᄒᄂ이다 [小女記親切, 願傳帥爺以報活名之恩..……]
  <禪眞 15:13>

d. 포험되-: 져 긔ᄌ롤 잡아 아문의 니ᄅ러 은ᄌ **포험된** 바롤 니
  ᄅ고 저가산을 발ᄆᆡᄒᄋ여 포험을 츙슈ᄒᄋ게 ᄒᄋ고 [拿
  了他到衙門裏去, 說所欠官銀, 變賣家産賠補.]
  <紅樓 48:31>
혜되-: 댱민이 내 공의 도라보시믈 닙는 줄 아ᄂ니 이제 단신
  으로 ᄂᆞ려가면 반ᄃᆞ시 근심이 업스리라 **혜되나** 이에
  가히 그 ᄆᆞ음을 평안케 ᄒᆞ리라 [長民知我蒙公垂眄, 今
  輕身單下, 必當以爲無虞, 乃可以少安其意耳.]
  <通鑑 東晉 11:58>

(16)의 '향암되-'는 『금성국어대사전』에서 '향암되다'가 '향암된 말ᄒᆞ다
(漢淸 7:14)'와 같이 문헌에 쓰인 것을 예로 들었다. 중국어 원문이 짧아서
'향암되-'에 대응되는 단어를 찾기 어렵다. 사전에서는 '촌스럽다'의 의미
로 해석하였다. '향암되-'에서 어기가 한자어 '鄕闇(시골)'이므로 '향암되-'
는 '시골티가 나다'의 뜻으로 해석할 수 있다.

이 외에 참조로 제시한 '포험되-'와 '혜되-'는 동사성 어근을 어기로
하여 거기에 '-되-'가 결합되어 피동의 의미의 동사파생을 형성한 것인
데 형용사파생접미사 '-되-'와의 구별을 잘해야 한다. '포험되-'는 '저당
잡히다'의 의미를 나타내고 '혜되-'는 '생각되다, 여기다' 정도의 의미를
나타낸다.

5.2.6. '-압/업-'

'-압/업-'은 중세한국어에서는 일반적으로 동사어간에만 결합하였으나 근대한국어에서는 동사어간, 형용사어간 및 어근과도 결합하여 형용사를 파생시킨다. 현대한국어에서도 대체로 근대한국어에서와 마찬가지로 동사어간, 형용사어간 및 어근과 결합한다. 이 접미사는 '주관적인 감정 상태'를 나타내거나(안병희 1959/1978: 66, 송철의 1992/2008: 216), '…한 느낌, 감각'(하치근 1989: 287) 정도의 의미를 나타내는데 중세, 근대한국어에서는 비교적 생산적이라고 할 수 있지만 현대한국어에서는 생산적이라고 할 수 없다.[145] 다음은 번역필사본에 나타나는 '-압/업-' 파생어의 예들을 보기로 하자.

(17) ㄱ. 밋덥-: **밋더우냐** 미덥지아니하냐 [信] <你呢貴姓 29a>

반갑-: 가장 반갑다 [趙想] <華撮 57b>

부쓰럽-: 권이 우수 왈 이 말이 엇지 **부쓰럽지** 아니리요 [羞]
<毛三國 10:95>

cf. 쑤그럽-<毛三國 16:53>, 붓거럽-<毛三國 5:63>

슷그럽-: 금일 엄쥰훈 옥식과 밍널훈 샹교롤 드르미 **슷그럽고**
<명힝 11:38>

어디럽-: 맛당히 밀셔 두 봉을 쎠쏘아 셩듕의 드려보니여 그 안
으로 흐여곰 **어디럽계흐면** 셩을 가히 어드리이다 [亂]
<毛三國 15:71>

ㄴ. 달압-: 네 만일 쯧예 **달압디** 안으면 가져가디 말아라 [願意]
<中 華 阿川 1b>

---

145) 송철의(1992/2008: 217)에서는 현대한국어에서 동사어간으로부터 '-압/업-'에 의해 형성된 대부분의 파생어들이 어휘화했을 뿐만 아니라, 동사어간으로부터 이 접미사에 의해 새로이 파생어가 형성되는 경우를 발견할 수도 없기 때문에 '-압/업-'은 현대한국어에서는 생산적이라고 할 수 없다고 하였다.

조바얍-: 풍슈정은 본디 젹은 사롭이라 마음이 **조바얍고** [窄狹]

　　　　　<禪鎭 1:59>

ㄷ. 너그러오-: 큰 덕이 놉고 **너그러오시무로** [寬仁]

　　　　　<啓明大 西遊 23:9-68>

밋그럽-: 고의가 원리 내공을 면쥬로 너허 **밋그럽고** [滑]

　　　　　<續紅 19:64>

　　cf. 밋그러우-: 심히 **밋그러워** 물 발이 부치들 못ᄒ여 [滑]

　　　　　　　<延世 西遊 7:31>

보드롭-: **보드라온** 소리와 어리로온 말ᄉᆞᆷ이 [柔]

　　　　　<西江 西漢10:32>

어그럽-: 용뫼 심히 고괴ᄒ고 의복이 심히 **어그럽고** [蹊蹺]

　　　　　<禪 眞 9:66>

장그라오-: 세샹의 이런 **장그라온** 일이 잇ᄂᆞ냐 [造化]

　　　　　<延世 西 遊 8:55>

간즈러우-: 나ᄂᆞᆫ **간즈러워** 못 견딕깃노라 [怪癢癢] <紅樓 39:6>

ㄹ. 슬겁-:146) 스스로 쥭어 나의 **슯겁디** 못ᄒᆞᆫ 줄을 뵈리라 [智]

　　　　　<西漢 9:46>

　　(17ㄱ)의 예들은 동사어간을 어기로 하고 거기에 '-압/업-'이 결합하여 형성된 파생어들인데 '밋덥-, 반갑-, 부ᄯ러웝(쌏그럽-, 붓거럽-), 슟그럽-, 어디럽-' 등은 각각 동사어간 '믿(밋)-, 반기-, 붓그리-, 슟그리-, 어디리-'에 접미사 '-압/업-'이 결합되어 형용사를 파생시킨 것이다.147) '붓그리-'

---

146) '슬겁-'에 대해서는 뒤에 '슬갑-'을 설명할 때 함께 설명하기로 한다.

147) (17ㄱ)의 예들 중 '어디럽-'에 대해서는 송철의(1992/2008: 218)의 각주부분에서 '어지럽-(<어디럽-)은 '어질어질하다'의 어근 '어질'에 '-압/업-'이 결합된 것이라고 할 수도 있고, 동사 '어지르-(<어디리-)'의 어간에 '-압/업-'이 결합된 것이라고 할 수도 있다고 하였다. 이 어기는 두 가지 의미를 갖는데 '머리 등이 어지럽다'의 의미와 '깨끗하지 못하다'의 의미를 갖는데 이 책에서는 번역문의 의미상 동사어간 '어디리-'에 '-압/업-'이 결합된 것으로 볼 수 있다.

와 '슷그리-'는 현대한국어에는 공시적으로 존재하지 않는 동사어간이지만 근대한국어에는 존재했던 것이다. '부쓰럽-', '슷그럽-'은 현대한국어에서 파생어만 남고 어기가 존재하지 않아 이들을 형태론적으로 어휘화한 예로 볼 수 있다. '슷그럽-'은 '두렵다. 송구스럽다'의 의미를 갖는다.

(17ㄴ)의 예들은 형용사어간을 어기로 하여 '-압/업-'이 결합되어 형성된 파생어들인데 중세한국어에서는 형용사어간을 어기로 하는 경우를 볼 수 없지만 근대한국어에서는 드물게나마 나타난다. '달압-', '조바얍-'은 각각 형용사어간 '달-', '좁-'을 어기로 취하였는데 근대한국어 시기에 공시적으로 존재하였던 형용사어간들이다. '달압-(다랍-)'은 '달- + -압->달압-(다랍-)'으로 분석할 수 있으며 '달갑다. 마음에 들어 흐뭇하다'의 의미를 가진다. '달압-(다랍-)'은 '달갑-'으로도 나타나는데 그렇게 되면 '달- + -갑- >달갑-'으로 분석할 수도 있다. '조바얍-'은 '조보얍-(奎章三國 6:136), 조뵈얍-(水滸 37:71), 죠비야오-(奎章 錦香 1:11)' 등 이형태를 갖는다. '바>보(뵈)'가 된 것은 순음 ㅂ의 영향으로 'ㅏ'가 원순모음화 된 것이다. 중세한국어에 '조비압-'으로도 나타난다. '조바얍-'은 '좁다, (마음이) 너그럽지 못하고 옹졸하다' 정도의 의미를 갖는다.

(17ㄷ)의 예들은 어근을 어기로 하고 거기에 '-압/업-'이 결합하여 형성된 파생어들이다. 이들은 어기 말음이 모두 'ㄹ'로 되어있는데 이것은 송철의(1992/2008: 217), 기주연(1994: 229)에서 이미 이와 같은 현상을 지적하였다. 번역필사본에서도 같은 양상을 보여주었다. 이들 어근들은 촉각과 관련되는 의미를 갖고 있으며 '-압/업-'과 결합하여 '…한 느낌, 감각'을 나타내는 형용사를 파생시킨다. 어기인 '너글, 밋글, 보들, 어글, 장글, 간즐(간질)'은 '밋글밋글', '보들보들' 등과 같은 반복형을 취할 수 있다는 점을 고려하면 (17ㄷ)의 파생어들은 그 어기가 '너글', '밋글', '보들'이라고 볼 수 있음을 시사한다. 원래 중세한국어 시기에는 '-압/업-'이 어기

말음이 'i'인 동사어간에만 결합하여야 한다는 음운론적 제약이 있었지만 근대 한국어시기에는 이와 같은 음운론적 제약이 완화됨으로써 형용사 어간과 어근에도 결합할 수 있게 되었다.[148] 번역필사본에서 '어그럽-'과 '장그랍-'이 특징적이라 할 수 있다.

> (18) ㄱ. 어그럽-: 용뫼 심히 고괴ᄒ고 의복이 심히 **어그럽고** [蹊蹺]
>   <禪眞 9:66>
>
>   ㄴ. 장그랍-: 모든 제형들아 셰샹의 이런 **장그라온** 일이 잇ᄂ냐 원슈
>   롤 우리 집의 와 어덧노라 [兄弟們, 造化! 造化! 寃家在
>   我家里也!] <延世 西遊 8:55>

(18ㄱ)의 '어그럽-'은 어근 '어글'을 그 어기로 상정할 수 있을 것 같은데 이것은 '너그럽-(寬)'과 잘 구분하여야 한다. '너그럽-'의 어두음 ㄴ이 표기상 나타나지 않는 경우가 있으므로 번역필사본에서는 '어그럽-, 어기럽-'으로도 나타나므로 표기상 문제가 의미상의 혼란을 가져올 수 있기 때문이다. 번역필사본에서 '어그럽-'은 중국어 원문의 '蹊蹺'에 대응된 것인데 '蹊蹺'는 한국어로 '기괴함, 수상쩍음'의 뜻을 가진다. 따라서 여기서의 '어그럽-'은 '너그럽-'과는 관련이 없다.

(18ㄴ)의 '장그랍-'은 중국어 원문의 '造化'에 대응된 것으로 보이는데 의역을 했음을 알 수 있다. '造化'는 원래 '조화, 행운'의 뜻을 가지는데 중국어에서 '造化! 造化!'와 같은 구조로 흔히 감탄을 나타내면서 '놀라만한 어떤 현상에 주관적인 감정, 느낌을 강하게 표현'할 때 쓰인다. 『표준국어대사전』에서 '장그랍다'는 '쟁그랍다'를 낮잡아 이르는 말이라고 하였고, '쟁그랍다'는 '보거나 만지기에 소름이 끼칠 정도로 조금 흉하거나

---

148) 석주연(1995: 40) 참조.

끔찍하다'라고 뜻풀이하고 있다. 또한 '장그랍다/쟁그랍다'를 '징그럽다'와도 같이 보고 있다. 어원사전에서는 '징그럽다'를 '징글(의태어, 징글징글) + -업- > 징그럽다'로 분석하고 있다. 따라서 번역필사본에서도 '장그랍다'는 '장글 + -압- >장그랍다'로 분석할 수 있다. 여기서 '장그랍-'은 '소름이 끼치도록 끔찍하고 치사스러울 정도로 더러운 데가 있다' 정도의 의미로 해석할 수 있다.

다음으로 접미사 '-압/업-'이 한자어어근에 결합 가능성에 대하여 송철의(1992/2008: 219)에서는 '노엽다'와 '귀엽다'를 예를 들고 있다. 그러나 이것은 심재기(1982: 398)에서의 설명에서처럼 '노엽다'는 '怒흡다'에서 모음 간 'ㅎ'의 약화탈락에 의해 발달한 것일 가능성을 말해주는 바, '노엽다'와 '귀엽다'를 한자어 어근을 어기로 하는 '-압/업-'의 형용사파생으로 보기에는 어려울 것으로 파악하고 있다.149) 한자어어기를 많이 차용하고 있는 번역필사본에서도 '-압/업-'이 한자어어근을 어기로 취하는 경우가 보이지 않으므로 '-압/업-'은 대체로 고유어 어기와만 결합하여 '주관적인 감정이나 느낌'을 나타내는 형용사를 파생시키는 듯하다.

'-압/업-'은 중세한국어에서는 동사어간에만 한정하여 결합하던 것이 근대한국어와 현대한국어에 와서는 동사어간, 형용사어간 및 어근과도 결합하여 형용사를 파생시킨다. 석주연(1995)에서는 근대한국어 시기에 '-압/업-'은 활발한 생산성으로 많은 신조어를 생산하였고 이와 함께 전대에 존재했던 어기의 음운론적 제약이나 통사론적 제약이 완화된 모습을 보이는 것이 특징적이라고 하였다.150) 송철의(1992/2008: 217)에서는 '-압/업-'이 전대에 동사어간을 어기로 하여 형성된 파생어들이 현대한국어에서

---

149) 송철의(1992/2008: 218)에서는 한자어어근에 '-압/업-'이 결합된 경우에 대하여 '노엽-, 귀엽-'을 예를 들었다. 하지만 이들이 과연 '-압/업-'에 의한 파생어들인지는 의심스럽다고 하였다.
150) '-압/업-'의 파생형용사에 대하여서는 석주연(1995: 34~41)참조.

는 어휘화하였음을 언급하고 동사어간으로부터 이 접미사에 의해 새로이 파생어가 형성되는 것을 발견할 수 없지만 '-압/업-'이 취하는 어기는 동사어간에만 국한되지 않음을 지적하였다.

5.2.7. '-갑/겁-'

'-갑/겁-'은 명사나 어근, 및 형용사어간을 어기로 하여 형용사를 파생시키는 접미사이다. 이는 중세한국어 시기부터 존재하던 것이었는데 그리 생산적이지 못하였다. 중세한국어 시기에 '-갑/겁-'에 의한 파생어는 많지 않으며 근대 한국어시기에도 전대에 존재했던 파생형용사의 예가 대부분이다(석주연 1995: 48).[151] '-갑/겁-'은 '지시하는 대상이 어떤 상태나 속성을 갖고 있음' 정도의 의미를 부여할 수 있다.

다음은 번역필사본에 나타나는 예들인데 '-갑/겁-'의 파생형용사로 볼 수 있을지 예를 제시해 본다(이 부분에 대하여서는 '-압/업-'에 의한 파생으로 처리할 수도 있을 것 같음).[152]

> (19) 굼겁-: 젼의 가가와 혼가지로 뭇터셔 돈닐 제 나즌 듯고 밤은 자이 니 ᄆᆞ음이 **굼겁디** 아니터니 [悶悶] 〈平妖 2:62〉
> 슬갑-: 내 비록 몸이 쟉으나 속은 **슬갑거든** 너만 거슬 몰나보랴 [慧] 〈延世 西遊 3:85〉
> 곡갑-: 우리 ᄋᆞ히야 너는 **곡가와** 말고 [委曲] 〈紅樓 35:13〉

---

151) '-갑/겁-'의 파생형용사는 석주연(1995: 48)에서 제시한 몇 개와 기주연(1994: 230)에서 제시한 몇 개가 거의 전부라고 할 수 있는데 '갑갑-, 슴겁다-' 등이다. 이 접미사는 품사의 전성도 하지 않는 비생산적인 접미사이다.

152) '-갑/겁-'을 '-압/업-'의 이형태로 보는 견해들이 그동안 있어왔는데 허웅(1975)에서는 음운론적 설명상의 난점 등을 감안하여 이형태 관계로 처리 할 수 없음을 분명히 하고 있고, 기주연(1994)에서도 이들을 각각 별개의 형태소로 처리하고 있다.

(19)의 '굼겁-'은 형용사 '굼굼ㅎ-'의 어근 '굼굼'에서 '굼'을 어기로 취하고 거기에 '-겁-'이 결합되어 형용사파생을 이룬 것으로 분석할 수 있다.[153] '굼굼하다'는 현대한국어에서 '궁금하다'로 되었는데 이것은 'ㅁ'이 'ㄱ' 앞에서 변자음화 된 것을 보여준다. '굼겁-'은 중국어 원문의 '悶悶'에 대응되는 것인데 '어떤 것에 관심을 갖고 알고 싶은 마음, 답답함'의 뜻을 가진다. '궁금하다'와 유사한 뜻을 가진다고 할 수 있다. 이기문 (1982)에 따르면 평안도 방언에는 '축축하다'의 '축'에 '-업-'이 결합되어 형성된 '추겁-(축업-)'이라는 형용사와 '눅눅하다'의 '눅'에 '-업-'이 결합되어 형성된 '누겁-(눅업-)'이라는 형용사가 있다고 한다. 그리고 '추겁-'과 '누겁-'의 의미는 '축축하-', '눅눅하-'와 같다고 한다. 이에 비추어 본다면 '굼굼ㅎ-'의 '굼'에 '-겁-'이 결합되어 '굼겁-'이 형성되는 것은 가능한 일이며 '굼겁-'의 의미는 '굼굼ㅎ-(>궁금하-)'의 의미와 거의 같은 것이라는 것을 짐작할 수 있다.

'슬갑-'은 '슬기 + -압- > 슬갑-(살갑-)'으로 분석할 수 있다. '살갑다'는 여러 가지 의미를 갖는데 제시한 번역필사본 예문에서는 '지혜롭다'의 의미를 나타낸다. 이와 같은 의미로 '슬겁다' "스스로 죽어 나의 **슬겁디** 못혼 줄을 뵈리라 [智] (西漢 9:46)"가 있는데 '슬겁다'는 파생명사 '슬긔(슬긔)'에 '-업-'이 결합하여 '슬긔(智)+ -업- > 슬긔업다> 슬겁다'가 되었다.

'곡갑-'은 '곱-(曲) + -갑-'으로 분석할 수 있다. '곱갑->곡갑->고깝다'의 음운변화를 거쳐 현대한국어에서 '고깝다'가 되었다. '곡갑-'의 의미는 대체로 '섭섭하고 야속하여 마음이 언짢다' 정도로 해석할 수 있다.[154]

---

153) '굼굼ㅎ-'가 쓰인 예문:
신ㅅ디초의 구구 졍념 간졀ㅎ올 츠 무리 신귀셩 닷쳐 시훤 황홀 반갑기 시 졍신니 도라온 닷 **굼굼타** (김해허씨6 편후 양음니) ('굼굼타'는 '굼굼ㅎ다'의 'ㅎ +ㄷ'의 축약형).
154) '고깝다'가 후기 근대한국어 시기에 '곡갑다'로 표기된 것은 그 시기 '아깝다'가 '악갑다'로도 표기된 것과 같은 현상이다.

(20) 또 **곡가와** 눈믈이 니음츳 쩌러지믈 금치 못ᄒ거눌
　　　[便又委曲, 禁不住淚淚流下來.] <紅樓 44:45>

5.2.8. '-ㅂ-'와 '-브-'

'-ㅂ-'와 '-브-'도 '-압/업-'과 마찬가지로 동사어간에 붙어서 감정형
용사를 파생시키던 접미사들이었다. 그러나 이들 접미사들은 현대한국어
에서 전혀 생산성을 갖지 못한다(송철의 1992/2008: 219). 'ᄒ-'에 의한 파생
어간을 어기로 하고 거기에 'ㅂ'이 결합하여 형성된 '-홉-'형을 제외하고
는 번역필사본에서도 이들 접미사들은 생산성을 인정하기 힘들며 이들
에 의해 형성된 파생어들은 대부분 어휘화한 예들이다.

(21) ㄱ. ᄀ놋브-: 몸이 **ᄀ놋브고** 의복이 픔죱고 <朝天錄 52>
　　　　ᄌᆺ부-: 빅셩이 **ᄌᆺ부고** 슈고로운 일이 업스며 [疲倦] <西漢 1:61>
　　　　뉘웃부-: 밤의 허믈을 술펴 **뉘웃분** 일이 업슨 후의 쉬고 [憾]
　　　　　　　　<古列女 1:42>
　　　　　　　　cf. 뉘우부-, 뉘웃브-
　　　　미부-: 너를 **미부게** 너기게 하야 이 일을 소기도다 [信]
　　　　　　　　<包公 龜入廢井 3:17>
　　　　　　　　cf. 믿부-, 믿쑤-, 믿브-, 밋부-, 밋브-
　　　　예엿브-: 가히 **예엿브다** 외로온 손이 어느 촌의셔 자논고 [憐]
　　　　　　　　<浩然齋 12a>
　　　　잇부-: 이중의 **잇부믈** 덜고져 ᄒ노라 [勞, 疲困]
　　　　　　　　<啓明大 西遊 4:20-10>
　　　　　　　　cf. 잇브-, 잇쑤-, 잇쎄-

　　　ㄴ. 가련홉-: **가련홉다** 방통이 난젼지하의 죽으니 [可憐]
　　　　　　　　<三國 20:96>
　　　　공경홉-: 진실로 가히 ᄉᆞ랑홉고 **공경홉도다** [可敬] <平山 3:87>

노홉-: 관형의 말이 가장 유리ᄒ니 다시 싱각ᄒᄆᆡ **노홉고** 분ᄒ
ᄆᆡ 더ᄒ니 엇지 ᄒ여야 조흘고 [可惱] <禪眞 11:1>

ᄌ홉-: **ᄌ홉다**[차탄ᄒᄂᆞᆫ 말이래 너 위왕이 샹셔ᄒ야 겸양ᄒ니
[ᄎᆞᆷ] <三國 26:39>

차홉-: 왕강이 희이ᄒᄆᆡ 샹히 광구홀 신해 업ᄉᆞᄆᆞᆯ 싱각고 근심
ᄒᄂᆞᆫ 배려니 **차홉다** [嗟] <春秋列國 5:23>

친홉-: 그 인ᄒᄆᆡ 가히 **친홉고** 그 말이 가히 밋브고 [親]
<開闢 4:73>

툐챵홉-: **툐챵홉다** 이제 봄이 쏘 가니 동풍의 도라가는 ᄭᅮᆷ이 홍
쥐의 니ᄅᆞᄂᆞᆫ도다 [惆愴] <浩然齋 上33b>

한홉-: 쥬옥핑물을 다 진멸ᄒ니 엇지 **한홉지** 아니ᄒ리오 [恨]
<毛三國 1:53>

cf. 사랑홉-: 가히 **사랑홉다** 뫼니 소리예 막디를 옴겨 죽졍
에 남ᄒ엿도다 [愛] <鶴石集 17b>

(21ㄱ)의 파생어들은 현대한국어에는 모두 어휘화한 예들이다. 이것은
'-ㅂ-'와 '-브(ㅸ)-' 자체의 화석화에도 원인이 있는 것으로서 이 접미사의
화석화가 단어 전체의 어휘화(단일어화)에 기여했음을 말해주는 것이라 할
수 있다(석주연 1995: 42~46). 번역필사본에서는 '-브-'가 '-부-'로 많이 나
타나는데, 이것은 'ㅂ' 아래에서의 원순모음화현상과 관련이 있다. 중세한
국어에서는 음운론적 조건에 따라 '-ㅂ/ㅸ/브-'로 나타났는데 '-ㅂ-'은
어간 말음이 모음인 경우에, '-ㅸ/브-'는 어간 말음이 자음인 경우에(ㄹ
제외) 결합되었다.

(21ㄱ)에서 'ᄀᆞᄂᆞᆺ브-, ᄌᆞᆺ부-, 뉘읏부-, 미부-, 예엿브-, 잇부-'는 각각
어기를 중세 및 근대한국어의 'ᄀᆞᄂᆞᆺ-, 져-, 뉘읏-(<뉘읓-)-, 밋(믿)-, 예엿-,
잇-' 등으로 볼 수 있다. 'ᄀᆞᄂᆞᆺ브-'는 '가늘고 가냘프다'의 뜻을 가지며,
'ᄌᆞᆺ부-'는 '피곤하다'의 뜻이고, '뉘읏부-'는 '후회하다, 유감스럽다'의 뜻
이다. '미부-'는 '믿다'의 뜻이며 '예엿브(어엿브)-'는 '불쌍히 여기다'의 뜻

이며, '잇부-'는 '피곤하다, 힘들다(가쁘다)'의 뜻을 가진다.

(21ㄴ)의 파생어 예들은 '흐-'에 의한 파생 어간에 'ㅂ'가 결합되어 '-흡-'형 형용사파생어들인데 어기는 대부분 한자어 명사나 어근들이다. 번역 필사본에는 이와 같은 '-흡-'형 형용사파생이 아주 생산적으로 이루어진 것 같다. 아래에 중국어 원문과 대조하면서 이들 '-흡-'형 파생어들의 의미와 기능을 알아보고자 한다.

(22) ㄱ. ᄌᆞ흡-: **ᄌᆞ흡다**(차탄ᄒᆞ는 말이라) 너 위왕이 샹셔ᄒᆞ야 겸양ᄒᆞ니
　　　　　[咨, 爾魏王, 上書謙讓.] <三國 26:39>

　　　　무양 왕실을 붓들 냥신이 업스믈 흐ᄒᆞ더니 **ᄌᆞ흡다** 너 진후 영지
　　　　(영지는 익공의 일홈이라) 쥬실을 광보홀 ᄠᅳ지 이시니 진실노 아
　　　　룸다온지라 [每悼于斯, 嘆無良策. 咨! 爾秦侯(嬴智)有志尊周, 誠可
　　　　稱羨.] <春秋列國 9:90>

ㄴ. 차흡-: 왕강이 희이ᄒᆞ미 샹히 광구홀 신해 업스믈 싱각고 근심ᄒᆞ
　　　　는 배러니 **차흡다** [王綱解紐常懷有望擧之臣, 咨嗟.]
　　　　<春秋列國 5:23>

ㄷ. 친흡-: 위 위인이 민쳡ᄒᆞ고 능히 브즈런ᄒᆞ고 그 덕을 어릇디 아
　　　　니ᄒᆞ고 그 인ᄒᆞ미 가히 **친흡고** 그 말이 가히 밋브고 소리
　　　　는 죵늉의 응ᄒᆞ고 몸은 법도 합ᄒᆞ더라 [禹爲人敏給克勤,
　　　　其德不違, 其仁可親, 其言可信, 聲音應爲鐘律, 以身合爲法
　　　　度.] <開闢4:73>

ㄹ. 툐챵흡-: **툐챵흡다** 이제 봄이 ᄯᅩ 가니 동풍의 도라가는 ᄭᅮ미 홍
　　　　쥐의 니르ᄂᆞᆫ도다 [惆悵如今春又去, 東風歸夢到洪州.]
　　　　<浩然齋 上:33b>

(22ㄱ)의 'ᄌᆞ흡-'과 (22ㄴ)의 '차흡-'은 모두 중국어 원문에서 '咨(咨嗟)'

로 쓰이었다. 이 두 예는 모두 '찬탄스럽다'는 의미를 가지는 데 'ᄌ홉-'는 한자어 어근 'ᄌ(咨)'에 '-홉-'형이 결합한 것이고, '차홉-'은 한자어 어근 '차(嗟)'에 '-홉-'형이 결합하여 파생형용사를 형성한 것이다. '咨'와 '嗟'는 모두 '감탄하다. 탄식하다'의 의미를 나타낸다.

(22ㄷ)의 '친홉-'은 한자어 어근 '친(親)'에 '-홉-'형이 결합한 것인데 '사이가 아주 좋고 가깝다'의 의미를 나타낸다.

(22ㄹ)의 '툐챵홉-'은 한자어 어근 '툐챵(悃愴)'에 '-홉-'형이 결합한 것인데 중국어 원문의 '惆愴(惆悵)'에 대응된 것이다. 이것은 중국어 직접 차용인 듯하다. 그렇게 되면 '추창홉다(chouchang)' 정도로 파생되어야 했는데 '툐챵홉다'로 된 것은 구개음화현상에 의한 역방향표기와 'ㅗ>ㅜ(모음상승)'에 의한 역방향표기인 것으로 볼 수 있다('툐챵>쵸챵>초챵>추챵'의 변화과정을 상정할 수 있음).

제 6 장

부사파생

6.1. 문제의 제시

근대한국어의 부사파생접미사는 그 수가 많지는 않지만 어기의 종류가 매우 다양하고 생산성도 비교적 높은 편이다. 김원중(1994)에서는 파생부사의 구조를 '접미사에 의한 것', '굴절형이 그대로 굳어져 부사화한 것', 그리고 '영접사(혹은 영변화)에 의한 것' 등으로 나누어 기술하였다. 여기서 부사파생접미사로 '-이, -히, -오/우, -곰, -혀, -소/조, -애, -오/욱, -ㅅ' 등으로 설정하고 있다.

'-이'는 '-히'와 더불어 가장 생산적인 부사파생접미사이다(이광호 2004: 198).[155] '-이'가 중세한국어부터 근대를 거쳐 현대에 이르기까지 매우 생

---

155) 통시적으로 보면, '-히'도 '-이'와 동일한 파생접미사에서 온 것으로 생각되므로 공시적인 입장에서 '-히'를 하나의 파생접미사로 볼 수 있지만 '-이'에 포함시켜 다룰 수도 있다(고영근·구본관 2008: 229~330). 한편으로는 김성규(1994), 유필재(2007) 등에서는 성조론의 관점에서 원래 '-이'와 '-히'가 다르다고 주장한 바 있다. '-이'와 '-히'는 원래 어기의 형태자질에 따라 한자어에는 '-히'가 결합하고, 고유어에는 '-이'가 결합한다는 형태론적 제약이 있었으나 어기의 폭넓은 영역 등으로 인해 점차 일관성 없이 나타나므로 이 장에서는 '-이'에 포함시켜 다룬다.

산적인 접미사라는 것은 주지의 사실이다. 다음으로 '-오/우'가 근대한국어 시기에 생산적인 접미사라고 할 수 있으나 '-오/우'의 파생어들은 이미 중세에 거의 나타났던 것으로서 형태상의 변화만 가져왔을 뿐 실제로 새로이 부사를 거의 파생시키지 못한 것으로 알려져 있다. 이처럼 '-이/히'를 제외한 기타 부사파생접미사는 후기 근대한국어 시기에 거의 생산성을 가지지 못했던 것으로 보인다. 따라서 이 장에서는 번역필사본에서 부사를 파생하는데 생산력이 높은 '-이'계 접미사에 대하여 주로 다루어 보고, '-이'계 다음으로 후기 근대한국어의 대표적인 부사파생접미사 '-오/우-'에 대해서도 간략하게 다루어 보고자 한다.

6.2. 대표적인 부사파생접미사에 의한 파생

6.2.1. '-이'

'-이'계 접미사 파생은 매우 생산적인데 중세한국어, 근대한국어, 현대한국어에 이르기까지 마찬가지이다. '-이'는 형용사어간, 동사어간, 명사나 어근(고유어, 한자어 포함), 부사, 파생어어간, 합성어어간 등 다양한 어기를 취할 수 있다.

번역필사본에서는 명사나 어근(고유어, 한자어 포함)과 같은 단일어기로부터 부사를 파생하는 경우가 상당히 많으며, 또한 명사나 어근에 형용사파생접미사가 결합하여 1차적으로 형용사파생을 이루고 그 파생형용사어간을 어기로 하여 다시 '-이'가 결합하여 2차로 부사를 파생시키는 경우가 매우 많다. 이때 어기의 성격은 기존의 한자어가 많을 뿐만 아니라 근대중국어 차용어휘도 수적으로 상당하다.

번역필사본에서 '-이'계 접미사에 의한 파생을 '-X[156]이/히'형, '[X +

-답-] + -이'형, '[X + -롭-] + -이'형, '[X + -스럽-] + -이'형, '[X + -젓/접-] + -이'형, '[X + -되-] + -이'형 등으로 나누어 번역필사본(나아가서는 후기 근대한국어)에 나타나는 파생부사에 대하여 검토해보고자 한다.

① '-X이/히'형

'-이'계 부사파생접미사는 근대한국어의 가장 대표적이며 가장 생산적인 부사파생접미사이다. 한자어 명사나 어근, 고유어 명사나 어근, 동사와 형용사어간, 일부부사, 파생어나 합성어 어간 등을 다양하게 어기로 취할 수 있으며 대량의 부사파생어를 형성시킨다. 번역필사본에는 특히 중국어 어휘를 차용하여 어기로 취한 경우가 많은데 '-X이'형과 '-X히'형 그리고 '-X이/히' 교체 형으로 나타난다. 이것은 고유어나 한자어 어근에 '-ㅎ-'가 결합되어 형용사를 파생하고 그 형용사어간을 어기로 하여 파생부사를 형성하는 과정에 '-ㅎ-'와 '-이'의 결합 과정에서 '♀'가 탈락되어 '-히'로 나타나는 것으로 해석할 수 있다. 또한 고유어나 한자어 어근에 '-ㅎ-'가 결합되어 형용사를 파생하고 그 파생어기의 어근에 직접 '-이'가 결합되는 경우가 있는데 이때 '-ㅎ-'는 잉여적인 것으로 남게 된다.157)

---

156) 여기서 'X'는 어기를 말한다.

157) 기주연(1994: 255)에서는 근대 한국어에서 상태성어근에 '-이'가 결합되어 부사를 파생시키는 경우에 '-히'는 자의적으로 나타나게 된다고 하였다. 더욱이 '-이'와 '-히'는 임의로 교체되어 일관성이 없이 나타나는 것으로서 이들을 어근에 직접 '-이'가 결합되는 경우와 '-ㅎ-'의 '♀'가 탈락되고 거기에 '-이'가 결합하여 '-히'로 되는 경우로 보고 있다.

김원중(1994: 82)에서는 'Xㅎ-' 파생형용사 어간에 접미사 '-이'가 결합하여 'X히'형이 나타나는 예들은 '-ㅎ-'결합 이전의 어근 음절말의 음운론적 조건에 따라 세 가지로 분류된다고 하였다. 첫째는 어근 X의 음절말음이 모음으로 '-X히'형의 파생부사가 나타나며, 둘째는 음절말음이 유성자음 'ㄴ,ㄹ,ㅁ,ㅇ'로 'X이/히' 교체형이 나타나며, 셋째는 무성자음 'ㄱ'으로 역시 'X이/히' 교체형이 나타난다는 것이다.

다음에서는 번역필사본에 나타나는 예들을 검토해보기로 한다.

(가) 한자어명사나 어근+ -이

(1) ㄱ. 가연이[慨然] <延世 西遊 8:11>

　　　강면이[强勉] <毛三國 8:63>

　　　결련이[決然] <西漢 3:36>

　　　경헐이[輕歇] <西周 13:63>

　　　고히이[怪異] <毛三國 8:44>

　　　나타이[懶怠] <啓明大 西遊 17:65-52>

　　　낭낭이[琅琅] <隋史遺文 1:80>

　　　단연이[斷然] <毛三國 10:81>

　　　디완이[遲緩] <西江 西漢 9:10>

　　　명뎡이[酩酊] <古眞 5:167>

　　　몰수이[沒數] <神州光復 24:8b>

　　　볼볼이[勃勃] <通鑑 東晉 11:34>

　　　서어이[鉏鋙] <陳情篇 樂府 6:235>

　　　셔어이[鉏鋙] <奎章 水滸 24:75>

　　　셜만이[褻慢] <孫龐 2:46>

　　　솔연이[率然] <回文 2:26a>

　　　슈란이[愁亂] <紅補 1:93>

　　　심샹이[尋常] <紅樓 45:79>

　　　심심이[鄭重] <禪眞 15冊本 12:4>

　　　아람이[雅淡] <補紅 6:83>

　　　앙앙이[怏怏] <벽허담 8:69>

　　　언연이[嫣然] <女仙 35:66>

　　　엄쥰이[嚴峻] <通鑑 東晉 11:41>

　　　온젼이[穩全] <古百 2:4a>

　　　완연이[宛然] <古眞 5:167>

그렇다고 해도 '-이'와 '-히'는 워낙 일관성 없는 표기를 보여주기에 이 책에서는 여기에 대해서 너무 문제 삼지 않기로 한다.

완완이[緩緩] <충남대 包公 6:8b>

왕왕이[往往] <古百 1:3b>

요난이[擾亂] <愚山 水滸 3a>

요힝이[僥倖] <古眞 7:61>

위연이[偶然] <平山 5:7>

위연이[偶然] <三國 24:49>

은근이[慇懃] <古眞 5-1:225>

일절이[一切] <三國 32:24>

의근이[哀矜] <毛三國 15:66>

의미이[曖昧] <西江 西漢 12:9>

작작이[灼灼] <啓明大 西遊 16:63-49>

잔망이[孱妄] <延世 西遊 3:4>

잔잉이[殘忍] <東漢 4:10>

쟌망이[孱妄] <延世 西遊 3:4>

점점이[點點] <啓名大 西遊 3:57>

전연이[全然] <春秋列國 1:30>

절당이[切當] <毛三國 1:118>

졈졈이[點點] <剪燈 申煬 4:6>

조련이[卒然] <毛三國 5:46>

졸연이[猝然] <通鑑 東晋 11:35>

종용이[從容] <再生 6:56>

존망이[孱妄] <延世 西遊 12:84>

징징이[鎗鎗] <禪眞 10:29

착실이[着實] <啓名大 西遊 9:38-27>

찰찰이[察察] <奎章 水滸 97>

참남이[僭濫] <禪眞 13:19>

참담이[慘憺] <古眞 5-1:173>

쳔즈이[擅自] <古百 8:8b>

쵸연이[悄然] <古眞 5-1:179>

축실이[着實] <紅樓 9:38>

춈남이[僭濫] <綱鑑 1:45b>

참월이[僭越] <三國 3:54>

탄연이[坦然] <羅孫 紅線 9>

탹실이[着實] <孫龐 1:37>

티과이[太過] <국도관 三國 8:60>

티홀이[怠忽] <開闢 5:108>

편연이[翩然] <古眞 7:19>

평상이[平常] <완월 113:4>

평샹이[平常] <紅補 4:69>

평안이[平安] <西江 西漢 9:49>

표연이[飄然] <鶴石集 15a>

핍진이[逼眞] <명힝 27:9>

허다이[許多] <剪燈 綠衣 5:59>

허랑이[虛浪] <神州光復 1:32b>

호란이[胡亂] <再生 31:93>

호려이[忽然] <毛三國 5:31>

혼연이[渾然] <鶴石集 35a>

혼침이[昏沈] <雪月 3:83>

황망이[慌忙] <羅孫 平妖 5:9>

홀홀이[忽忽] <綠牡 1:25>

훤자이[喧藉] <再生 26:52>

흡연이[翕然] <通鑑 西晉 3>

ㄴ. 과이[過] <漢談 24a>

준이[准] <中華 濯足 9b>

편이[便] <奎章 水滸 5:31>

ㄷ. 낭낭징징이[跟跟蹡蹡] <啓名大 西遊 23:21-68>

슈망각난이[手忙脚亂] <紅復 26:74>

한악블인이[悍惡不仁] <완월 41:61>

(1)의 예들은 모두 한자어 명사나 어근을 어기로 하고 거기에 '-이'가

결합하여 형성된 파생부사이다. 이 경우 어기말음은 모음이나 자음 'ㄴ, ㄹ, ㅁ'가 대다수이며 'ㄱ'도 나타난다.

(1ㄱ)의 예들은 어기가 모두 2음절 한자어 명사나 어근이며 (1ㄴ)의 예들은 어기가 1음절인 경우이고 (1ㄷ)의 예들은 어기가 4음절인 경우이다. 2음절 한자어가 가장 많으며 1음절, 4음절이 다소 나타나지만 3음절 어기는 보이지 않는다. 이것은 한자어는 중세, 근대, 현대에 이르기까지 2음절 한자어가 한국에 대량으로 유입되었으며 차용한 어기도 대부분 2음절 한자어 어기 때문이라 할 수 있다. 2음절 한자어는 한국 한자어에서 비교적 온건한 위치를 확보하며 안정성을 유지하기도 한다. 중국한자는 뜻글자로서 기원적으로 하나의 음절이 하나의 뜻을 가지고 있지만 근대중국어, 현대중국어에 이르기까지 어휘량이 대폭 증가함으로써 부단히 변화 발전하여 대량의 '형성자(形聲字)'가 배출되었는데 2음절 단어가 절대 대부분을 차지하게 되었다. 이 경우 '-이'계 접미사가 취한 어기는 한국식 한자어이거나 근대중국어 어휘차용어들이다. 이들 명사나 어근은 대체로 서술성 의미자질을 가지고 있다.

(1)의 예들에서 '나타이(懶怠), 단연이(斷然), 온전이(穩全), 완연이(宛然)……' 등은 어기가 원래부터 한국어에서 사용하던 한자어들이다. 이런 경우에는 그 뜻을 쉽게 파악할 수 있고 근대, 현대에 이르기까지 널리 쓰이고 있음을 알 수 있다. '나타이(懶怠)'는 현대어로 '나태하게'의 뜻이며, '나태이(한낮에 나태이(나태하게) 잠을 자고 있다.)'처럼 '-이'부사파생어가 '-게'부사형과 함께 쓰이고 있다. '단연이(斷然), 온전이(穩全), 완연이(宛然)' 등도 마찬가지로 볼 수 있다.

그런데 (1)에서 제시한 예들 중에는 어기가 중국식 한자어인 경우가 아주 많다. 몇 개 예를 들면 '불불이(勃勃), 작작이(灼灼), 통연이(洞然), 혼침이(昏沈)……' 등인데 어기가 한국식 한자어가 아니므로 그 뜻을 파악하기 어렵다. 이처럼 어기를 중국어 어휘를 차용하여 생성된 '-이' 파생부사는 대부분 현대한국어에는 쓰이지 않게 되었는데 번역문에서 임시어의 역할을 많이 한 것 같다. 이렇게 하면 번역의 간편성을 도모할 수 있고 또한 번역필사본이 주로 한문(漢文)을 아는 양반계층과 규방규슈들한테 널리 읽혔다는 점을 감안한다면 중국어 어휘를 차용하여 한자음독음으로 표기하고 '-이'접미사가 붙어서 부사파생을 이룬 것은 아주 당연한 일이라고 할 수 있다. '불불이(勃勃)'는 '왕성하게'의 의미를 나타내며, '작작이(灼灼)'는 '화려하고 찬란하게'의 의미를 가지며, '통연이(洞然)'는 '밝고 훤하게'의 의미이며, '혼침이(昏沈)'는 '정신없이'의 의미를 갖는다. 따라서 번역필사본에서 '-이'부사파생은 생산성이 아주 활발하였다.

> (2) ㄱ. 가연이[慨然] <延世 西遊 8:11>
>   강면이[强勉] <毛三國 8:63>
>   결련이[決然] <西漢 3:36>
>   경헐이[輕歇] <西周 13:63>
>   고히이[怪異] <毛三國 8:44>
>   종용이[從容] <再生 31:47>
>   ……
>
> ㄴ. 콰이[快] <釀酒法 18:52>
>   cf. 콰히[快] <서울대 忠義水滸 22:11b>

(2ㄱ)의 예들은 (1)에서 제시했던 예들 중에서 대표적인 예를 뽑아 든 것인데 이들은 중국어 원문의 어휘를 원어 그대로 차용하여 한국식 독음으로 표기하고 '-이'가 붙어 형성된 파생부사들이다. (2ㄴ)의 예는 1음절 한자어 어기인데 '콰이'와 '콰히'의 교체형을 보인다. 어기가 1음절 한자어인 경우 보통 '-히'가 결합되는데 모음 간 ㅎ 탈락으로 인해서 '콰이'로

도 나타난다. 그런데 여기서 원래 '快'는 한국한자음으로 '쾌'이므로 '쾌이'
혹은 '쾌히'로 되어야 할 것인데 '콰이, 콰히'로 나타나고 있는 것은 '慨然'
이가 '개연이'로 나타나지 않고 '가연이'로 나타나는 것과 동궤의 것이다.
'쾌 + -히 >쾌히~콰히', '쾌 + -이 >쾌이~콰이'에서처럼 제2음절 i나
y의 영향으로 제1음절의 y가 수의적으로 빠질 수 있다. 번역필사본에서
는 많은 경우에 이렇게 사용되었다.

(나) 고유어명사나 어근 + -이

   (3) 가마이 <奎章 三國 19:49>

　　　가즉이 <啓明大 西遊 25:28-78>

　　　가직이 <毛三國 3:7>

　　　거록이 <平妖 4:45>

　　　고즉이 <三國 22:45>

　　　과갈이 <西漢 10:17>

　　　나적이 <毛三國 3:92>

　　　덧덧이 <朝記 典禮 2:47>

　　　됴용이 <平妖 5:48>

　　　들네이 <紅樓 115:9>

　　　맛둥이 <毛三國 9:3>

　　　비슥이 <三國 37:71>

　　　섭섭이 <완월 100:3>

　　　셔미이 <완월 136:46>

　　　싀원이 <延世 水滸 9b-9>

　　　싀훤이 <古眞 5-1:20>

　　　습가이 <西漢 11:74>

　　　써써시 <西遊 81b>

　　　뼈죽이 <水滸 49a>

　　　쎡쎡이 <朝會 3:82>

　　　아으라이 <古眞 2:78>

아처이 <朝記 文廟陞黜 12:57>

외오이 <快心 31:115>

일즉이 <충남대 包公 6:11a>

졈즉이 <延世 西遊 9:50>

ᄌ늑이 <后水滸 5:29>

ᄌ옥이 <왕시뎐 10>

찬찬이 <大方 水滸 6a>

챤챤이 <三國 19:41>

(3)의 예들은 모두 고유어명사나 어근을 어기로 하고 거기에 '-이'가 결합하여 형성된 부사파생어이다. 어기말음은 모음이나 'ㄱ, ㄴ, ㄹ, ㅁ, ㅂ, ㅅ, ㅇ,' 등으로 나타나며 보통 홑받침으로 되어있다. 이와 같은 파생어들은 일반적으로 문장에서 서술어 앞에 놓여 서술어를 수식해주는 부사어의 기능을 한다. 이 경우 '-이' 부사파생접미사는 현대한국어와 거의 같게 문법기능하며 현대한국어에 이르면서 많은 경우에 '-이' 부사파생어의 기능을 잃고 점차 '-게' 부사형 어미로 대체되게 된다.

(4) ㄱ. 가마이: 삼노 군미 일긔를 언약ᄒ고 **가마이** 동오롤 엄습ᄒ라
    짐이 미조차 접웅ᄒ리라 ᄒ더라 [三路軍馬會合日期,
    暗襲東吳, 朕後自來接應.] <奎章 三國 19:49>

ㄴ. 싀훤이: 오늘 곳치 나아가 비로소 **싀훤이** 먹으니 좌듕의 힝긱
    이 ᄯ여나는 졍이 싀도다 [今日就花始暢飮, 坐中行客酸離
    情.] <古眞 5-1:20>

(4)에서 중국어 원문의 예문 두 개를 들어서 '-이' 파생부사가 문장에서 부사어의 기능을 하는 가를 살펴보았다.

(4ㄱ)에서 '가마이 동오롤 엄습ᄒ라'에서 '가마이'는 서술어 '엄습ᄒ라'

를 수식하는 부사어의 기능을 한다. 중국어 원문의 '暗襲東吳' 대응되는 것이다.

(4ㄴ)에서도 마찬가지로 '싀훤이'는 서술어 '마시니'를 수식해주는 부사어의 기능을 한다. '비로소 싀훤이 먹으니'는 중국어 원문의 '暢飮'에 대응된 것이다.

(다) 한자어명사나 어근+ -히

(5) ㄱ. 간냑히[簡略] <古眞 5-1:135>.
간셰히[簡細] <완월 157:26>
간정히[簡淨] <雪月 14:29>
고고히[呱呱] <女仙 1:94>
괴이히[怪異] <鶴石集 29b>
궁극히[窮極] <古眞 5-1:226>
긴댱히[鎭長] <古眞 5:67>
긴챡히[緊着] <紅復 27:48>
냥챵히[踉蹌] <女仙 6:74>
담다히[膽大] <東漢 1:38>
뎍지히[的知] <朝記 西邊征討 4:87>
뎡졔히[整齊] <표해록 수경실 42>
도도히[滔滔] <東醫 1:56b>
돈독히[敦篤] <剪燈 太虛 5:21>
망조히[罔措] <春秋列國 5:45>
망죠히[罔措] <後紅 19:38>
방亽히[放肆] <古百 5:36b>
비비히[霏霏] <鶴石集 36a>
샹명히[詳明] <平山 2:42>
서어히[鉏鋙] <鏡花 14:80>
셜만히[褻慢] <孫龐 2:46>
소리히[率爾] <朝記追從祀儀 17:18>

쇼됴히[蕭條] <古眞 4:44>

식식히[式式] <神州光復 5:6a>

아아히[啞啞] <古眞 4:23>

아혹히[訝惑] <奎章 忠小 3:27>

안상히[安詳] <再生 42:15>

안연히[晏然] <朝記 辛巳獄事 21:22>

앙앙히[怏怏] <包公 發花園 6:76>

여슈히[如數] <紅補 10:18>

염염히[冉冉] <紅樓 91:51>

완연히[宛然] <古眞 5-1:114>

완홀히[緩忽] <朝記 辛巳獄事 21:83>

우악히[愚惡] <啓名大 西遊 6:31-18>

우합히[偶合] <雪月 13:14>

원앙히[冤枉] <隋史遺文 1:42>

원억히[冤抑] <隋史遺文 1:42>

월슈히[越數] <紅樓 12:6>

위곡히[委曲] <隋史遺文 1:7>

위연히[偶然] <古眞 5-1:153>

유연히[悠然] <古眞 2:7>

의의히[依依] <紅補 19:10>

일일히[一一] <古眞 3:93>

이미히[曖昧] <西江 西漢 12:19>

이원히[哀怨] <古眞 5:60>

작작히[灼灼] <啓名大 西遊 16:63-49>

잔망히[孱妄] <延世 西遊 3:4>

잔잉히[殘忍] <平妖 7:55>

쟉약히[綽約] <古眞 5-1:227>

져져히[這這] <神州光復 18:10a>

젹디히[的知] <朝記 西邊征討 4:58>

젹막히[寂寞] <古眞 5-1:174>

젼연히[全然] <剪燈 牡丹 3:10>

전쥬히[專主] <東醫 3:58b>

죵용히[從容] <回文 1:40b>

쥬죡히[周足] <三國 9:11>

지완히[遲緩] <紅樓 77:19>

진격히[眞的] <紅複 3:125>

ᄌ약히[自若] <回文 4:19a>

ᄌ여히[自如] <紅樓 62:48>

착급히[着急] <大方 西廂 8b>

참남히[僭濫] <女仙 31:15>

참담히[慘淡] <古眞 5-1:173>

챡급히[着急] <紅樓 99:31>

쳐연히[凄然] <古眞 1:87>

쳔쟈히[擅恣] <紅樓 61:8>

쳥슈히[淸秀] <紅複 5:125>

최찰히[挫折] <英烈 1:76>

죠연히[悄然] <古眞 7:51>

죠죠히[草草] <紅複 27:77>

추솔히[粗率] <后水滸 5:30>

츄류히[粗鹵] <禪眞 10:62>

츄솔히[粗率] <再生 42:25>

친압히[親狎] <引鳳 2:33>

춤남히[僭濫] <삼국 7:97>

칙칙히[嘖嘖] <己丑燕行 5:3b>

탕연히[帳然] <三國 38:56>

통쾌히[痛快] <紅樓 58:60>

통투히[通透] <紅樓 48:40>

퇴연히[頹然] <古眞 2:40>

틀연히[闖然] <朝記 追從禮儀 17:35>

티완히[怠緩] <西漢 8:2>

편연히[翩然] <古眞 7:19>

표연히[飄然] <古眞 7:15>

파파히[派派] <後紅 3:77>
허랑히[虛浪] <隨史遺文 8:119>
혼잡히[混雜] <繼紅 19:36>
혼줍히[混雜] <紅復 24:2>
후두히[糊塗] <紅樓 65:35>
훤쟈히[喧藉] <再生 45:108>

ㄴ. 니히[利] <綱鑑 1:47b>
독히[毒] <奎章 水滸 103>
미히[微] <毛三國 1:24>
셩히[盛] <완월 142:33>
졀히[切] <西江 西漢 12:46>
족히[足] <鶴石集 30a>
직히[直] <啓名大 西遊 2:5>
친히[親] <古眞 5-1:69>
콰히[快] <서울대 忠義水滸 22:11b>

(5)에서 제시한 파생어들은 '-X히'형으로 나타난 것이다. 이 경우 어기의 말음은 모음이나 'ㄱ, ㄴ, ㅇ'이 대부분이며 'ㄹ, ㅂ'도 나타난다. (5ㄱ)의 예들은 어기가 2음절 한자어이고 (5ㄴ)의 예들은 어기가 1음절 한자어이다. 여기서도 2음절 한자어어기가 대부분이다.

(6) ㄱ. 즈못 님군의 사롬은 쟝촛 **니히** 인도ᄒᆞ야 샹하 펴ᄂᆞ니 이제 왕이 나를 온젼케 ᄒᆞ미 가ᄒᆞ랴 [夫王人者, 將導利而布之上下也. 今王專利, 可乎?] <綱鑑 1:47b>

ㄴ. 현덕이 셩의 나가 영졉홀ᄉᆡ 례를 베푸니 독위 말 우희 안ᄌᆞ 치로쎠 가라쳐 **미히** 회답ᄒᆞ니 관 댱 이공이 디로ᄒᆞ더라 [玄德出郭迎接, 見督施禮, 督郵坐於馬上, 惟微以鞭指回答, 關, 張二公俱怒.] <毛三國 1:24>

(6)에서 1음절 한자어 어기를 취한 경우를 예를 들어 설명해보기로 한다. (6ㄱ)에서 '장츳 **니히** 인도ᄒ야 샹하 펴ᄂ니'는 중국어 원문의 '將導利而布之上下也'에 대응되는 것인데, 번역문에서 '니히'는 서술어 '인도ᄒ야'를 수식하는 부사어의 기능을 하였다. '니히'는 현대어에서 '-게'부사형 어미를 취하여 '이롭게'로 나타나며 문장에서 부사어의 기능을 한다. 그러니까 여기서 '니히(利)'는 '이롭게'의 의미라 할 수 있다.

(6ㄴ)의 '미히'도 마찬가지로 문장에서 부사어의 기능을 한다. '**미히** 회답ᄒ니'는 현대어로 '작게(낮은 소리로, 미소하게) 대답하니'로 해석할 수 있다.

(7) ㄱ. 죵용히[從容] <回文 1:40b>
　　　추솔히[粗率] <后水滸 5:30> /츄솔히(粗率) <再生 42:25>
　　　……

　　ㄴ. 츄류히[粗鹵] <禪眞 10:62>

(7ㄱ)의 예들은 중국어 어휘를 차용하여 한국식 독음으로 표기하고 그것을 어기로 취한 것이다. (7ㄴ)의 예는 중국어 어휘를 음차하여 중국식 병음으로 표기하고 그것을 어기로 취한 경우이다. '츄류(粗鹵)히'에서 어기인 '粗鹵'는 중국한자병음 'culu'로 표시되는데 '추루'를 '츄류'로 음차한 것은 구개음화현상 이전의 표기현상과 관련될 것이다. '츄류히'는 현대어로 '거칠게'라는 뜻이다. "두군도 이리 **츄류히** 구지 말고 녕슉의 체면을 오롯게 ᄒ라." [君亦不可如此粗鹵, 要全令叔體面] <禪眞 10:62>, 그러니까 여기서 '츄류히'는 '거칠게'의 의미를 나타낸다고 할 수 있다.

(8) ㄱ. 호호히[呼呼] <禪眞 10:24> "코흘 **호호히** 고으며 즈니" [呼呼
　　　　打鼾睡起]
　　ㄷ. 하하히[哈哈] <일촬금 79> "ᄆ춤내 허믈이 업고 우음을

하하히 흐리라" [哈哈]

(8)의 예는 의성어를 어기로 하고 거기에 '-히'가 결합하여 형성된 파
생부사이다. '호호(呼呼)히'는 '드르렁드르렁(또는 골골)' 코고는 소리인데, 중
국어에서는 '呼呼'하는 의성어(擬聲語)로 표현을 한다. '呼呼'의 한자음 독음
'호호'에 '-히'가 붙어 '호호히'가 생성되었는데 이때 접미사 '-히'는 잉여
적인 기능을 담당한다고 할 수 있다. '하하히'는 원래부터 한글문헌인 필
사본의 예인데, 의성어 '하하'에 '-히'가 붙어 형성된 파생부사이다. '하하'
가 원래 의성어로서 상징부사에 속하기 때문에 이때 '-히'는 잉여적인
기능을 한다고 할 수 있다.

(라) [고유어명사나 어근+ -히] 혹은 [용언어간이나 부사 + -히]

(9) ㄱ. 거록히 <三國 1:3>
　　　니르희 <啓明大 西遊 7:109-24>
　　　니르히[到] <三國 14:98>
　　　니르히[至] <古眞 5:127>
　　　뎜죽히 <補紅 3:38>
　　　쇼새히 <古眞 1:81>
　　　쏀쪽히[尖] <啓明大 西遊 22:86-67>
　　　아득히[杳] <古眞 5-1:44>
　　　압압히 <平山 3:17>
　　　오로히[專] <隋史遺文 1:6>
　　　익다히[熟] <平夭 1:60>
　　　ᄌ옥히[滿] <延世 西遊 8:99>

　　ㄴ. 용히[好] <紅樓 42:27>
　　　우히 <平妖 8:42> 455 (아냣는 낭을 보고 우히 녀겨)

ㄷ. 고디식히 <玉支 2:102> 350 (그롤 사 일절 고디식히 아니ᄒ니)

(9)의 예들은 고유어명사나 어근 혹은 동사어간이나 부사에 '-히'가 결합하여 형성된 파생부사들이다. 어기말음은 모음이나 'ㄱ, ㅂ, ㅇ'등으로 된다. 이 경우에도 (9ㄱ)처럼 어기가 2음절어인 경우가 많으며, (9ㄴ)의 예들에서처럼 1음절 어기, (9ㄷ)의 예에서 3음절 어기도 나타난다.

(9)의 파생어들에서 '니르희(니르히, 니ᄅ히)'는 동사어간 '니르-'를 어기로 취하였고, '압압히'는 1음절 명사 '압'의 반복형을 어기로 취한 경우이며, '오로히'는 부사 '오로'를 어기로 취한 경우이다 현대한국어의 '오로지'에 해당되는 것이다. '우히'는 기원적으로 '옹-'의 동사어간에 '-이'가 붙어 '옹이>우이'가 된 것인데 근대한국어에는 '우히'로도 나타나며 '우습게'의 의미를 갖는다. 이들은 현대한국어에서 대체로 부사형어미 '-게'에 의해 대체되게 된다.

② '[X + -답-] + -이'형

형용사파생접미사 '-답-'에 의해 형성된 파생형용사의 어간을 어기로 하여 그 뒤에 부사파생접미사 '-이'가 결합하여 '[X + -답-] + -이'형의 부사파생을 이룬다. 2차 파생을 거치는 이 유형에서 '-다이'를 어휘화한 부사파생접미사로 보는 논자들도 있다. 하지만 '-다이'가 독자적으로 부사파생접미사의 자격을 획득했다는 이론적 근거는 없다. 이 유형은 '-답게, -스럽게'와 같은 의미를 갖는데 '-답-'파생형용사의 어간이 어기가 된다. 이 유형의 부사파생은 번역필사본에서 그리 생산적이지 못하다.

(10) ㄱ. 굇다이: 총욕의 놀나지 아니코 염담훈 위롤 **굇다**이 너기는도 다 [寵辱不驚, 恬澹是非] <禪眞 21:55>

ㄴ. 알음다이: 시 흐는 사룸이 홍안의 시를 지어 뻐 알음다이 너
　　기다 [詩人, 作鴻雁以美之] <綱鑑 1:50a>

(10)의 '꼿다이, 알음다이'는 각각 명사 '꼿'과 명사성 어근 '알음'에 '-
답-'이 결합하여 '꼿답-, 알음답-' 파생형용사를 형성하고 이 파생형용사
어간을 어기로 하여 '-이'가 2차 결합하여 형성된 파생부사 예이다. '꼿
다이, 알음다이'는 중세한국어와 근대한국어 문헌에서 이미 널리 쓰이었
다. 번역필사본에서 '꼿다이'는 중국어 원문의 '菲'의 대역어인데 '菲'는 중
국어에서 '芳菲'의 뜻이다. '芳菲'는 '꽃답다, 향기롭다'의 뜻이다. (10ㄱ)에
서 '꼿다이 너기는도다'는 현대어로 '꽃답게 여기는지라'인데 여기서 '꼿
다이'는 부사어의 기능을 하며 '꼿답게'의 의미를 갖는다. (10ㄴ)의 '알음
다이'도 역시 중국어 원문 '美'에 대응되며 '알음다이 너기다'는 현대어로
'아름답게 여기다'로 되며 '알음다이'는 '너기다'를 수식하는 부사어로서
'아름답게'의 의미를 갖는다. '-다이'형 부사파생은 번역필사본에서 대체
로 '어기의 속성과 같게' 정도의 의미를 갖는데 현대한국어의 '-답게, -
스럽게'로 해석할 수 있다.

③ '[X + -롭-] + -이'형

형용사파생접미사 '-롭-'에 의해 형성된 파생형용사의 어간을 어기로
하여 그 뒤에 부사파생접미사 '-이'가 결합하여 [X + -롭-] + -이'형의
부사파생을 이룬다. 이때 파생되는 부사는 1차적으로 '-롭-' 파생형용사
가 이루어진 것을 전제로 한다. 파생된 부사는 '어기의 속성이 풍부히 있
게' 정도의 의미를 부여할 수 있으며 현대한국어의 '-롭게, -스럽게'로
대체할 수 있다.

(11) 공교로이: 어릴 제 **공교로이** 서릭 곳도다 [巧] <古眞 1:30>

네스로이: 이인이 듕간의 안자실싀 **녜스로이** 술을

　　　　　<隋史遺文 2:42>

보비로이: 망뷔 깃거 **보비로이** 감초와 [珍] <禪眞 15:4>

사사로이: 더퍼시미오 **사사로이** 쓰미 아니니 [私]

　　　　　<三國 24:130>

아쳐로이: 나롤 **아쳐로이** 너기시미로다 [疼] <紅樓 29:5>

영요로이: 니로 즉시 **영요로이** 발힝ᄒ라 [榮] <雪月 12:44>

영화로이: 아당ᄒᄂ니는 **영화로이** ᄒ니 [榮] <開闢 5:92>

죵요로이: 비록 그러ᄒ나 **죵요로이** 죠깅에 쓰기를 [要]

　　　　　<剪燈 綠衣 5:59>

혐의로이: 더러오믈 보와시니 **혐의로이** 너길가 [嫌]

　　　　　<太平 2:58>

호긔로이: 추졈의 왕녀ᄒ믈 **호긔로이** 넉이고 [豪]

　　　　　<완월 161:15>

④ '[X + -스럽-] + -이'형

형용사파생접미사 '-스럽-'에 의해 형성된 파생형용사의 어간을 어기로 하여 그 뒤에 '-이'가 결합하여 '[X + -스럽-] + -이'형의 부사파생을 이룬다. 파생된 부사는 '어기의 속성이 꽤 있게, 근접하게' 정도의 의미를 부여할 수 있으며 현대한국어의 '-스럽게'로 대체할 수 있다. 이 유형은 생산성이 아주 낮으며 번역필사본에는 '얀미락스러이'의 예 하나를 발견하였다.[158]

(12) 얀미락스러이: 샹담의 날오디 즁을 디ᄒ야 먹이기롤 비부르지 아니

　　　　면 사니로 파무드니만 곳디 못ᄒ다 ᄒ니 어내 형쳐로

　　　　얀미락스러이 굴니 [嘴臉! 常言道: '齋僧不飽,不如活埋'

---

158) 기주연(1994: 251)에는 '웨젼스러이 (웨젼즈러이)'(원수스럽게)의 예 하나가 제시되었다.

哩.] <延世 西遊 7:11>
【八戒道：“嘴臉。”常言道：“齋僧不飽, 不如活埋哩。”行
者敎：“收了家火, 莫眯他。”二老者躬身道：“不瞞老爺說,
白日裡倒也不怕, 似這大肚子長老, 也齋得起百十衆。”】

(12)의 예문에서 '얀미락스러이'는 대체로 '얄밉게, 얌실맞게'의 의미를 가지는 듯하다. 1차적 어기 '얀미락'을 확인할 수 없고 그 어원도 밝힐 수 없으므로 '얀미락스럽-'은 형태론적으로 어휘화한 예로 볼 수 있다. 번역필사본에 제시한 중국어 원문이 예문이 짧아서 중국 고문헌자료 인터넷 검색을 통하여 중국소설 원문을 살펴보았지만 '얀미락스러이'에 대응되는 중국어 단어를 찾기 힘들었다. 원문 문장의 내용으로 미루어 보아 대개 '얄밉다'의 형용사어간에 어근형성접미사 '-악/억'이 붙어 명사성 어근을 형성한 다음 그 어근에 '-스럽-'이 결합하여 파생형용사 '얀미락스럽-'을 만들고 이 파생형용사어간을 어기로 하여 거기에 재차 '-이'가 결합하여 파생부사를 형성하였을 가능성을 생각해 볼 수 있다. 그런데 이렇게 되면 그 파생어형성의 음운현상을 설명할 길이 없으므로 이를 음운론적으로도 어휘화한 예로 보아야 할 것이다.

일단, '얀미락스러이'에 대하여서는 음운, 형태 어느 쪽으로든 명쾌하게 설명하기 어려운 면이 있으며 의미 파악도 명쾌하게 다가오지 않는다. 대체로 '얄밉게 구는 모양'의 연상의미를 어기로 취한 것 같은데 문장의 주어진 상황에 따라 의역을 한 예라 할 수 있겠다.

'[X + -스럽-] + -이'형 부사파생은 후기 근대한국어 시기에 생산성이 극히 낮은데 이것은 '-스럽-'이 문헌에 늦게 등장한 것과 관련이 있어 보인다(18세기에 문헌에 등장하기 시작하여 18세기 중엽 이후부터 높은 생산성을 보여줌). '[X + -스럽-] + -이'형은 우선 '-스럽-'형용사파생을 전제로 하므로 '-스럽-'이 19세기에 높은 생산성을 보여주었지만 '-롭-', '-젓

(접)-', '-되-' 등 그 시기 다른 형용사파생접미사들과의 관계에서 아직 확고한 위치를 보여주지 못하였음을 시사한다. 또한 바로 현대한국어로 들어오면서 접미사 '-이'에 의한 파생부사가 부사형 어미 '-게'에 의한 부사형으로 대체되는 것과도 관련이 있어 보인다.[159]

⑤ '[X + -젓/접-] + -이'형

형용사파생접미사 '-젓/접-'에 의해 형성된 파생형용사의 어간을 어기로 하여 그 뒤에 '-이'가 결합하여 '[X + -젓/접-] + -이'형의 부사파생을 이룬다. 이 유형은 '어기의 속성에 근접하게'의 의미를 갖는다. 이미 5장에서 후기 근대한국어의 '-젓/접-'(황문환 2001)을 형용사파생접미사로 설정하면서 '-졋->-젓->-접->-적->-쩍-'(황문환 2006)에 대하여 자세히 논의 한바 있다. 후기 근대한국어에서는 '-젓/접-'에 의한 형용사파생 어간을 어기로 하여 부사화접미사 '-이'가 결합하여 다양한 '[X + -젓/접-] + -이'형 파생부사를 형성하였는데 이 들은 번역필사본에서도 아주 생산적이었다. 접미사 '-젓-'과 '-접-'이 부사파생접미사 '-이'와 결합하면 모두 '-저이'형으로 나타난다('-이' 앞에서 모음 간 ㅅ탈락, ㅂ탈락). 19세기까지 비교적 생산적이던 이 '-저이'형은 20세기 초에 들어오면서 '-적/쩍게'로 변화하기도 하고, 점차 '-스럽게'로 대체되기도 하고, 현대한국어의 부사형 어미 '-게'에 의하여 대체되기도 하여서 생산성을 잃어가게 되었다.

---

159) 후기 근대한국어 시기에 '-스럽-'형용사파생은 비교적 생산적이었다. 18세기 중엽에 문헌에 나타나기 시작한 '-스럽-'은 '-롭-, -젓-, -되-'의 접미사를 제치고 활발한 생산성을 보여주었는데, 그 '-스럽-'에 의해 파생된 파생형용사들은 부사파생에서 적극적으로 활용되지 못한 것 같다. 비교적 늦은 시기에 문헌에 보이기 시작하였으므로 아직 형용사파생접미사로의 자격을 충분히 획득하지 못한 단계에 있지 않았나 싶다. 그리하여 후기 근대 한국어에서 '-스럽-'파생어는 많지만 이 파생어가 '-이' 부사파생의 어기로는 활발하게 참여하지 못한 듯하다.

(13) ㄱ. 급작저이: <三國 19:27>('급작도이'도 나타남.)
　　　덥턱저이: <延世 西遊 7:11>
　　　빗저이: <隨史遺文 6:30>
　　　　cf. 빗죠이: <啓明大 西遊 17:37-52>
　　　험상져이: <완월 135:32>

　ㄴ. 궁샹져이: <완월 48:31>
　　　실저히: <명힝 10:35>('실다이'도 나타남.)
　　　싱광져이: <紅樓 16:22>
　　　욕저이: <玉嬌 2:87>
　　　잔져이: <延世 西遊 9:4>
　　　편벽저이: <隨史遺文 6:7>('편벽도이'도 나타남.)
　　　희롱저이: <隋史遺文 1:13>

　cf. 거복져이: <윤하뎡 69:62>
　　　호강져이: <명듀 56:27>
　　　호승저이: <옥원 21:24>
　　　흉덕저이: <옥원 20:79>
　　　흔감져의: <윤하뎡 82:72>

　　(13ㄱ)의 예들은 고유어명사나 어근을 어기로 하여 1차적으로 '-젓/접-'에 의한 형용사파생을 이루고 그 형용사파생어간을 어기로 하여 거기에 '-이'가 2차 결합하여 형성된 파생부사들이다. (13ㄴ)은 한자어명사나 어근을 어기로 하여 1차적으로 '-젓/접-'에 의한 형용사파생을 이루고 그 형용사파생어간을 어기로 하여 거기에 '-이'가 2차 결합하여 형성된 파생부사들이다. 참조로 제시한 것은 원래부터 한글문헌인 필사본에 나타나는 예들이다. 아래에 번역필사본에 나타나는 특징적인 예들에 대하여 검토해보기로 한다.

(14) ㄱ. 빗저이: 닉년 구월 이 십삼일이 노모의 칠십 세 성진이니 현
데는 가히 **빗저이** 님ㅎ라 [家母整壽九月二十三日, 兄
如不棄, 光降寒門.] <隨史遺文 6:30>

ㄴ. 빗죠이: 힝지 져의 올나오믈 보고 금즈봉을 **빗죠이** 놉히 들
고 쒸여 니다라 쇼요를 즛치며 [行者見了, 好大聖, 擧
鐵絣劈面迎來.] <啓明大 西遊 17:37~52>

　(14ㄱ)의 '빗저이'는 고유어명사 '빗(빛)'160)에 '-젓-'이 결합되어 '빗젓
(접)다'란 형용사파생을 형성하고 이 파생형용사의 어간을 어기로 하여
거기에 '-이'가 2차 결합하여 '빗저이' 부사파생을 이루었다. 번역문에서
'빗저이 님ㅎ라'는 현대어로 '빛나게(영광스럽게) 맞이하라'의 의미이다. 중
국어 원문에서 '光'으로 쓰이었는데 '光'의 뜻을 나타내는 고유어명사 '빛'
을 어근형태소로 취하였다. 중국어 원문의 '光降寒門'에서 '光'은 서술어
'降(내리다)'의 앞에서 부사어의 기능을 한다. 번역문에서는 '빗저이' 부사
를 파생시켜서 '빛나게'의 의미를 가지면서 문장에서 부사어의 기능을 하
였다.

　(14ㄴ)의 '빗죠이'는 '빗저이(빗저이)'의 이표기라 할 수 있는데 이 환경
에서 'ㅓ>ㅗ(ㅕ>ㅛ)'의 변화를 상정하기 어렵지만 근대한국어 시기에는
표기법상의 혼란으로 인한 다양한 이표기가 출현하는바 유추에 의한 유
사음 발음과 관련하여 이런 변화의 가능성도 생각해볼 수 있다(빗저이>빗
죠이).

　'빗죠이'는 중국어 원문에서 '光'으로 나타나지는 않았다. 중국어 원문
에서 '擧鐵絣'은 '금자봉을 들고'의 의미를 나타낸다. 뒤에 오는 문장 '劈面

---

160) '光'의 뜻 '빛'을 '빗'으로 표기한 것은 근대한국어 시기 표기법상의 문제이다. 중화된
'빛>빋'을 '빗'으로 표기한 것이다. 음절말 자음 'ㄷ'을 표기법상 'ㅅ'으로 표기하는 것
은 근대한국어의 표기법상의 특징이므로 일일이 설명하지 않기로 한다.

迎來'는 '얼굴을 향하여 달려오다'라는 의미인데, '擧鐵綁劈面迎來'는 직역하면 '금자봉을 높이 들고 얼굴을 향하여 달려오다'라는 뜻으로 해석되는데 번역문에서는 '높히 들고'의 앞에 '빗죠이' 부사 수식어를 첨가하여 '빗죠이 높히 들고'로 번역하였다. 예술성이 높은 소설이다 보니 다양한 수사법을 이용하여 형상적으로 묘사함으로써 더욱 생동감을 주기 위하여 파생어형성에서 어기의 연상의미를 선택한 것 같다. 이와 같은 경우에는 '빗죠이'에 딱 대응되는 중국어 원문의 단어를 찾을 수 없지만 원문의 내용을 최대한 고려하여 번역문에서는 거기에 알맞은 파생어를 만들어 적용함으로써 소설의 형상성과 예술성을 끌어올렸다. '빗죠이 높히 들고'는 '빛을 뿌리며 높이 들고' 등과 같이 해석할 수 있다. 접미사 '-젓/접-'은 자음으로 끝나는 어기에 결합한다는 음운론적 제약(빗, 어기말음이 자음임)을 지켰고, 또한 어기가 명사나 어근(빗, 명사)을 어기로 취한다는 어기 분포상의 제약도 지키면서 규칙적으로 파생어를 형성한 예라 할 수 있겠다.

> (15) ㄱ. 급작저이: 이때 구월 그믐이라 텬긔 **급작저이** 치워 거믄 구
> 롬이 엉긔여 년일ᄒ여 됴티 아니ᄒ니 일로 인ᄒ
> 야 냥군이 아직 싸홈을 긋쳣더라 [時遇九月盡間,
> 天氣暴冷, 形雲密布, 連日不開, 因此兩軍罷戰.]
> <延世 西遊 7:11>
>
> ㄴ. 급작되이: 그 싸흘 어더도 가히 군현치 못ᄒ고 쳐도 가히 **급**
> **작되이** 취치 못ᄒᄂ니 [得其地, 不可郡縣也; 攻之,
> 不可暴取也.] <古百 6:59a>

(15)는 번역필사본에서 '급작저이'와 '급작되이'로 모두 나타나는데 어기를 공유한 것이다. 이들은 중국어 원문의 '暴'에 대응되는 것인데 '급작

스럽게' 정도의 의미를 가진다. 후기 근대한국어에서 '-저이'형 부사파생
과 '-되이'형 부사파생은 동일어기를 취하는 경우가 많으며 생성된 파생
부사는 문헌에 함께 쓰이면서 비슷한 의미를 갖고 부사어의 기능을 한
다. 현대한국어에서 이들은 거의 모습을 드러내지 않고, '-스럽게'에 대
체되었거나 부사형 어미 '-게'에 의해 대체되었다.

(16) ㄱ. 잔져이: 네 우마왕이 내게 쟝가 드런 지 오라지 아니ᄒᆞ딕 금은과
　　　　　　　듀옥 능나롤 네 집의 무궁이 보내고 냥식이며 찬물과 싀
　　　　　　　초롤 낫ː 치예셔 이우거든 붓그립도 아니 ᄒᆞ야랴 **잔져**
　　　　　　　이 ᄇᆞ리고 나온 남편을 쳥ᄒᆞ야 가랴 ᄒᆞᄂᆞᆫ다
　　　　　　　[牛王自到我家, 未及二載, 也不知送了他多少珠翠金銀, 綾羅
　　　　　　　緞匹; 年供柴, 月供米, 自自在在受用, 還不識羞, 又來請他
　　　　　　　怎的!] <延世 西遊 9:4>
　　　　　　　【牛王自到我家, 未及二載, 也不知送了他多少珠翠金銀, 綾
　　　　　　　羅緞匹; 年供柴, 月供米, 自自在在受用, 還不識羞, 又來請
　　　　　　　他怎的! 大圣聞言, 情知是玉面公主, 故意子掣出鐵棒大喝一
　　　　　　　聲道: "你這潑賤, 將家私買住牛王, 誠然是陪錢嫁漢!"】

　　　ㄴ. 덥턱져이: 너 ᄃᆞ리고 ᄃᆞ니니 하 **덥턱져이** 구니 눕도 붓그럽다
　　　　　　　[賢弟, 少吃些罷. 也强似在山凹裏忍餓, 將就穀得半飽也
　　　　　　　好了.] <延世 西遊 7:11>
　　　　　　　【行者叫道: "賢弟, 少吃些罷, 也强似在山凹裡忍餓, 將就
　　　　　　　夠得半飽也好了." 八戒道: "嘴臉.", 常言道: "齋僧不飽,
　　　　　　　不如活埋哩." 行者敎: "收了家火, 莫眯他."】

　(16)에서 '잔져이'와 '덥턱져이'는 각각 중국어 원문에서 대응어를 찾기
어려우며 그 뜻을 파악하기 어려웠다. 그리하여 중국어 고문헌자료 구글
인터넷 검색을 통하여 더 확대된 문장을 살펴보았는데 '잔져이'는 여전히
대응어를 찾지 못하였는바 아마 의역을 했을 것으로 추정된다. '덥턱져

이'는 더 긴 문장을 검토해본 결과 '嘴臉'의 대응어를 찾아내었다. 근대중국어에서 '嘴臉'은 '게걸스럽다'는 뜻을 갖는데 '덤턱저이'는 '게걸스럽게'로 해석할 수 있다.

'잔저이'는 중국어 원문의 내용을 고려하건대 먼저 1차적 파생을 이루는 '-젓/접-'접미사가 취한 어기는 한자어어근 '잔(殘)'인 듯하다. 중국어 원문에서 '잔져이 브리고 나온 남편을 쳥흐야 가랴 흐는다'로 되어있는데 '잔인하게 버리고 나온 남편을 다시 청하여 가겠는가'의 의미로 해석할 수 있는 것으로서 이때 '잔저이'는 '잔인하게, 독하게' 정도의 의미로 해석할 수 있다. 여기서도 어기로 취한 한자어어근 '잔(殘)'은 그 자체보다도 그것이 가지고 있는 연상된 의미의 속성을 표현하는 것이라고 할 수 있다.

'[X + -젓/접-] + -이'형 파생부사 예들에서 또한 주목되는 것은 어기 X가 부정적인 경향의 뜻을 가진 것이 많다는 사실이다. 위의 예문에서 '급작저이', '잔저이('빗죠이' 제외)'에서도 볼 수 있고, (13)에 제시한 예들에서도 X가 대개 부정적인 경향의 어기가 많음을 알 수 있다. 이것은 앞장의 형용사파생에서 '-젓/접-'이 취한 어기가 점차 부정적인 경향을 띠게 된 것과 무관하지 않다.

상술한 바와 같이 '[X + -젓/접-] + -이'형 부사파생은 번역필사본에서 아주 생산적으로 활발하게 이루어지며 '어기의 속성과 같거나 근접하게' 정도의 의미를 부여할 수 있다. 그러나 이 유형 파생은 19세기 말 20세기 초에 들어오면서 '-젓/접-'형용사파생접미사가 '-스럽-'에 밀리면서 '-적/쩍-'으로 변화되는 과정을 겪게 되고 나아가서는 어기의 의미가 부정적인 경향을 띠게 되는 의미론적 제약 등 원인으로 하여 점점 생산성을 잃어가면서 '-저이'형도 점차 그 모습을 감추게 되는 것으로 알려진다.

⑥ '[X + -되-] + -이'형

다음 (17)의 예들은 형용사파생접미사 '-되-'에 의해 형성된 파생형용
사의 어간을 어기로 하여 그 뒤에 '-이'가 결합하여 '[X + -되-] + -이'
형의 부사파생을 이룬 것들이다. 대체로 '어기의 속성이 있게' 정도의 의
미를 갖는데 현대한국어에서는 '-스럽게, -되게'로 대체된다. 이 유형은
후기 근대한국어 시기에 앞의 몇 유형보다는 생산성이 못하지만 그래도
꽤나 활발한 부사파생의 한 유형이었다. 번역필사본에서 적지 않은 예가
발견된다.

(17) 공변도이: **공변도이** 의논컨더 엇지ᄒᆞ야야 [公道] <三國 14:96>
　　　　cf. 공변도히: 어시의 모든 닌리인이 **공변도히** 츌념ᄒᆞ여[公]
　　　　　　　　<女仙 1:65>
　　　　공변도이: 도로혀 모다 **공변도이** 판리ᄒᆞ리라 [公] <補紅 6:42>
　　　　니도이: 디슈ᄂᆞᆫ **니도이** 아라듯고 날오더 [認錯] <平妖 5:34>
　　　　덕도이: 일을 **덕도이** 너기더니 [德] <通鑑 東晉 10:69>
　　　　망낭도이: 날 **망낭도이** 스스로 존대ᄒᆞ야 [妄] <朝會 13:16>
　　　　cf. 망녕도이: 시재 **망녕도이** 일크라 뼈응ᄒᆞ도다 [妄]
　　　　　　　　<古百 8:19a>
　　　　싱광도이: 대셩을 **심광도이** 돕디 못홀가 [顯] <延世 西遊 6:98>
　　　　욕도이: 거번 **욕도이** 준편지의 굴오더 [辱] <古百 7:9b>
　　　　cf. 욕되이: ᄒᆞ야 **욕되이** ᄀᆞᄅᆞ치면 [辱] <古百 5:54b>
　　　　일편도이: 한 졈만 **일편도이** ᄒᆞ여도 [偏] <紅樓 16:25>
　　　　잡도이: 이놈아 엇디 이리 **잡도이** 구는다 [嚷] <延世 西遊 4:6>
　　　　cf. 잡되이: 무ᄉᆞ 일 이리 **잡되이** 구ᄂᆞ뇨 [嚷]
　　　　　　　　<延世 西遊 13:55>
　　　　쳥승도이: 노뫼 **쳥승도이** 혼탄홀 묘리 업다 [중문 없음]
　　　　　　　　<옥원 20:12>
　　　　츙셩도이: 그 직분의 **츙셩도이** 홀 ᄯ분이라 [忠] <紅樓 18:36>
　　　　편벽도이: **편벽도이** 작일 가부 학당의 일을 [偏] <紅樓 10:8>

cf. 편벽도히: 나는 **편벽도히** 가셔 보려 ᄒ노라 [偏]

<女仙 5:68>

항복도이: 마음의 **항복도이** 너겨 다토지 아니ᄒ리이다 [服]

<東漢 2:17>

cf. 항복되이: 그 뎡졍ᄒ믈 **항복되이** 너기더니 [顚倒簸弄]

<醒風 5:45>

허쏘이: 마음을 잡아 일호라도 **허쏘이** 쑤미는 닐이 [虛]

<神州光 復 12:26a>

(17)은 '[X + -되-] + -이'형 파생부사 예들이다. '-도이', '-도히'형으로도 나타난다. 이들은 모두 1차적으로 '-되-'접미사에 의한 형용사파생이 이루어졌음을 전제로 한다. 실제로 번역필사본에서는 '공번되-, 망녕되-, 잡되-' 등의 파생형용사를 확인 할 수 있다. 1차적 파생을 이루는 '-되-' 파생형용사는 어기 말음이 자음으로 끝난다는 음운론적 제약이 있었으며('니도이', '허쏘이'는 사이시옷이 첨가했을 것으로 봄). 대부분 한자어 명사나 어근을 어기로 하였다. 역시 '어기의 속성이 있게' 정도의 의미를 가진다.

(18) 마촌 거시 업스면 풍운뇌위 법되 업서 대셩을 **싱광도이** 돕디 못 홀가ᄒ는이다 [不然, 雷雨亂了, 顯得大聖無款也.]

<延世 西遊 6:98>

(18)의 예문에서 '싱광도이'는 중국어 원문에서 '顯'으로 쓰이었는데 중국어에서 '밝다. 드러나다'의 뜻을 가진다. 중국어 원문의 '顯'에 대응되는 것으로 어기 '生光'을 취하였는데 '생광'은 '빛을 내다, 밝다'라는 뜻을 가지므로 '싱광도이'는 '빛나게'로 해석할 수 있다. '싱광도이'는 '싱광저이'로도 나타날 뿐만 아니라 비슷한 의미로 '빗저이'로도 나타난다. 따라서 후기 근대한국어에는 '빛나게'의 의미로 '빗저이, 싱광도이, 싱광저이' 등

다양한 부사파생이 이루어진 것이다. 이것은 후기 근대한국어에서 '-저이', '-되이'형이 음운론적으로, 의미론적으로 비슷한 기능을 함으로써 당연시되는 어기공유현상이라고 할 수 있다. 이들 접미사는 모두 현대한국어로 오면서 '-스럽게, -되게'의 정도로 대체되며 부사형 어미 '-게'에 자리를 내주게 되면서 자체의 모습을 감추게 되었다.

(19) ㄱ. 잡도이: 불그니롤 올디고 공번도이 빠 공교ㅎ고 졸ㅎ니롤 **잡도이** 나오며 우연ㅎ 고으니와 탁낙ㅎ 호걸을 져론 거슬 비교ㅎ며 긴 거슬 혜아려 오직 그릇시 이 맛당케 ㅎ는 쟈는 지샹의 방이라 [登明選公, 雜進巧拙, 紆餘爲姸, 卓犖爲傑, 校短量長, 惟器是適者, 宰相之方也.] <延世 西遊 4:6>

ㄴ. 잡도히: 그곳은 원리 모다 무쥬고혼이 스방의 **잡도히** 쳐ㅎ고 인픔현우도 한갈ㄱㅈ지 아니터니 [這所在原都是些無主孤魂, 五方雜處, 賢愚不等.] <古百 3:47a>

(19ㄱ. ㄴ.)의 '잡도이'와 '잡도히'는 '-도이'와 '-도히'의 두 가지 모습을 다 보여주는 것인데 '-도히'는 모음 간의 ㅎ탈락현상과 관련되는 것으로서 근대한국어 시기에 표기상 흔히 보이는 현상이다. 중국어 원문에서 모두 '雜'으로 대응된 것인데 '복잡하게, 시끄럽게' 정도의 의미를 갖는다.

(20) ㄱ. 편벽도이: 김영의 모친이 **편벽도이** 작일 가부 학당의 일을 쓰어니여 ㅈ초지종으로 힝셜슈셜ㅎ여 모다 져의 쇼고다려 말습ㅎ니 [金榮的母親偏提起昨日賈府學房裡的事, 從頭至尾, 一五一十都向他小姑子說了.] <紅樓 10:8>

ㄴ. 편벽도히: 제 말ㅎ더 무슨 위국위민ㅎ다 ㅎ니 나는 **편벽도히**

가서 보려 ᄒ노라 [他說甚麼爲國爲民, 我是不爲的,
偏要去看看.] <女仙 5:68>

규칙과 제약에 의한 파생어형성에서 어기와 접사를 선택함에 있어서
음운, 형태, 의미, 기능 등 면에서의 문법지식은 매우 중요하다. 번역문
에서는 특히 어기 혹은 접사의 의미를 정확하게 파악하여야 할 것이다.
만일 의미를 잘 이해하지 못하고 번역을 진행한다면 의사 전달에 자칫
큰 오류를 범할 수 있기 때문이다.

(20)의 예를 들어본다면, 중국어에서 '偏'은 세 가지 뜻을 가지는데 ㉠
'편벽하다(偏僻)'의 뜻, ㉡'편향하다. 치우치다(偏向)'의 뜻, ㉢'기어코(偏偏)'의
뜻이다. (20ㄱ)의 '편벽도이'와 (20ㄴ)의 '편벽도히' 두 예는 중국어 원문
의 내용으로 미루어 보아 모두 ㉢의 뜻을 어기의 의미로 취한 것이다.
그런데 번역필사본 사전에서는 ㉠의 뜻을 취한 '편벽스럽게, 외지게' 정
도의 의미로 뜻풀이하고 있다.[161] 이렇게 되면 원문과 번역문 사이에서
독자가 이해하는데 큰 혼란을 가져올 수 있으므로, 파생어형성에서 어기
또는 접사 선택에서 의미의 정확성을 확보하는 것은 자못 중요하다고 생
각된다. 특히 어기가 여러 가지 의미를 가질 때에는 그 여러 가지 의미
중 어떤 의미를 바탕으로 파생어가 형성되었는지를 잘 파악해야 되는 것
이다. 어기와 파생어의 의미관계에 대해서는 송철의(1992/2008)에서 자세
히 다룬 바 있다.

6.2.2. '-오/우'

'-오/우'는 중세한국어와 근대한국어에서 '-이' 다음으로 생산적인 부

---

161) 물론 '偏'은 ㉠, ㉡, ㉢의 세 가지 경우가 모두 어기의 의미로 선택될 수 있다. 이런
경우에는 문장에서의 '偏'의 쓰임을 보고 그 파생어 의미를 정확하게 파악해야 한다.

사파생접미사라고 할 수 있으며 동사나 형용사어간에 결합하여 파생부
사를 형성한다. 이들은 형용사어간보다 동사어간에 결합하는 것이 생산
성이 높게 나타나고 있으며 이러한 양상은 중세한국어와 크게 다르지 않
다. '-오/우'는 대체로 용언 어간의 의미에 '정도'의 깊이를 더해 주는 접
미사로 기능한다고 할 수 있다(기주연 1994: 261).

(21) ㄱ. 바로: **바로** 하후무의게 다라든디 하후뮈 황망이 본진으로 다
라나거늘 [直] <奎章 三國 20:7>

　　　 cf. 고로로: 싱원 권젹 등 이십 일인이 샹소ᄒᆞ야 채진후 등
으로 더브러 **고로로** 죄벌을 닙어디라 ᄒᆞ야 굴
오디 [均] <朝記 12:46>

　　 ㄴ. 가초: 신이 임의 **ᄀᆞ초** 키야 와시니 폐해 보신 후의 약을 합
ᄒᆞ야 드리려 ᄒᆞᄂᆞ이다 [具備] <後水滸 11:65>

　　　 갓고로: 내 네 술을 공히 아니 먹을 거시니 날을 셩내게 말라
이네 집을 다 보아 ᄇᆞ리고 너롤 **갓고로** 박으리라 [倒]
<서울대 忠義水滸 8:30a>

　　　 cf. 갓구로: 원슈 가히 긔특ᄒᆞᆫ 공을 세워 텬하를 평안히
ᄒᆞ여 빅셩으로 ᄒᆞ여곰 **갓구로** 달린 닷ᄒᆞᆫ ᄆᆞ
옴을 플며[倒] <西漢 13:14>

　　　 도로: 네 ᄯᅳ돌 ᄌᆞ시 니ᄅᆞ라 ᄒᆞ거늘 유령이 술옵듸 **도로** 내여
살고져 ᄒᆞ기야 ᄇᆞ라링잇가 <왕시뎐 6>

　　　 마조: **마조** 셔로 부듸이져 [對兒] <大方 水滸 6a>

　　　 cf. **마죠** 부듸치니 [對兒] <奎章 水滸 1:2>/ 마쥬 겨다 [對]
<愚山 水滸 2a>

　　　 모도: 아이오 조인 니젼 하후연 하후돈 악진 댱요 장합 허제
의무리 **모도** 니ᄅᆞ려 비의 셩닌 눈으로 창을 빗기고 교
상의 믈을 세운 거슬 보고 [都] <毛三國 7:65>

　　　 비로쇼: 일젼 보옥을 몽즁의 보미 곳 쑴을 **비로쇼** 씨ᄃᆞᄅᆞ미
니 일노조ᄎᆞ 홍진의 ᄶᅥ러져도 내 뉘웃ᄎᆞ미 업ᄉᆞ리

라 [乃] <紅補 10:59>

cf. 후의 강산이 고아시니 됴흔 **쩌 비로소** 양흐매 밋쳐도
다 [屬] <浩然齋 上1b>

아오로: 그 쩌의 하관이 일빅냥을 쑤어 썻다가 변니 **아오로**
일 빅 오십 냥을 긔 쥐 잇실 제 즉시 츠레 보니엿거
든 엇지 삼빅 냥이라 흐느뇨 [都, 幷] <平妖 5:5>

조초: **조초** 관샤의 드러오니 독위 북벽의 놉히 안고 현덕을
섬아래 두어 시디나도록 셰웟다가 닐오더 [隨]
<三國 1:75>

cf. 현덕이 그 말을 조차 **조초** 발힝흐야 댱샤로 나아가다
[隨後] <三國 17:44>

ㄷ. 기우로: 수리 겻퇴 흔 병 술을 **기우로** 거러시니 봉 녀와 놓
피리 힝흐며 서른 지촉흐는 쏘다 [側] <古眞 5-1:54>

너모: 광음과 과긱이 **너모** 총총흐니 모히며 흐터지미 유유흐
야 흔 꿈이로다 [太] <浩然齋 上:43a>

cf. 너무, 넘우

두루: 고향이 알괘라 어느 곳인고 천산을 **두루** 넓고 다시 만
산을 흐놋다 [遍] <浩然齋 下:38b>

cf. 두로: 먼 하놀에 별이 훗터지고자 흐어시니 상녀에 날
빗치 셩 동녁희 **두로** 흐엿도다 [遍]
<鶴石集 18b>

(21)의 예들은 동사어간 어기에 '-오/우'가 결합되어 형성된 파생부사
들이다.

(21ㄱ)의 '바로'는 동사어간 '바ᄅ-(直)' 어기에 접미사 '-오'가 결합된
것인데 어간 말음 'ᄋ'가 탈락된 것을 볼 수 있다. 김원중(1994: 104)에서는
접미사 '-오/우'와의 결합에서 어간말음이 'ᄋ/으'로 끝날 때 'ᄋ/으'가 탈
락하는 현상이 있음을 지적하였다. '고로로'는 동사어간 '고ᄅ-(均)'에 '-오'
가 결합하여 '고로'가 되고 거기에 다시 잉여적 파생접미사 '-로'가 결합

하여 '고로로'가 된 것이다. '고로로'는 현대한국어의 '골고루'라는 의미를 나타낸다. 이들은 모두 어휘화를 경험하였다.

　(21ㄴ)의 예들은 모두 어간 말음이 자음으로 끝나는 동사어간 어기에 '-오/우'가 결합되어 형성된 파생부사들이다. '가초'는 '궂- + -오>ᄀ초> 가초'로 분석할 수 있으며 '갖추어, 갖추(具備)'라는 의미를 나타낸다. '갓고로'는 '갓골- + -오'로 분석할 있으며 '거꾸로'의 의미를 나타낸다. '갓고로'는 '갓구로'로도 나타나는데 '고'가 '구'로 된 것은 후기 근대한국어 시기 'ㅗ>ㅜ'의 모음상승, 또는 모음조화가 파괴되는 일종의 이화현상이라고도 할 수 있다. '도로'는 '돌- + -오 >돌오 >도로'로 분석할 수 있으며 '본래와 같이, 다시(復, 反, 還)'라는 의미를 나타낸다. '마조'는 '맞- + -오'로 분석할 수 있으며 사전들에서는 '서로 똑바로 향하여, 곧바로 정면으로' 정도의 의미로 해석하고 있다. 번역필사본에서는 '마죠', '마쥬'로도 나타난다. '죠, 쥬' 등으로 나타나는 것은 'ㅈ'이 경구개음으로 변화하기 이전의 근대한국어의 표기법현상을 보여준다. '마쥬'는 '맞- + -우'로 분석할 수 있는데 이것은 후기 근대한국어 시기의 모음조화가 파괴되는 현상을 엿볼 수 있다. '모도'는 '몯-(集) + -오'로 분석할 수 있는데, 현대한국어에서는 '모도(두시언해 6:49) > 모두'로(ㅗ>ㅜ, 모음상승)되었다. '비로쇼'는 '비릇- + -오'로 '비릇다(석상)', '비롯다(능엄)' 분석할 수 있는데,[162] 『표준국어대사전』에서는 '어느 한 시점을 기준으로 그 전까지 이루어지지 아니하였던 사건이나 사태가 이루어지거나 변화하기 시작함을 나타내는 말'이라고 해석하고 있다. '비로소'는 '비루소, 비루수, 비로서, 비르소' 등 이형태를 보이는데 '비르소(몽법)'는 '비릇- + -오'로 분석할 수 있다. '비르슈(두시 초)'는 '비릇- + -우'로, '비르서(석상)'는 '비릇- + -어' 등과 같이

---

162) '비롯하다' '비롯되다'의 어근 '비릇(始)+ -오 > 비릇오 > 비르소 > 비로소'로 볼 수도 있다.

분석이 된다. '아오로'는 '아올(兼)- + -오'로 분석할 수 있으며 현대한국
어에서 '아울러'로 쓰인다.163) '조초'는 '좇(從)- + -오'로 분석할 수 있으
며 '좇아, 따라, 대로' 등의 의미를 나타낸다.164)

(21ㄷ)의 예들은 원래부터 한글문헌인 필사본에 나타나는 '-오/우'에
의한 파생부사들이다. '기우로'는 '기울(偏)- + -오 > 기우로(側)'로 분석
할 수 있으며 '기울게(歪)'의 의미를 나타내며, '너모'는 '넘- + -오 > 너
모(太)'로 분석할 수 있으며 현대한국어에서는 '너무'로 쓰인다. '두루'는
'둘-(圍) + -우 > 두루'로 분석할 수 있으며 '빠짐없이, 골고루' 정도의
의미를 가진다.

이상과 같이 (21ㄴ)과 (21ㄷ)의 예들은 모두 동사어간 말음이 자음으
로 끝났는데 이런 경우에 접미사 '-오/우'가 결합되어 형성된 파생부사는
모두 연철로 표기되어 나타난 것을 볼 수 있다. 그리고 어간의 음절말
모음이 양성모음일 때 접미사 '-오'가 결합함으로써 모음조화를 지키는
데 반해(바로, 조초 등), 어간의 음절말 모음이 음성모음일 때는 '-우'가 결
합되기도 하고 '-오/우'의 교체를 이루기도 하는데 모음조화의 파괴를 암
시하기도 한다(너모/너무, 두루/두로).

> (22) 오로: 그 사룸이 하늘롤 브라보며 오식 구롬이 몸의 **오로** 찌이
>   니 하늘로 올나가며 닐오디 <왕시던 5>
>   외오: 내 그디롤 フ장 **외오** 너기더니 이 말을 드르매 구든 간댱
>   이 잠간 프러디 늣이다 <빙빙 2:76>
>   조죠: 가혜 왈 목금 인심니 편치 아니ㅎ니 **조죠** 과롤 움죽이면
>   편당치 아니훈 쩌라 [頻] <毛三國 2:43>

---

163) '아올다(월석 서:18) > 아우르다'. 현대한국어의 '아울러'는 '아우르- + -어 > 아울
     러'('르' 불규칙동사어간에 어미 '-어'가 결합되고 이것이 어휘화를 경험하여 부사 '아
     울러'가 된 것으로 볼 수 있음)로 되었다.
164) 이현희(2009) ('조초'의 문법사)를 참조.

      d. ᄌᆞ조: 싱강 살마 물을 바리고 ᄭᅮᆯ을 너어 만화로 조리되

        시웅 ᄡᅮ에를 **ᄌᆞ조** 열어 이슬을 쏫쳐야

        〈부인 필지 12b〉

  (22)의 예들은 형용사어간을 어기로 하여 거기에 '-오/우'가 결합되어 형성된 파생부사들이다. 이들도 모두 연철로 표기되어 나타난다.

  '오로'는 '올-(全) + -오 >올오 >오로'로 분석할 수 있는데 '온전히, 전부, 전적으로' 정도의 의미를 가진다. '올-'은 17세기에 동사 '오르다'의 의미로 쓰이기도 하고 형용사 '온전하다'의 의미로 쓰이기도 하였다. '-오/우' 부사파생에서는 '온전하다'의 의미를 나타내는 '올-' 형용사어간이 어기로 선택된 것이라 할 수 있다. "능히 **오라** 나디 몯홀 줄눌 혜아려(東新烈 8:66b)," "공뎡대왕이 즉위ᄒᆞ샤 셤기는 바의 ᄆᆞᄋᆞ몰 **올게** ᄒᆞ야(東新三忠:4b)," '오로'는 현대한국어에서 쓰이지 않는다.

  '외오'는 '그릇되게, 잘못되게'의 의미를 나타내는데 형용사어간 '외-'를 어기로 하여 거기에 '-오'가 결합된 것이다. '외-'는 동사로도 쓰이고 형용사로도 쓰이면서 여러 가지 의미를 나타내는데 여기서 어기로 선택한 '외-'는 '그르다'의 의미를 나타내는 형용사어간이다. 즉 '외- + -오 > 외오'가 되었다. 이때 어간 말음이 'i(j)'로 끝난 어기에 접미사 '-오'가 결합되어도 '-요'가 되지 않는다.[165] '외오'도 현대한국어에서 쓰이지 않는다.

  'ᄌᆞ죠'는 '좇- + -오 >좇오 >ᄌᆞ조'로 분석할 수 있다. 'ᄌᆞ조'가 'ᄌᆞ죠'로 나타난 것은 'ㅈ'이 경구개음으로 변화하기 이전의 표기법 현상을 보여주고 있다. 'ᄌᆞ죠'는 현대한국어에서 '자주(頻)'로 쓰이는데 '같은 일을 잇달아 잦게, 빈번하게' 정도의 의미를 가진다.[166]

---

165) 이기문(1977: 17) 참조.

166) 김원중(1994: 109)에서는 'ᄌᆞ조'는 17세기 문헌에 'ᄌᆞ로'와 쌍형어로 나타나며 이미 이러한 출현은 15세기 문헌에서도 동일한 양상을 보이고 있다고 하였다. "**자로** 이런 사오나온 일을 ᄒᆞ더니" (朴通 中 27)

이 외에 번역필사본에 '미오/미우',167) '마고'168) 등의 예들이 나타나는
데 이들의 어기가 불분명하고 이들은 모두 현대한국어에서 어휘화를 경
험했으므로 자세한 설명을 하지 않기로 한다.

이상의 기술을 통하여 부사파생접미사 '-오/우'는 동사어간에 결합하
여 파생부사를 형성하는 경우가 아주 생산적이며 형용사어간에 결합하
는 경우는 비생산적임을 알 수 있다. 그리고 용언 어간말 모음이 '으/으'
일 경우에 접미사 '-오/우'가 결합하면 '으/으'가 탈락을 하게 되며, 용언
어간 말음이 자음으로 끝날 때 '-오/우'가 결합되면 대부분 연철표기로
나타난다는 것을 알 수 있다. 또한 용언 어간말 모음의 음운론적 조건에
따라 모음조화가 관여하는 것을 볼 수 있다. 그런데 용언 어간말 모음이
음성모음인 경우에 '-오'와 '-우'가 모두 결합되어 나타나는 교체형을 보
이는데 이것은 후기 근대한국어 시기 모음조화의 어느 정도 파괴를 말해
주고 있다.

---

167) 미오: "인동 짜흘 지나다가 창 잡은 쟈를 흘긔여보며 ᄀ로되 챵쳑 **미오** 자르다 ᄒ더
라 (太)"(朝會 17: 42)
미우: "드ᄅ니 이져 부의 쟉인되미 심히 괴당ᄒ여 이제 이져져가 **미우** 득의치 못ᄒ
고 (很)" (續紅 1:52)
168) 마고: "샹 왈 맛당히 분향ᄒᄂ 츠롤 쁘리라 ᄒ시고 이에 **마고** ᄶᅢ이시니 곳 권도라
(信手)" (朝會 2:35)" cf. 마구
'마고'를 어원사전에서는 '막(粗) + -오 > 막오>마고'(마구)로 분석하고 있다.

제 7 장

각 유형별 파생접미사들의 실현양상

이 책은 주로 단어형성이 기본적으로 규칙에 의하여 설명되고 있다는 생성형태론의 논의를 바탕으로 하여, 18~19세기 중국소설류 번역필사본 어휘자료를 중심으로 접미파생법에 대하여 검토하고 전형적인 접미사에 의한 파생을 각각 명사파생, 동사파생, 형용사파생, 부사파생으로 장을 나누어 체계적으로 살펴보았다.

2장에서는 먼저 기존의 단어형성론에 관한 연구 업적들을 참고하여, 단어형성에서 규칙과 제약의 문제, 유추에 의한 단어형성 혹은 단어형성 과정이 본질적으로 통시적이라는 주장 등에 관한 일련의 학자들의 주장을 살펴보았다. 그리고 단어형성에서 '생산성'의 문제, '어휘화'의 문제 등도 함께 알아보았다. 다음으로 이 책의 연구대상으로 되는 자료가 18~19세기 중국에서 들어온 중국소설류 번역필사본 어휘에서 산출한 접미파생어이기 때문에 중국어 차용어를 어렵지 않게 발견하게 된다. 따라서 중국어 어휘를 차용하여 어기로 취하고 접미사가 결합하여 형성된 파생어들을 논함에 있어서 '어기의 차용'이라는 개념을 도입하였다.

3장에서는 명사파생에 대하여 논의하였는데 번역필사본에서 비교적 생산적인 명사파생접미사 '-이, -음, -기, -개, -장이, -바치, -질, -의/의' 등에 대하여 검토하였다. 이들은 대체로 동사어간, 형용사어간, 명사나 어근, 의성·의태어 등을 어기로 하여 매우 다양한 파생 양상을 보여주고 있다.

'-이'는 후기 근대한국어 시기에 단일형태소 동사어간, 형용사어간, 명사나 어근(한자어 포함), 파생어간, 합성어간 등의 다양한 어기를 취할 수 있었다. '-이'는 매우 생산적인 접미사였는데 어기말음이 자음이라는 음운론적 제약을 가지며 파생어 형성에서 나타내는 의미의 폭도 아주 넓다.

'-음'은 후기 근대한국어에서도 중세한국어와 마찬가지로 동사어간이나 형용사어간에 결합되어 명사를 파생시키는 기능을 함을 알 수 있다. 번역필사본에서 '-음'에 의한 파생어들이 많이 쓰인 것으로 보아 '-음'은 후기 근대한국어에서도 비교적 생산적인 접미사였을 것이다. '-음'은 동사어간에 붙는 경우에 '…행위를 함으로써 나타나는 추상적 현상(그르침, 됴오름 등)', '…행위의 특성을 가진 구체적인 사물(고음, 그림 등)'의 의미를 가지며, 형용사어간에 붙는 경우에 '…상태, 느낌(게여름, 슬픔 등)' 정도의 의미를 가진다. 후기 근대한국어 시기에 이 접미사는 비교적 생산적인 접미사였던 것으로 여겨진다.

명사파생접미사 '-기'는 주로 '…하는 일, 행위, 사건' 등의 중심적인 의미를 갖는다고 하셨는데 '…행위의 특성을 가진 사물(도구명사)명사(실감기, 흙밧기 등)' 혹은 '…행위의 특성을 가진 유정명사(사람)'(숫보기, 이는 한 예밖에 없어서 보편화하기 어려움)를 파생시키기도 함을 알 수 있다. '-기' 파생명사는 상당수의 예가 번역필사본에 나타나는데 후기 근대한국어 시기에 명사파생접미사 '-기'는 비교적 생산적인 접미사였음을 알 수 있다.[169] 그러나 형용사어간으로부터의 '-기' 명사파생은 그렇게 생산적이

---

169) 이현규(1995: 334~335)에 따르면, '-기'는 '-음'과 마찬가지로 17세기에 상호간의 기

지 못한 것으로 알려진다.

'-개'는 후기 근대한국어 시기에 주로 동사어간에 결합하여 '…행위의 도구로 쓰이는 구체적 사물'을 파생시키는 것이 주된 의미적 특성이라 할 수 있는데 특징적인 예는 발견되지 않았다. 이들은 모음조화와 'ㄹ, ㅣ' 다음에서의 'ㄱ'탈락규칙 등으로 인하여 이형태를 보이었는데(-게, -애/에), 현대한국어에서는 '-개'로 통일되어가는 경향을 보인다. 그리고 현대한국어에서는 '코흘리개, 오줌싸개' 등 인성명사를 파생시키는 경우가 있지만 번역필사본에서는 그런 예가 발견되지 않았다.

'-장이'는 후기 근대한국어에서 생산성이 아주 높은 명사파생접미사이다. 한자어명사나 어근, 고유어명사나 어근을 어기로 취하며, '…분야의 기술을 가진 기술자(가족장이, 미장이 등)', '…분야의 일을 전문적으로 혹은 직업적으로 하는 사람(옥사장이, 불목장이 등)', '…만드는 사람(망근장이, 쥬럼장이 등)' 정도의 여러 가지 의미를 갖는다. 또한 '-장이'는 '…분야의 천한 일을 하는 사람, 또는 낮은 신분의 직업을 가진 사람(짐장이, 쑤장이 등)'이라는 의미를 갖기도 하는데 이와 같은 다양한 '-장이' 용법은 날로 확장되어 현대한국어에 들어와서는 '-장이'가 가장 생산적인 명사파생접미사로 기능하고 있다.

'-바치'는 후기 근대한국어 시기에 그리 생산적이라 할 수 없다. 이것은 폭 넓은 의미영역을 갖고 활발한 생산성을 보여주는 '-장이'에 의하여 그 의미와 기능이 흡수되어 가고 있기 때문인 것으로 생각된다.

'-질'은 후기 근대한국어 시기에도 높은 생산성을 갖고 있으며, 주로 '그 도구를 가지고 하는 어떤 행위(그물질, 낚시질 등)'를 의미하거나 혹은 구체적으로 '…하는 행위(근두질, 번동질 등)'를 의미하기도 한다. '-질'은 번

능 범주가 확립되었고 18세기에 와서는 17세기 쓰임이 그대로 유지되면서 '-기'의 쓰임이 대단히 생산적인 경향을 보인다고 지적하였다.

역필사본에서 '노구질(老嫗), 상고질(商賈), 양한질(養漢)' 등에서처럼 한자어
명사나 어근을 어기로 취하여 '-질' 파생이 이루어지는 경우가 많았는데
이들은 앞 시기에 이미 고유어명사나 어근을 어기로 취하는 같은 의미
(혹은 비슷한 의미)를 나타내는 '뚜쟁이질, 장사질, 서방질' 등이 있음에도
불구하고 '-질' 파생이 새로이 이루어진 것이다. 그것은 번역필사본의 특
성상 한자어어기 혹은 차용어가 많은 것과 관련이 있는 듯하다. 현대한
국어에서는 '-질'이 보다 넓은 의미영역을 갖고 수많은 파생명사를 생성
하고 있다. 이를테면 현대한국어에서는 '직업, 신분' 등을 지칭하는 명사
가 '-질' 명사파생의 어기가 되는 경우(조교질 등)가 많이 발견되는데 후기
근대한국어에는 그런 용법이 없었던 것 같다.

'-익/의'는 후기 근대한국어에서 이미 그 생산성을 인정받기 힘들며 '-이,
-기'에 수용 통합되는 변천을 겪게 된다.

4장에서는 근대한국어 시기에 비교적 생산적이고 대표적인 동사파생
접미사에 대하여 살펴보았다. 즉 사·피동사파생접미사에 의한 파생, 동
사화접미사 '-거리-', '-디-', '-이-'에 의한 파생, 그리고 강세접미사 '-티/
치-'와 '-완/왓-'에 의한 파생도 같이 다루었다.

번역필사본에서 사동파생접미사는 '-이-, -히-, -리-, -기-, -오/우-'
등이 있는데 '-이-'와 '-오/우-'가 가장 생산적이다. 피동파생접미사로는
'-이-, -히-, -리-, -기-'가 있는데 역시 '-이-'가 가장 생산적이라 할
수 있다. 특이하게 '-히이-'형의 사동, 피동파생이 있는데 구체적인 문장
에서 쓰임을 보고 사동인지 피동인지 가려내야 한다. 어근형태소에 '-히-'
가 결합하여 '-히-'동사파생이 이루어지고 다시 그 파생어 어간을 어기
로 하여 '-이-'가 결합하여 '-히이-'형 파생어가 이루어진 것이다. 예를
들어 '토히이-'는 '토하게 하다'의 뜻인데 그것을 중국어 원문과 대조하
여 사동의 의미를 파악하였다.("뎐광이 오리디 낫지 아니커든 삼셩산으로 토히이

고 그 후의 삼승긔탕을 뼈 크게 느리오라[癲狂久不愈, 三聖散吐之, 用三承氣湯大下之].)

그리고 접미사 '-거리-', '-더-', '-이-'에 대하여서도 살펴보았는데 이들
은 주로 동작성 어근, 의성·의태어 등을 어기로 하여 '동작의 반복'을
나타냄을 알 수 있었다. '-거리-'는 후기 근대한국어에서 가장 생산적인
동사파생접미사였으며, '-더-'는 생산성이 낮은 것으로 확인되었다. '-이-'
도 '-거리-'와 같이 생산성이 높은 접미사로 분류된다.

　'-티/치-'와 '-왇/왓-'은 동사어간에 결합되어 어기의 의미를 강조하는
역할을 하고 있으며 후기 근대한국어에서 비교적 생산적으로 쓰였다.

　5장에서는 형용사파생에 대하여 논의하였는데 '-답-, -롭-, -스럽-, -젓
/접-, -되-'에 대하여 주로 논의하였다. 그리고 'ㅂ/브(ㅸ)-, -압/업-, -갑/
겁-'에 대하여서도 논의하였다.

　'-답-'은 번역필사본에서는 파생어가 새로이 거의 만들어지지 않았다.
'긔롱답-' 정도의 예가 하나 발견될 뿐이다. 이것도 '-접-'과의 어기 공유
로 인해 그 존재감이 확고하지 못하다(긔롱저온). 이러한 사실로 보아 후
기 근대한국어 시기에 접미사 '-답-'은 이미 어느 정도 그 생산성을 잃
어버렸다고 할 수 있다. 그러나 접미사 '-답-'은 전시기에 생성된 파생어
들이 여전히 활발하게 쓰이고 있다.

　'-롭-'은 근대한국어 시기에 생산적인 접미사였을 것으로 파악된다.
그런데 번역필사본에서 새로이 등장하는 '-롭-' 파생어 예는 많지 않은
편인데, 이것은 후기 근대한국어에는 '-스럽-' 파생어가 갑자기 생산성
이 증대되었기 때문일 수 있다. 이 시기에 '-스럽-'은 파생어형성에 있어
서 어기의 말음에 대한 음운론적 제약이 없이 출발하였고, 또한 '-스럽-'
은 상황에 따른 다양한 의미 표현이 가능하여 의미의 폭이 넓어짐에 따
라 그 생산성이 높아진 것으로 파악되었다. '-롭-' 파생어 예들 중에서
'간출롭-, 쵸츠롭-' 등 파생어가 특이하다고 할 수 있다.

'-스럽-'은 18세기에 문헌에 등장하여서부터 후기 근대한국어를 거쳐 현대한국어에서는 가장 생산성이 높은 형용사파생접미사로 기능하고 있다. '-스럽-'에 관하여 한 가지 보충할 것은 후기 근대한국어에서는 '그럴만하다(예: 구경스럽다)'의 의미로도 아주 적게나마 파생어형성에 참여하였다는 점이다.

'-젓/접-'은 한자어 명사나 어근, 고유어 명사나 어근을 두루 어기로 취할 수 있는데 번역필사본에는 한자어어기가 더 많음을 알 수 있었다. '-젓/접-'은 '-롭-', '-스럽-'과 의미나 기능이 유사한 것으로서 '어기의 속성을 풍부히 갖고 있거나 그러함, 근접함' 정도의 의미를 갖는다. 후기 근대한국어에 와서는 '-젓-'보다 '-접-'형태의 파생이 더 활발히 진행되고 있었다. 그러나 이들은 19세기 후반으로 갈수록 '-스럽-'에 의하여 밀리게 되었고, '-젓/접-'은 주로 부정적 의미를 갖는 어기를 취하는 경향을 가지게 된 사실을 확인할 수 있었다. 번역필사본에서는 '싱식접-, 결젓-, 직용접-, 지간젹-' 등 파생어들이 등장하는데 어기가 대체로 한자어 혹은 중국어 차용어임을 볼 수 있었다.

'-되-'도 후기 근대한국어 시기에 비교적 생산적이라 할 수 있다. 여기서 유의해야 할 것은 '-되-'에는 형용사파생접미사로서의 '-되-'만 있는 것이 아니고 피동의 의미를 나타내는 동사를 파생시키는 동사파생접미사 '-되-'도 있으므로, 이 둘을 잘 구분해야 한다는 점이다.

6장에서는 부사파생을 다루었는데 번역필사본에서 부사를 형성하는데 생산력이 가장 높은 '-이'계 접미사에 대하여 주로 다루어 보았다. '-이'계 접미사에 의한 파생을 '-X이/히'형, '[X + -답-] + -이'형, '[X + -롭-] + -이'형, '[X + -스럽-] + -이'형, '[X + -젓/접-] + -이'형, '[X + -되-] + -이'형 등으로 나누어 검토해 보았다.

'-X이/히'형은 번역필사본에서 중국어 어휘를 차용하여 어기로 취한 경우가 수적으로 매우 많다. '-X이'형과 '-X히'형 그리고 '-X이/히' 교체형으로 나타나는데 이들 파생어들은 열거하기 번거로울 정도로 수적으로 많이 나타난다. 그리고 '-X이/히'형은 고유어 명사나 어근(한자어도 포함)에 두루 결합하여 파생어들을 형성하기도 한다.

'[X + -답-] + -이'형의 부사파생은 번역필사본에서 그리 생산적이지 못하다. '쇳다이, 알음다이'와 같이 이미 앞 시기에 존재했던 것들이다.

'[X + -롭-] + -이'형은 번역필사본에 많이 나타나는데 앞 시기에 생성된 파생어들이 활발하게 쓰이므로 비교적 생산적이라 할 수 있다. 파생된 부사는 '어기의 속성이 풍부히 있게' 정도의 의미를 가지며 현대한국어의 '-롭게, -스럽게'로 대체되게 된다(네스로이, 영요로이 등).

'[X + -스럽-] + -이'형 부사파생은 후기 근대한국어 시기에 생산성이 극히 낮은데 이것은 '-스럽-'이 문헌에 늦게 등장한 것과 관련이 있어 보인다. '[X + -스럽-] + -이'형은 우선 '-스럽-' 형용사파생을 전제로 하므로 '-스럽-'이 19세기에 높은 생산성을 보여주긴 하였지만 '-롭-', '-젓/접-', '-되-' 등 그 시기 다른 형용사파생접미사들과의 관계에서 아직 확고한 위치를 보여주지 못하였던 것 같다. 따라서 '-스럽-' 형용사파생을 전제로 하는 '[X + -스럽-] + -이'형이 번역필사본에서는 뒤늦게야 이루어졌음을 알 수 있었다. 또한 이 유형은 바로 현대한국어로 들어오면서 부사형 어미 '-게'에 대체되면서 '-스럽게' 모습을 나타내게 된다. 번역필사본에서 '얀미락스러이' 예 하나가 발견되는데 이것도 그 어기를 음운론적으로 설명하기 어려우므로 '얀미락스러이'는 음운론적으로 어휘화한 것으로 보인다.

'[X + -젓/접-] + -이'형 부사파생은 번역필사본에서 아주 생산적으로 쓰였으며, '어기의 속성과 같거나 근접하게' 정도의 의미를 부여할 수 있었다. 그러나 이 유형 파생은 19세기 말 20세기 초에 들어오면서 '-젓/

접-'형용사파생접미사가 '-스럽-'에 밀리면서 '-적/쩍-'으로 변화되는 과정을 겪게 되고 나아가서는 어기의 의미가 부정적인 경향을 띠게 되는 의미론적 제약 등 원인으로 하여 '-젓/접-'이 생산성을 잃어가게 되면서 '[X + -젓/접-] + -이'형도 모습을 감추게 된다고 한다(황문환 2006).

'[X + -되-] + -이'형은 '어기의 속성이 있게' 정도의 의미를 갖는데 후기 근대한국어에서 앞의 몇 유형보다는 생산성이 떨어진다고 할 수 있겠으나 그래도 꽤 활발하게 파생어를 형성하였다. 이 유형은 '[X + -젓/접-] + -이'형과 어기를 공유하는 경우가 많다. 이것은 그 시기 형용사파생접미사 '-되-'와 '-젓/접-'이 아주 비슷한 의미와 기능을 갖고 있었던 것과 관련이 있다(싱광도이, 싱광저이).

이상과 같이 '-이'계 부사파생에서 주로 '[X + -답-] + -이'형, '[X + -롭-] + -이'형, '[X + -스럽-] + -이'형, '[X + -젓/접-] + -이'형, '[X + -되-] + -이'형을 검토해보았다. 이들은 대체로 '어기의 속성에 근접하거나 풍부히 있음' 정도의 의미를 가지며, 후기 근대한국에서 매우 생산적으로 쓰이다가 현대한국어에 들어오면서 대체로 '-답게, -롭게, -스럽게, -되게'와 같이 모습을 바꾸게 되며 현대한국어의 부사형 어미 '-게'에 자리를 내주게 되었다.

그리고 부사파생접미사 '-오/우'는 동사어간에 결합하여 파생부사를 형성하는 경우가 아주 생산적이며 형용사어간에 결합하는 경우는 비생산적임을 알 수 있다. '-오/우'에 의하여 생성된 파생부사들은 대부분 어휘화를 경험하여 현대한국어에서는 일부가 소멸되기도 하고, 일부는 활발하게 부사의 기능을 담당하고 있다.

이 책은 중국소설류 번역필사본 어휘자료를 바탕으로 하여 후기 근대한국어 시기 접미파생법에 대하여 논의를 진행하였는데 일부 생산적이고 대표적인 접미사들만 다룬데 그쳤다. 생산성이 좀 떨어지더라고 후기 근대한국어 시기에 특징적이고 논할 가치가 있는 접미사들도 적지 않을 것이라 생각된다. 이제 접미사 목록을 더 추가하여 통시적 자료까지 자세히 관찰하고 차용어에 대하여서도 더 세밀하게 검토해보는 작업이 필요할 것인데 앞으로의 숙제로 남긴다.

참고문헌

강은국, 『조선어 접미사의 통시적 연구』, 박이정, 1995.

고광주, 「'명사+동사+접사'형 파생명사의 형성과정」, 『한국어학』 12, 한국어학회, 2000, 67~88면.

고영근, 「현대국어접미사에 대한 구조적 연구 I」, 『서울대 논문집』 8, 서울대학교, 1972a, 71~101면.

_____, 「현대국어접미사에 대한 구조적 연구 II」, 『아시아연구』 48, 고려대 아시아 문제연구소, 55~80면.

_____, 『국어 접미사의 연구』, 백합출판사, 1974.

_____, 『국어형태론연구』, 서울대학교출판부, 1989/1999.

_____, 『개정판표준 중세국어문법론』, 집문당, 2008.

고영근·구본관, 『우리말 문법론』, 집문당, 2008.

곽충구, 「원순모음화 및 비원순모음화」, 『국어연구 어디까지 왔나』, 동아출판사, 1990, 84~94면.

_____, 「강세 접미사의 방언형과 그 문법화 과정에 대하여」, 『선청어문』 22, 서울대국어교육과, 1994, 1~25면.

_____, 「함북방언의 피·사동사」, 『어문학』 85, 한국어문학회, 2004, 1~36면.

구본관, 「생성문법과 국어 조어법 연구 방법론」, 『주시경학보』 9, 주시경연구소, 1992, 50~77면.

_____, 「국어 파생접미사의 통사적 성격에 대하여」, 『관악어문연구』 18, 서울대 국어국문학과, 1993, 117~140면.

_____, 『15세기 국어 파생법에 대한 연구』 태학사, 1998.

_____, 「파생어 형성과 의미」, 『국어학』 39, 국어학회, 2002a, 105~135면.

_____, 「형태론의 연구사」, 『한국어학』 16, 한국어학회, 2002b, 1~48면.

국립국어연구원, 『국어의 시대별 변천·실태 연구 1 -중세 국어-』, 국립국어연구원, 1996.

_____, 『국어의 시대별 변천 연구 2 -근대 국어-』, 국립국어연구원, 1997.

_____, 『국어의 시대별 변천 연구 4 -개화기 국어-』, 국립국어연구원, 1999.

권재일, 『한국어 문법사』, 박이정, 1998/2001.

기주연, 「근대국어의 접미사 설정한계에 관한 고찰: 17~18세기 국어자료를 중심으로」, 『숭실어문』 8, 숭실대학교, 1991, 47~64면.

기주연, 「근대국어의 영접사파생에 대한 고찰」, 『국어국문학』 108, 국어국문학회, 1992, 165~186면.

_____, 『근대국어 조어론 연구 I - 파생법 편』, 태학사, 1994.

김계곤, 「현대국어의 뒷가지 처리에 대한 관견」, 『한글』 14, 한글학회, 1969a, 95~139면.

_____, 「현대국어의 조어법 연구-뒷가지에 의한 파생법-」, 『인천교대 논문집』 4, 인천교육대학, 1969b, 23~85면.

_____, 『현대 국어의 조어법 연구』, 박이정, 1996.

김광해, 『국어 어휘론 개설』, 집문당, 2004.

김규철, 「한자어 단어형성에 관한 연구: 고유어와 비교하여」, 『국어연구』 41, 서울대학교 대학원, 1980.

_____, 「단어 형성 규칙의 정밀화-방해현상을 중심으로-」, 『언어』 6-2, 1981, 117~134면.

김길동, 「15세기 국어 파생법 연구」, 단국대학교 석사학위논문, 1992.

김민국, 「접미사에 의한 공시적 단어형성 연구」, 연세대학교 석사학위논문, 2009.

김민수 외, 『우리말 어원사전』, 태학사, 1997.

김보현, 「파생접미사 '-거리-', '-대-', '-이-', '-하'의 의미 상관성 연구」, 서강대학교 석사학위논문, 1999.

김석득, 「국어형태론: 형태류어의 구성 요소 분석」, 『연세 논총』 4, 연세대학교, 1967, 1~46면.

_____, 『국어구조론-한국어의 형태·통사구조론 연구』, 연세대학교 출판부, 1971.

_____, 『우리말 연구사』, 정음문화사, 1983.

_____, 「시킴사동법과 입음피동법」, 『국어생활』 8, 1987, 89~103면.

_____, 『우리말 형태론』, 탑출판사, 1992.

김성규, 「어휘소 설정과 음운현상」, 『국어연구』 77, 서울대학교 대학원, 1987.

_____, 「'사르다'류의 파생어」, 『한일어학논총』 남학 이종철선생 회갑기념논총 간행 위원회, 1995, 381~394면.

김연강, 「16세기 국어의 파생접미법 연구」, 경남대학교 석사학위논문, 1996.

김 영, 「조선 후기 명대 소설 번역 필사본 연구: 새로 발굴된 '서유긔', '고후전', '슈양의 ㅅ', '슈스유문', '남송연의'를 중심으로」, 한국외국어대학교 박사학위논문, 2007.

김완진, 「이른 시기에 있어서의 한중 언어접촉의 일반에 대하여」, 『국어음운체계의 연구』, 일조각, 1971, 96~114면.

_____, 「국어 어휘 마멸의 연구」, 『진단학보』 35, 진단학회, 1973, 35~59면.

김웅배, 「전남방언의 접미사에 관한 연구」, 전남대학교 석사학위논문, 1971.

김원중, 「17세기 국어 부사의 형태론적 연구」, 단국대학교 석사학위논문, 1994.

김정남, 「'-답다', '-롭다', '-스럽다'의 분포와 의미」, 『한국어 의미학』 18, 한국어의미학회, 2005, 125~148면.

김정은, 『국어 단어형성법 연구』, 박이정, 1995/2000.

김종록, 「부사형 접사 '-이'와 '-게'의 통시적 교체」, 『국어교육연구』 21, 국어교육학회, 1989, 113~149면.

김지홍, 「몇 어형성 접미사에 대하여」, 『백록어문』 1, 제주대 국어교육과, 1986, 55~81면.

김창섭, 「형용사 파생 접미사들의 기능과 의미, '-답-, -스럽-, -롭-, 하-'와 '-的'의 경우」, 『진단학보』 58, 진단학회, 1984, 145~161면.

_____, 『국어의 단어형성과 단어구조 연구』, 태학사, 1996.

_____, 『한국어 형태론 연구』, 태학사, 2008.

김춘월, 「낙선재본 '홍루몽'의 중국어 어휘 차용에 대한 연구」, 한국학중앙연구원 석사학위논문, 2012.

김 현, 「모음간 w탈락과 w삽입의 역사적 고찰」, 『애산학보』 23, 애산학회, 1999, 195~254면.

김형배, 「국어 파생 사동사의 역사적인 변화」. 『한글』 236, 한글학회, 1997, 103~136면.

김홍범, 「근대화기 국어의 접두파생법 연구」, 연세대학교 석사학위논문, 1986.

나은미, 『연결주의 관점에서 본 어휘부와 단어형성』, 박이정, 2009.

남광우, 『고어사전』, 일조각, 1960.

_____, 「중세국어 한자음에 대한 기반적 연구」, 『한국어문』 1, 1992, 87~135면.

_____, 『조선 이조 한자음 연구-王亂전 현실한자음을 중심으로-』, 일조각, 1993.

남풍현, 「중국어 차용에 있어서 직접차용과 간접차용의 문제에 대하여-초간 '박통사'를 중심으로 하여-」, 『이숭녕박사 송수기념논총』, 1968a, 213~223면.

_____, 「15세기 언해 문헌에 나타난 정음 표기의 중국계 차용 어사 고찰」, 『국어국문학』 39·40, 국어국문학회, 1968b, 39~86면.

_____, 「중국어 차용어의 유연성의 획득과 상실에 대하여」, 『국어국문학』 41, 국어국문학회, 1968c, 127~128면.

_____, 「중세국어의 중국어 차용 연구-단음절 체언을 중심으로-」, 『한양대논문집』 6, 한양대학교, 1972a, 59~83면.

_____, 「15세기 국어의 한자음 차용고」, 『국문학논집』 5·6, 단국대 국어국문학과, 1972b, 3~22면.

_____, 「국어 속의 차용어-고대국어에서 근대국어까지-」, 『국어생활』 2, 국어연구소, 6~22면.

노대규, 「국어접미사 '답'의 연구」, 『한글』 172, 한글학회, 1981, 57~104면.

노명희, 『현대국어 한자어 연구』, 태학사, 2005.

Massini, 이정재 역, 『중국어 어휘의 형성과 국가어의 발전』, 소명출판, 1993(2005역).

민현식, 「'-스럽다, -롭다' 접미사에 대하여」, 『국어학』 13, 국어학회, 1984, 95~118면.

박건일, 「국어 접두사 연구」, 『교육논총』, 동국대학교 교육대학원, 1982, 9~31면.

박영섭, 「국어 한자어의 기원적 계보 연구-현용 한자어를 중심으로」, 성균관대학교 박
　　　사학위논문, 1987.

박재연, 『고어사전』, 이회, 2001.

＿＿＿, 「중국 번역소설과 역학서에 나타난 어휘에 대하여-낙선재번역소설 필사본에
　　　나타난 차용어를 중심으로」, 『한국어문학연구』 13, 한국어문학연구회, 2001,
　　　138～174면.

＿＿＿, 「'중조대사전' 편찬에 관하여」, 『한국사전학회 학술대회 발표 논문집』, 한국사
　　　전학회, 2002, 49～71면.

박재연·김영·이문숙, 『홍루몽 고어사전』, 이회, 2005.

박재연, 「19세기 말 홍루몽계 필사본 번역소설에 나타난 어휘 연구」, 『국어사 연구와
　　　자료』, 태학사, 2007.

＿＿＿, 「'필사본 고어대사전'편찬에 대하여」, 『한국사전학』 16, 한국사전학회, 2010,
　　　137～187면.

박재연 외, 『필사본 고어대사전』 1-7책, 선문대학교, 학고방, 2010.

박재연, 『한글필사문헌과 사전 편찬』, 역락, 2012.

박종태, 「16세기 국어의 파생법 연구」, 단국대학교 석사학위논문, 1983.

박진호, 「통사적 결합 관계와 논항구조」, 서울대학교 석사학위논문, 1994.

서병국, 『국어조어론』, 경북대학교 출판국, 1975.

서은아, 『국어 명사형 어미 연구』, 박이정, 2003.

서정수, 『동사 '하-'의 문법』, 형설출판사, 1975.

석주연, 「근대국어 파생형용사의 형태론적 연구」, 서울대학교 석사학위논문, 1995.

성광수, 『국어의 단어형성과 의미해석』, 월인, 2001.

성기철, 「명사의 형태론적 구조」, 『국어교육』 15. 한국국어교육연구회, 1969, 65～94면.

성환갑, 「부사화접미사 '-이/히' 논고」, 『국어국문학』 65·66, 국어국문학회, 1974, 97～
　　　111면.

소신애, 「어기 및 접사 변화와 파생어의 재형성」, 『국어학』 50, 국어학회, 2007, 3～27면.

손춘섭, 「국어의 내적 변화 파생에 대한 연구」, 『국어국문학』 133, 국어국문학회, 2003,
　　　79～112면.

송기중, 「현대국어 한자어의 구조」, 『한국어문』 1, 1992, 1～85면.

＿＿＿, 「어휘 생성의 특수한 유형」, '한자차용어', 『국어 어휘의 기반과 역사』, 태학사,
　　　1998, 593～615면.

송기중 외, 『한국의 문자와 문자 연구』, 집문당, 2003.

송 민, 「언어의 접촉과 간섭유형에 대하여-현대한국어와 일본어의 경우」, 『성심여자대
　　　학 논문집』 10, 성심여자대학교, 1979, 29～62면.

송상조, 「제주도 방언의 접미 파생어 연구」, 동아대학교 박사학위논문, 1991.

송원용, 「활용형의 단어 형성 참여 방식에 대한 연구」, 서울대학교 석사학위논문, 1998.

_____, 「현대국어 임시어의 형태론」, 『형태론』 2-1, 2000, 1~16면.

_____, 「형태론과 공시태·통시태」, 『국어국문학』 131, 국어국문학회, 2002, 165~190면.

_____, 『국어의 어휘부와 단어형성』, 태학사, 2005.

송창선, 「현대국어 피동접미사의 특성」, 『국어교육연구』 36, 국어교육연구회, 2004, 129~148면.

송철의, 「파생어 형성과 음운현상」, 『국어연구』 38, 서울대학교 대학원, 1977.

_____, 「파생어 형성과 통시성의 문제」, 『국어학』 12, 국어학회, 1983, 47~72면.

_____, 「파생어 형성에 있어서의 어기의 의미와 파생어의 의미」, 『진단학보』 60, 진단학회, 1985, 193~211면.

_____, 「파생어형성에 있어서의 제약현상에 대하여」, 『국어국문학』 99, 국어국문학회, 1988, 309~333면.

_____, 『국어의 파생어형성 연구』, 태학사, 1992/2008.

_____, 「형태론과 음운론」, 『국어학』 35, 국어학회, 2000, 287~311면.

_____, 「국어 형태론 연구의 문제점」, 『배달말』 39, 배달말학회, 2006, 117~141면.

_____, 『한국어 형태 음운론적 연구』, 태학사, 2008.

시정곤, 『수정판 국어의 단어형성 원리』, 한국문화사, 1998.

_____, 『현대국어형태론의 탐구』, 월인, 2006.

심재기, 『국어어휘론』, 집문당, 1982/1987.

_____, 『국어 어휘의 기반과 역사』, 태학사, 1998.

안병희, 『15세기 국어의 활용어간에 대한 형태론적 연구』, 탑출판사, 1959/1982.

안병희·이광호, 『중세국어문법론』, 학연사, 1990/2007.

안상철, 「사역·수동파생과정에 적용되는 몇 가지 음운규칙」, 『이정 정연찬선생회갑기념논총』, 탑출판사, 1989, 163~185면.

_____, 『형태론』, 민음사, 1998.

연재훈, 「한국어 '동사성명사 합성어'의 조어법과 의미연구」, 서울대학교 석사학위논문, 1986.

오규환, 「현대 국어 조사 결합형의 단어화에 대한 연구」, 『국어연구』 197, 서울대학교 대학원, 2008.

오충연, 「사동 파생과 상」, 『한국어 의미학』 25, 한국의미론학회, 2008, 99~126면.

유창돈, 『이조어사전』, 연세대학교 출판부, 1964/2010.

_____, 『어휘사 연구』, 이우문화사, 1975.

유필재, 「후기중세국어 부사파생접미사 '-이'의 형태음운론」, 『국어학』 49, 국어학회, 2007, 3~31면.

윤동원, 「형용사파생 접미사 '-스럽-', '-롭', '-답-'의 연구」, 서울대학교 국어교육과 석사학위논문, 1986.

이강로, 「파생접사 '-지'의 형태론적 연구」, 『인천교육대논문집』 2, 인천교육대학교, 1967, 1~16면.

이건식, 「현대국어의 반복복합어연구」, 단국대학교 석사학위논문, 1988.

이경우, 「파생어 형성에 있어서의 의미 변화」, 『국어교육』 39, 한국국어교육연구회, 1981, 215~256면.

이광호, 『근대국어문법론』, 태학사, 2004.

이광호, 「국어 파생 접사의 생산성에 대한 계량적 연구」, 서울대학교 박사학위논문, 2007.

이기갑, 「전남 방언의 파생접미사1」, 『언어학』 41, 한국언어학회, 2005, 159~193면.

이기동, 「생성문법에 있어서의 파생어 취급 방법의 고찰」, 『언어와 언어학』 3, 한국외국어대학교 외국어 종합연구센터 언어연구소, 1975, 85~99면.

이기문, 「16세기 국어의 연구」, 『문리논집』 4, 고려대 문리대, 1959.(탑출판사, 1978.)

_____, 『국어사개설』, 탑출판사, 1961/1972/1986.

_____, 「근세중국어 차용어에 대하여」, 『아세아연구』 8-2, 고려대 아세아문제연구소, 1965, 195~240면.

_____, 『국어음운사 연구』, 탑출판사, 1975/1990.

_____, 「국어순화와 외래어 문제」, 『어문연구』 4-2, 한국어문교육연구회, 1976, 175~179면.

_____, 「어휘 차용에 대한 일고찰」, 『언어』 3-1, 한국언어학회, 1978, 19~31면.

_____, 「차용어 연구의 방법」, 『국어학 신 연구 Ⅱ』若泉 김민수 교수 화갑기념, 탑출판사, 1986, 787~799면.

_____, 『국어 어휘사 연구』, 동아출판사, 1991.

이병근, 「파생어 형성과 i역행동화 규칙들」, 『진단학보』 42, 진단학회,1976, 99~112면.

_____, 「음운현상에 있어서의 제약」, 『국어학 연구 선서』 6, 탑출판사, 1979/1995.

_____, 「국어사전과 파생어」, 『어학연구』 22-3, 서울대학교 어학연구소, 1986, 389~408면.

이병근·채완·김창섭, 『형태』, 태학사, 1993.

이병근, 『어휘사』, 태학사, 2004.

이병기, 「중세 국어 '강세접미사'와 '보조용언'의 상관성」, 『국어학』 53, 2008, 국어학회, 87~111면.

이상억, 『국어의 사동·피동 구문 연구』, 집문당, 1970.

이석주·이주행, 『국어학 개론』, 대한교과서주식회사, 1994/1997.

이숭녕, 「접미사 -bp-계의 연구」, 『진단학보』 17, 진단학회, 1955, 31~102면.

_____, 「국어조어론시고-특히 어간형성에서의 한 접미사의 체계 수립에 대하여-」, 『진단학보』 18, 진단학회, 1957a, 47~86면.

_____, 「제주도방언의 형태론적 연구」, 『동방학지』 3, (이숭녕1985에 재수록) 연세대동

방학연구소, 1957b, 39~193면.

_____, 『국어조어론 고』, 을유문화사, 1961.

_____, 「근대국어 연구의 관견」, 『낙산어문』 2-1, 서울대학교 국어국문학과, 1970, 1~3면.

_____, 『제주도방언의 형태론적 연구』, 탑출판사, 1985.

이승욱, 『국어문법체계의 사적 연구』, 일조각, 1973.

_____, 「중세어 '이' 부사화와 일부의 폐어현상」, 『동양학』 14, 단국대 동양학연구소, 1984, 1~24면.

_____, 『국어 형태사 연구』, 태학사, 1997.

이양혜, 『국어의 파생접사화 연구』, 박이정, 2000.

_____, 「우리말 접사의 형태론적 고찰」, 『우리말연구』 19, 우리말연구학회, 2006, 85~111면.

이은섭, 「동작동사 파생과 동작성」, 『정신문화연구』 27-3 통권 96호, 한국정신문화연구원, 2004, 115~136면.

이익섭, 「한자어 조어법의 유형」, 『이숭녕박사 송수기념논총』, 을유문화사, 1968.

_____, 「국어 조어론의 몇 문제」, 『동양학』 5, 단국대 동양학연구소, 1975, 1~10면.

_____, 「피동성 형용사문의 통사구조」, 『국어학』 6, 국어학회, 1978, 65~84면.

_____, 『국어학개설』, 학연사, 1986/2000/2006.

이익섭·채완, 『국어문법론 강의』, 학연사, 1999/2000/2005.

이재인, 「명사 파생 절차의 통시적 기술」, 『배달말』 14, 배달말학회, 1989, 75~88면.

이정훈, 「파생접사 '-답-'의 통시적 파생」, 『생성문법연구』 16, 2006, 491~513면.

이진호, 「국어 비모음화와 관련된 이론적 문제」, 『국어학』 37, 국어학회, 2001, 61~84면.

이진환, 「18세기 국어의 조어법 연구:『방언집석』을 중심으로」, 단국 학교 석사학위논문, 1984.

이현규, 「한자어 차용에 따른 차용어와 고유어의 변화」, 『우리말 연구의 샘터』 연산 도수희 선생 화갑기념논총, 1994, 703~730면.

_____, 『국어 형태 변화의 원리』, 영남대학교출판부, 1995.

이현희, 「ᄒᆞ다'어사의 성격에 대하여: 누러ᄒᆞ다류와 엇더ᄒᆞ다류를 중심으로」, 『한신논문집』 2, 한신대학교, 1985, 221~248면.

_____, 「중세국어의 용언 어간말 '-ᄒᆞ-'의 성격에 대하여」, 『국어학신연구』, 탑출판사, 1986, 367~379면.

_____, 「중세국어 '둗겁-'의 형태론」, 『진단학보』 63, 진단학회, 1987, 133~150면.

_____, 「19세기 국어의 문법사적 고찰」, 『한국문화』 15, 서울대학교 한국문화연구소, 1994, 57~81면.

_____, 「중세국어의 강세접미사에 대한 일고찰」, 『한국어문논고』, 태학사, 1997, 707~724면.

_____, 「중세·근대국어 형태론의 몇 문제」, 『문법과 텍스트』, 2002, 139~155면.

_____, 「현대국어의 화석과 그 역사적 해석」, 『국어학』 45, 국어학회, 2005, 275~288면.

_____, 「'조초'의 문법사」, 『진단학보』 107, 진단학회, 2009, 129~175면.

_____, 「'붙이'와 '부치'」, 『최명옥 선생 정년퇴임기념 국어학 논총』, 2010, 967~994면.

_____, 「근대한국어의 잉여적 파생접미사 덧붙음 현상」, 『한국문화』 52, 서울대규장각 한국학연구원, 2010, 3~22면.

_____, 「한국어 문법사 기술에서의 세 갈림길에 대한 단상」, 2013 가을학기 국어연구회, 2013.

이혜현, 「19세기 국어 파생법에 대한 연구: 경판 방각본 고소설을 대상으로」, 안동대학교 교육대학원 석사학위논문, 2002.

이호승, 「단어형성과정의 공시성과 통시성」, 『형태론』 3-1, 박이정, 2001, 113~119면.

_____, 「단어형성법의 분류기준에 대하여」, 『어문학』 85, 한국어문학회, 2004, 85~110면.

임성규, 「형용사 파생에 관여하는 어근 접미사 연구」, 『한국언어문학』 39, 한국언어문학회, 1997, 151~169면.

임용기·홍윤표 편, 『국어사 연구 어디까지 와 있는가』, 태학사, 2006.

임홍빈, 「용언의 어근분리 현상에 대하여」, 『언어』 4-2, 한국언어학회, 1979, 55~76면.

장경준, 「'-어 ㅎ>하-'통합 현상과 관련된 몇 가지 문제」, 『형태론』 4-2, 2002, 215~229면.

전광현, 「17세기 국어의 접미파생어에 대하여」, 『동양학』 18, 단국대 동양학연구소, 1988, 1~25면.

_____, 『근대국어 한자어에 대한 기초적 연구 1』, 한국정신문화연구원, 1992.

전상범 역, 『생성형태론』, 한신문화사, 1987.

전상범, 『형태론』, 한신문화사, 1995.

정병곤, 「남북한 언어의 파생어 형성에 대한 비교 연구」, 동국대학교 석사학위논문, 1999.

정승철, 「제주도 방언의 파생접미사-몇 개의 재구형을 중심으로-」, 『대문화연구』 30, 성균관대 대동문화연구원, 1994, 359~374면.

_____, 『제주도 방언의 통시음운론』, 태학사, 1995.

_____, 「개화기 국어 음운」, 『국어의 시대별 변천 연구 4』, 1999, 7~59면.

_____, 「피동사와 피동접미사」, 『진단학보』 104, 진단학회, 2007, 127~146면.

정연극, 「형용사 형성 접미사의 통시적 변화: '-되-', '-롭-', '-스럽-', '-답-'을 중심으로」, 고려대학교 대학원 석사학위논문, 2007.

정의향, 「평북 철산 지역어의 접미파생법 연구」, 서울대학교 박사학위논문, 2010.

정향란, 「중국 연변지역 한국어의 파생접미사 연구」, 인하대학교 석사학위논문, 2004.

_____, 「연변지역어의 인칭접미사에 대하여」, 『한민족어문학』 51, 한민족어문학회, 2007, 259~280면.

조남호, 「현대국어의 파생접미사 연구」, 서울대학교 석사학위논문, 1988.

_____, 「한자어의 고유어화-형태면에서의 유연성 상실을 중심으로」, 『국어사 자료와 국어학의 연구』, 안병희 선생 화갑기념논총, 문학과 지성사, 1993, 842~854면.

조세용, 「한자어에서 개주된 귀화어 연구-15세기 이후의 조선한자음과 중국 중원음으로 서사된 한자어를 중심으로」, 한양대학교 박사학위논문, 1986.

조일규, 『파생법의 변천 Ⅰ』, 1997, 박이정.

조항범, 「차용어」, 『국어연구 어디까지 왔나』, 동아출판사, 1990, 531~536면.

_____, 「동물 명칭의 어휘사」, 『국어 어휘의 기반과 역사』, 태학사, 1998, 93~210면.

채현식, 「조어론의 규칙과 표시」, 『형태론』 1-1, 도서출판 박이정, 1999, 25~42면.

_____, 「유추에 의한 복합명사 형성 연구」, 서울대학교 박사학위논문, 2003.

최명옥, 「국어의 공시형태론: 어간과 어미의 형태소 설정을 중심으로」, 『이병근선생 퇴직기념국어학논총』, 태학사, 2006, 13~39면.

_____, 『현대한국어의 공시형태론: 경주지역어를 실례로』, 서울대학교출판부, 2008.

최범훈, 「국어의 한자계 귀화어에 대하여」, 『무애 양주동박사 고희기념 논문집』, 무애 선생 고희기념논총간행회, 서울 동국대학교 탐구당, 1973.

_____, 『한국 어학 논고』, 서울 통문관, 1976.

최전승, 「명사파생접미사 i에 대한 일고찰」, 『국어국문학』 79·80, 국어국문학회, 1979, 245~265면.

최형용, 「형식명사·보조사·접미사의 상관관계」, 『국어연구』 148, 서울대학교 대학원, 1997.

_____, 『국어 단어의 형태와 통사』, 태학사, 2003.

_____, 「국어 동의파생어 연구」, 『국어학』 52, 국어학회, 2008, 27~53면.

하치근, 「국어 파생접미사 연구」, 부산대학교 박사학위논문, 1987.

_____, 「국어 파생접미사의 유형 분류」, 『한글』 199, 한글학회, 1988, 25~46면.

_____, 「국어 파생접미사의 통합 양상에 관한 연구」, 『언어와 언어 교육』 4, 동아대학교 어학연구소, 1989, 5~41면. (『한글』 204, 한글학회, 5~38면. 재수록.)

_____, 「국어 통사적 접사의 수용 범위 설정에 관한 연구」, 『한글』 231, 한글학회, 1996, 43~104면.

_____, 「'-음'접사의 본질을 찾아서」, 『형태론』 1-2, 1999, 359~369면.

_____, 『우리말의 형태와 의미』, 경진문화, 2009.

_____, 『우리말 파생형태론』국어학 파생어 형태론, 경진, 2010.

허 웅, 「15세기 국어의 사역 피동의 접사」, 『동아문화』 2, 서울대 동아문화연구소, 1964, 127~166면.

_____, 「서기 15세기 국어를 대상으로 한 조어법 서술 방법과 몇 가지 문제점」, 『동아문화』 6, 서울대 동아문화연구소, 1966, 1~53면.

_____, 『우리옛말본-15세기 국어 형태론』, 샘문화사, 1975.

_____, 『16세기 우리옛말본』, 샘문화사, 1989.

_____, 『20세기 우리말의 형태론』, 샘문화사, 1995.

홍사만, 「국어 접미사 목록에 대한 재고 1」, 『어문학』 36, 한국어문학회, 1977, 101~134면.

홍윤표, 「근대국어의 어간말자음군 표기에 대하여」, 『국어학』 16, 1987, 91~123면.

_____, 『근대국어연구 I』, 태학사, 1994.

홍종선 외, 『후기 근대국어 형태의 연구』, 역락, 2006.

황문환, 「'의심젓다'와 '의심접다'-유추에 의한 어간 오분석의 일례-」, 『형태론』 3-1, 2001, 23~33면.

_____, 「현대국어 파생접미사 '-적/쩍-'의 통시론」, 『이병근선생 퇴임기념 국어학 논총』, 2006, 605~622면.

황선엽, 「차자표기 자료의 역주에 대하여」, 『국어사연구』, 국어사학회, 2011, 143~166면.

황화상, 「국어 형태 단위의 의미와 단어 형성」, 고려대 박사학위논문, 2001.

조성금(趙城琴)

중국 연변 훈춘시 출생이며, 2002년 중국 연변대학교 대학원 조선언어문학학과 문학석사 학위를 취득
하였으며, 2015년 한국 서울대학교 대학원 국어국문학과 문학박사 학위를 취득했다. 현재 중국 청도대
학교 외국어대학 한국어학과에서 조교수로 재직하고 있다. 논문으로는 「중국인 학습자의 한국어 문법
사용 오류에 대한 연구」, 「개화기 회화서 '조선어발음 및 문법'에 반영된 음운특징」, 「접미사 '-롭-'과
'-스럽-'의 공동어기 대비 연구」 등이 있다.

중국소설류 번역필사본 접미파생법 연구

초판 1쇄 인쇄 2018년 11월 1일
초판 1쇄 발행 2018년 11월 12일

지 은 이 조성금(趙城琴)
펴 낸 이 이대현

책임편집 임애정
편   집 이태곤 권분옥 홍혜정 박윤정 문선희 백초혜
디 자 인 안혜진 홍성권
마 케 팅 박태훈 안현진

펴 낸 곳 도서출판 역락 / 서울시 서초구 동광로46길 6-6 문창빌딩 2층(우-06589)
전   화 02-3409-2058 FAX 02-3409-2059
이 메 일 youkrack@hanmail.net
홈페이지 www.youkrackbooks.com
블 로 그 blog.naver.com/youkrack3888
등   록 1999년 4월 19일 제303-2002-000014호

ISBN 979-11-6244-315-6 93710

*정가는 뒤표지에 있습니다.